国家出版基金项目
NATIONAL PUBLICATION FOUNDATION

国家社会科学基金重大项目成果
湖南大学哲学社会科学高水平著作

中國經學史

汉唐编

姜广辉◎著

CS
岳麓书社·长沙

汉

唐

编

目录

第十五章
论汉代统治思想的选择

一个国家权力机制的建立与运行，必须有一种统治思想的引导和支撑，这种统治思想往往是从既有的思想武库中选出，加以利用或改造的。综观两汉王朝，它在重要的历史时刻进行统治思想的选择时，从大的方面来说，做对了两件事：第一，在汉初，选择了黄老思想作为统治思想，采取"无为而治""与民休息"的管理方式。第二，从汉武帝开始，为了巩固和加强中央集权制度，及时做了调整，重新选择儒家思想作为统治思想，实行"罢黜百家，表章六经"[1]的思想文化政策。

第一节　汉初以黄老之学为统治思想

春秋战国长达五百多年之久的战乱之后，秦王朝有了短暂的统一，不久为农民起义所推翻。随后社会复又陷入楚、汉之争的战乱中。当汉王朝定鼎之际，民生凋敝已极。汉初统治者实行了"无为而治""与民休息"的政策，应该说这也是不得已的办法。

汉高祖刘邦起初不喜儒者，后来接触并起用陆贾、叔孙通

等儒者，对儒者有所好感；当他路过曲阜时，以太牢祭祀孔子，也表示了他对孔子的尊敬。这个时期的刘邦，杂用各派，并不专主一家。

真正实行"无为而治"政策的应该是曹参。汉惠帝元年（前194），曹参为齐丞相，他向擅长黄老之学的盖公请教治道，盖公说："治道贵清静，而民自定。"[2]这是说，在社会中生活的广大人民有很强的自我组织能力，统治者不应用政治权力过多地干扰他们的生活。这实际是《老子》"治大国若烹小鲜"思想的延续。曹参领悟了盖公的话，以此思想治理齐国，齐国大治。其后曹参做汉王朝丞相，一遵前任萧何政策，不更法令，演绎了历史上著名的"萧规曹随"的故事。

"无为而治"，其实并不容易，非有大智慧、大定力者难以做到。汉王朝建立于公元前202年，萧何死于公元前193年，这也就是说，曹参在汉王朝建立的第十年即开始实行"无为而治"政策了，这一政策为后来的文帝、景帝所延续，大约实行了六十年。也正是由于黄老之学"无为而治""与民休息"政策的实施，才有了西汉"文景之治"的盛世。

黄老之学"无为而治""与民休息"的政策，使汉初经济恢复取得成功，并非历史的偶然事件，凡经历长期战争进行改朝换代之后，"无为而治""与民休息"的政策总是屡试不爽，从而呈现出某种历史规律性，以至清代魏源说："曹相师盖公辅齐、汉，不扰狱市，不更法令，致文、景刑措之治，亦不啻重睹太古焉。此黄老无为可治天下。后世如东汉光武、孝明，元魏孝文，五代唐明宗，宋仁宗，金世宗，皆得其遗意。是故无为而治，非不可用于世，明矣。"[3]正是在这个意义上，我们说汉初统治思想选择黄老之学，是选择对了。

但凡事都有两个方面，汉初实行黄老"无为而治"政策，也产生了一些弊端。这是由于中央政府显得"无所作为"，表现弱势，而地方诸侯王的割据势力迅速扩张，日益威胁中央政府的最高权力，以致在汉景帝三年（前 154）发生了以吴王刘濞为首的七个同姓王的联合叛乱，史称"七国之乱"或"七王之乱"。七国叛乱虽然很快平定了，但这个教训是很深刻的。这意味着，中央集权必须加强，"强本弱枝"势在必行，"忠顺"教育尤须弥补。而要做到这些，黄老之学的"无为而治"思想便显得力不从心了。国家有必要重新进行统治思想的选择。

虽然汉初以黄老之学为统治思想，但战国以来的百家之学仍有遗绪，儒学各派也一直在民间传衍。汉景帝开始吸纳辕固生、胡毋生、董仲舒等儒者进入朝廷为博士，儒学逐渐崛起，开始挑战黄老之学的权威，以致出现"儒道互绌"的现象。司马迁在《史记·老子韩非列传》中说："世之学老子者则绌儒学，儒学亦绌老子。'道不同不相为谋'。"[4]他所说的"世"，应是指景帝以后的时世。笔者以为，汉景帝已开始考虑起用儒者来调整国家统治思想了。他遴选了胡毋生和董仲舒两位公羊学家作为春秋学博士，也正是在此时，胡毋生第一次写出了《春秋公羊传》文本，而《春秋公羊传》开篇即讲"大一统"。这种情况的出现并非偶然。所以笔者推想，如果不是汉景帝的母亲——窦太后的因素，儒学或许在汉景帝时期便已取代黄老之学而成为国家的统治思想了。事实上，窦太后成了黄老之学的保护神，她在景帝时和武帝初对儒者和倡导儒学的大臣给予了无情的打压。以下两件事，可以看出窦太后是如何打压儒学的：

窦太后好《老子》书，召辕固生问《老子》书。固曰："此是家人言耳。"太后怒曰："安得司空城旦书乎！"乃使固入圈刺豕。景帝知太后怒而固直言无罪，

乃假固利兵，下圈刺豕，正中其心，一刺，豕应手而倒。太后默然，无以复罪，罢之。[5]

上（指汉武帝）乡（向）儒术，招贤良，赵绾、王臧等以文学为公卿，欲议古立明堂城南，以朝诸侯。草巡狩封禅改历服色事未就。会窦太后治黄老言，不好儒术，使人微得赵绾等奸利事，召案绾、臧，绾、臧自杀。诸所兴为者皆废。[6]

以政治形势而论，在汉景帝平定"七国之乱"后，就可以着手进行国家统治思想的重新选择，但当时国家的意识形态大权实际掌控在窦太后手中，而她并不在意黄老之学已经不适应时局。她之所以打压儒者以维护黄老之学的地位，只是因为她"好《老子》书""治黄老言，不好儒术"。由于她的"皇太后""太皇太后"的至尊地位，无论汉景帝，还是汉武帝都对她无可奈何！

"上乡儒术"，这意味着至少在汉武帝做储君的时候，就已经酝酿将来要以儒家思想作为统治思想了。所以他一即位，便重用赵绾、王臧等儒者，只是很不幸，两人被窦太后"使人微得赵绾等奸利事"，抓到把柄，被迫自杀了。直到汉武帝建元六年（前135）窦太后去世，黄老之学才退出历史舞台，儒学也才有了真正复兴、发展的机会。

第二节　汉武帝引导经学成为官学

"经学"的名称，至少在汉景帝时民间已经流传，如汉景帝时邹阳说："邹鲁守经学，齐楚多辩知，韩魏时有奇节。"[7] 但经学作为汉代官学，则是汉武帝统治集团所引导和推动的。

建元元年（前140），十六岁的汉武帝即位。五年之后，汉武帝的老祖母、景武之际国家意识形态的执掌者——窦太后驾崩。汉武帝时年二十一岁。次年，即元光元年（前134），年轻的汉武帝诏求贤良方正之士，被推荐者数百人。汉武帝特别重视的就两个人：一是公孙弘，他是胡毋生的学生，后来被汉武帝拜为丞相；一是董仲舒，汉武帝非常重视他的"天人三策"。董仲舒在第三策中建言："诸不在六艺之科孔子之术者，皆绝其道，勿使并进。"[8]《汉书》的作者——班固将董仲舒建言概括为"罢黜百家，表章六经"。今人多将其看作汉代"经学"确立的标志。这是不错的。但若以为由于董仲舒的建议，汉武帝才实行"罢黜百家，表章六经"的政策，则是不准确的。

事实上，汉武帝甫一即位，其统治集团就已着手做这件事。如《汉书·武帝纪》记载："建元元年，冬十月，诏丞相、御史、列侯、中二千石、二千石、诸侯相举贤良方正、直言极谏之士。丞相（卫）绾奏：'所举贤良，或治申、商、韩非、苏秦、张仪之言，乱国政，请皆罢。'奏可。"[9]由于汉初七十年朝廷之内、朝廷与地方藩国之间的明争暗斗，政治形势变得十分诡谲，因此朝野之中有不少纵横捭阖的人才，这些人足以将政治局势搅得更坏。所以汉武帝诏举贤良方正，一下子招来了许多法家、纵横家人才，这有违汉武帝统治集团的初衷，所以只好作罢。第一次诏求"贤良方正、直言极谏之士"就这样失败了。为什么叫"贤良方正、直言极谏之士"，而不叫"学儒之士"？是因为窦太后一向讨厌"学儒之士"。所以汉武帝及其谋臣不敢明确征召"学儒之士"，朝廷和地方列侯不明所以，以致推荐一些法家、纵横家人物上来。但形势慢慢在好转，《汉书·武帝纪》又载："（建元）五年……置五经博士。"[10]这是窦太后去世的前一年，估计此时窦太后衰病已甚，顾不上干预朝政了。又，《史记·儒林传》称："及窦太后崩，武安侯田蚡为丞相，绌黄老、刑名百家之言，延文学儒者数百人。"[11]董仲舒、公孙弘等皆在延揽之中。这些事都是在董仲舒"罢黜百家，表章六经"建言之前由汉武帝统治集团做出的，不是由董仲舒建言之后才出现的。可以说，儒家经学成为官学，是汉武帝统治集团直接引导和推动的。

汉武帝即位后，他所关心的是在国家政治统一的格局下，如何实现文化思想的统一。从学术思想史看，春秋战国时期"百家争鸣"，学术极为繁荣，但这是以社会大动乱为背景和代价的。作为统一王朝的执政者自然不会为了繁荣学术，而牺牲国家统一和社会稳定的局面。恰恰相反，他们要将学术发展引领到一种正确的轨道，使之促进国家的统一和稳定。为此，汉武帝征举贤良文学之士，寻求对策。

汉武帝当时虽然只是二十来岁的青年，但他已经深刻了解当时的政治文化形势。他在对董仲舒的策问中，本身已经具有"诱导"的成分。

如武帝策问："三代受命，其符安在？灾异之变，何缘而起？"[12]

董仲舒对曰："臣谨案《春秋》之中，视前世已行之事，以观天人相与之际，甚可畏也。国家将有失道之败，而天乃先出灾害以谴告之，不知自省，又出怪异以警惧之，尚不知变，而伤败乃至。"[13]

董仲舒这种回答，在今人看来，似乎有"欺君罔上"之嫌。但他这种回答，正是汉武帝所需要的。因为当时诸侯王骄矜无法，缺乏对天和天子的敬畏之心，董仲舒提出"王权神授""灾异谴告"的神学理论，表面上对王权有所限制，但更多的是对臣下的震慑，这是最高统治者所乐意接受的。

武帝继续策问："三王之教所祖不同，而皆有失，或谓久而不易者道也，意岂异哉？"[14]

董仲舒对曰："《春秋》大一统者，天地之常经，古今之通谊也。今师异道，人异论，百家殊方，指意不同，是以上亡以持一统；法制数变，下不知所守。臣愚以为诸不在六艺之科孔子之术者，皆绝其道，勿使并进。邪辟之说灭息，然后统纪可一而法度可明，民知所从矣。"[15]

中国至少从西周以后，各王朝的君臣关系，实际是一种人身依附关系。通常情况下，君权是世袭的，士人只有为人君所赏识，才可能有用世的机会。春秋战国时期，出现了诸子百家（包括孔子、孟子）"干时君""应帝王"的现象。如司马迁所说："（孔子）干七十余君，莫能用。"[16]也如宋代晁补之所说："三代已降，世既多事，贤者不忍拱手以视天下之纷纭，而思有以治之，则争相奋厉，发于畎亩之间，挟奇策以干时君。"[17]这是说，先秦诸子百家有一个"干时君""应帝王"的传统，皆试图以自家的思想主张影响统治者，他们所持的道术不同，因此对历史的认识和总结也不同，由此出现"师异道，人异论，百家殊方，指意不同"的现象，导致统治者"亡以持一统"，"法制数变"，而臣下也无法循守。解决的根本之道就是"罢黜百家，表章六经"。

虽然在董仲舒之前，汉武帝统治集团已然确定了"罢黜百家，表章六经"的方针，但作为一种完整的理论表述，应该说是由董仲舒来完成的。董仲舒是这样一位儒者，虽然他的思想体系的完美度，及其在中国思想史上的地位，前不如孔子、孟子、荀子，后不如朱熹、王阳明等，但他在一个特定的历史际遇中，适应时代需求，对"大一统"国家体制的建构做出了最初的理论贡献，其理论集中体现在他的"天人三策"和《春秋繁露》一书中。由于他的杰出的理论贡献，后世将他作为"罢黜百家，表章六经"文化政策的代表者，其政治的影响力甚至超过了历史上的其他儒者。

"罢黜百家，表章六经"的文化政策因为具有思想专制的因子，近代以来颇受诟病。但从一种客观主义的态度看，它是"大一统"国家体制的必然产物。而国家政治统一、众多人民在社会共同体中和睦生活，无论从中国历史来说，还是从世界历史来说，都具有积极的意义。

"表章六经"这句话被后世讹传为"独尊儒术"，其实两者有很大不同。"六经"为中华元典，不独是儒家经典，也是诸子百家共同的思想渊源。所谓"罢黜百家"，只是不从百家学派中选官，并不是不准百家之学传衍。事实上，汉代以后，学术思想界长期呈现儒、释、道三足鼎立的局面。儒学并非如有些人说的"只此一家，别无分店"，实行了思想垄断。

英国著名历史学家阿诺德·约瑟夫·汤因比 (Arnold Joseph Toynbee，1889—1975) 曾就中国的政治、文化上统一评论说："就中国人来说，几千年来，比世界任何民族都成功地把几亿民众，从政治文化上团结起来。他们显示出这种在政治、文化上统一的本领，具有无与伦比的成功经验。这样的统一正是今天世界的绝对要求。中国人和东亚各民族合作，在被人们认为是不可缺少和不可避免的人类统一过程中，可能要发挥主导作用，其理由就在这里。"[18] 既然政治、文化上统一有这样伟大的意义，那我们也就没有多少对汉武帝、董仲舒的思想统一政策贬斥的理由。

第三节　董仲舒促进儒家经学成为国教

（一）第一个促进儒家经学成为国教的人

大家都知道这样一个历史事件，汉武帝接受了董仲舒的建议，"罢黜百家，表章六经"，儒家经学从此确立为两千余年君主专制时代的统治思想。如果我们相信，两个人的事件决定了两千余年中国思想史的发展方向，那便是一种圣贤史观或英雄史观。

在我们看来，从孔子到孟子、荀子，再到董仲舒，这些思想家其实都只是一些标志性人物。他们的思想对其后的中国发生了长远的影响，这是我们比较容易看到的，而中国有史以来的文化传统对他们的思想形成的影响，我们却不容易看到。其实每一个民族都有它的文化性格，就像每一个人都有其性格一样。所不同的是，民族的文化性格较之个人的性格更为复杂而内涵丰富，更为难以改变。这其实也就是我们要思考的问题："我们是谁？"而从孔子到孟子、荀子，再到董仲舒的思想发展，暗合了中国人（统治者，也包括老百姓）这样一种内心的声音：啊，你们所说的也正是我们想要的，是我们更愿意接受的。不堪设想，没有这样广泛的文化心理基础，儒家经学会统治中国思想界两千余年之久！

春秋战国时期，诸子蜂起，百家争鸣，游说诸侯，以求自售。秦国用商鞅、韩非法家之说实现了中国的统一。其后又以法家思想治国，非常不幸的是，一个数代励精图治经营起来的大帝国只统治了十五年便轰然倒塌。这个历史教训太深刻了，此后再也没有哪个王朝敢用法家思想来统治国家。

汉初，统治者鉴于长期的战争所导致的社会民生凋敝，接受了无为而治、与民休息的黄老思想的政策。但是"无为而治"的黄老思想果然是治国之良方吗？由于中央政府长期无所作为，导致地方势力坐大，以致在景帝盛世之时出现了同姓王联合造反的"七国之乱"。正是在这样一种历史背景下，汉武帝登基未久，便诏求贤良对策，重新选择和确定统治思想。董仲舒在《贤良三策》第三策中提出了"大一统"的思想主张。

董仲舒是汉代春秋公羊学的最重要代表之一。春秋公羊学在儒家经学确立过程中能首先脱颖而出，在于它的义理性，而"大一统"思想是其众多义理中最重要的义理。这不仅因为它正好完全适合了汉代"大一统"政治的需要，从本质上说，它也暗合中华民族的文化心理。虽然从通常意义上说，中华民族的统一是从秦汉时期完成的。但从上古时代起，华夏各族在其深层意识中，即具有同祖同根的关爱情结，在追述炎帝、黄帝的传说历史时，便有一种原始的统一观念。而从文献所记的历史看，至少在西周王朝已经是一个疆域广大的统一国家，只是它当时实行的统治形式是分封制，与秦以后的中央集权的郡县制的统治形式不同而已。春秋战国时期，天下陷入长期的分裂和战乱状态，但它最终的历史目标是指向统一的。在思想家中，儒家的孔子、孟子、荀子，以及法家的商鞅、韩非等人都是主张统一的，但由于儒家主张"以德服人"的统一路线、法家主张"以力服人"的统一路线而分道扬镳。秦始皇实行法家路线完成了国家统一的历史大业。相比欧洲一些国家直到近代才实现统一，中国早在两千多年前就建立了"大一统"的国家，究其原因，是与中国文化向往统一的核心价值观有直接关系的。

而国家一旦实现政治统一，统治者便要考虑选择一种与"大一统"政治相匹配的长治久安之道，因而反过来要求学术思想的统一。《春秋公羊传》虽然可能有久远的授受传统，但它直到西汉才写出，首标"大一统"之义，这应该看作是汉代以胡毋生、董仲舒等为代表的儒家学者精心加工写作的结果。

所以"罢黜百家，表章六经"文化政策的建议和采纳，表面上看似是汉武帝和董仲舒两个人的事件，实际上有其深层的民族文化心理的原因。从这一事件之后，儒家经学成为两千余年君主制度下的统治思想，作为此一事件的标志性人物，我们把董仲舒作为第一个促进儒家经学成为国教的人。

（二）第一个改造原始儒学使之为君主制度服务的人

上面我们着重指出，董仲舒是第一个促进儒家经学成为国教的人，但同时我们还要指出，董仲舒的儒学思想，除了在"任德不任力"的基点上与原始儒学一致外，在许多方面已经与原始儒学有很大的区别，最主要表现在对天、君、民三者关系的认识上。原始儒学以孟子为例，主张"民为贵，社稷次之，君为轻"（《孟子·尽心下》），"天视自我民视，天听自我民听"（《孟子·万章上》）。这里轻重的次序是：君意听从天意，天意听从民意。民意最重。但到了董仲舒这里却是"屈民而伸君，屈君而伸天"[19]，其轻重次序是：民意服从君意，君意服从天意。董仲舒此二语可以视为汉代儒学的发展纲要。它标示：面对中央集权的统一国家的新局面，儒学面貌发生了重大变化。原始儒家是以民本思想为主要特征的，原始儒家虽然也讲尊君，却不赞成君主专制。儒学在汉代争取到官方哲学的地位，是以背离原始儒家的民本思想为代价的。

另一方面，从儒者人格的角度看，战国时期的儒者往往表现出特立独行、不轻易同统治者合作的态度。比如，当时以子思为代表的儒者为了维护道德理想和人格尊严，抗节守道，不降其志。《孔丛子·抗志篇》载："曾申谓子思曰：'屈己以伸道乎，抗志以贫贱乎？'子思曰：'道伸，吾所愿也。今天下王侯，其孰能哉？与屈己以富贵，不若抗志以贫贱。屈己则制于人，抗志则不愧于道。'"[20]在"道"与"势"的对峙上，子思表现出一位真儒"不事王侯，高尚其事"的风骨，《孟子·万章下》记载鲁穆公访晤子思说："千乘之国的国君若同士人交友是怎样呢？"子思很严肃地回答说："恐怕应该说国君以士人为师吧，怎么能说交友呢！"子思性刚而傲，曾子曾对他说："吾观子有傲世主之心，无乃不容乎？"又，近年出土的郭店楚墓竹简中有《鲁穆公问子思》一篇，文中记载："鲁穆公问于子思曰：'何如而可谓忠臣？'子思曰：'恒称其君之恶者，可谓忠臣矣。'"[21]子思当着鲁穆公的面这样说，引起鲁穆公的不悦。这些事例皆可见子思刚风傲骨的鲜明思想个性。在战国时期，具有这种儒者人格的人不只子思一人，像孟子、田子方等人皆有这种儒者人格。

而自董仲舒提出"屈民而伸君，屈君而伸天"的主张，并被儒者广泛接受之后，臣民在君主面前俯首听命便成了天经地义之事。以致后世儒生阿世取容，见到君王就说："臣罪当诛兮，天王圣明！"[22]所以我们说董仲舒又是第一个改造原始儒学使之为君主制度服务的人。

注释：

[1][7][8][9][10][12][13][14][15]〔汉〕班固：《汉书》，北京：中华书局，1964年，第212，2353，2523，155—156，159，2496，2498，2518，2523页。

[2][4][5][6][11][16]〔汉〕司马迁：《史记》，北京：中华书局，1959年，第2029，2143，3123，452，3593，509页。

[3]〔清〕魏源：《老子本义序》，《魏源全集》第12册，长沙：岳麓书社，2011年，第5页。

[17]〔宋〕晁补之：《鸡肋集》，《景印文渊阁四库全书》第1118册，台北：商务印书馆，1986年，第826页。

　　[18]〔英〕A.J.汤因比、〔日〕池田大作著，荀春生、朱继征、陈国梁译:《展望二十一世纪——汤因比与池田大作对话录》，北京：国际文化出版公司，1985年，第294页。

　　[19]〔清〕苏舆撰，钟哲点校:《春秋繁露义证》，北京：中华书局，1992年，第32页。

　　[20]傅亚庶:《孔丛子校释》，北京：中华书局，2011年，第174页。

　　[21]荆门市博物馆:《郭店楚墓竹简·鲁穆公问子思》，北京：文物出版社，1998年，第141页。

　　[22]〔唐〕韩愈撰，〔宋〕魏仲举集注，郝润华、王东峰整理:《五百家注韩昌黎集》，北京：中华书局，2019年，第609页。

第十六章
今文经学与古文经学再认识
——从经学史的分派谈起

　　关于经学史的分派，四库馆臣采取了汉学、宋学二分法，《四库全书总目·经部总叙》说："要其归宿，则不过汉学、宋学两家互为胜负。"[1]这是将西汉今文经学与东汉古文经学统称为"汉学"。经学史家周予同则取今文经学、古文经学、宋学三分法，他说："就我的私意，可称为：一、'西汉今文学'；二、'东汉古文学'；三、'宋学'。"[2]这里，周予同突出了今文经学与古文经学的分立。

　　四库馆臣是清代乾隆时期的学者，那时汉学方兴未艾，他们心中的汉学就是以东汉马融、郑玄、许慎等人所代表的古文经学。而西汉曾经风行一时的今文经学似乎已成过眼云烟，不值一提。他们没有预料到几十年之后，今文经学竟在清代复兴了，并在中国近代政治舞台上演出了一场惊天动地的大剧来。这就启示我们，一种学术看似早已湮没无闻，但其文化资源一旦被开发出来，便可能爆发出巨大的能量。出现这种情况，需要经学史家重新考量今文经学的价值，探寻和发掘它所蕴藏的文化思想内核。周予同应该就是在这种背景下提出经学三分法的。

　　在我们看来，四库馆臣关于汉学、宋学的二分法，忽视了

今文经学应有的历史地位；周予同提出今文经学、古文经学、宋学的三分法有补偏救弊之功。不过，即便如此，我们也需注意对今、古文经学作出恰如其分的历史评价。

严格来讲，汉代今、古文经学之争始于汉哀帝时刘歆请立古文经博士之后，这已经是西汉末期。此前虽有儒家经学（当时并无"今、古文经学"之名），却谈不上有今、古文经学之争。刘歆之后，汉代今、古文经学之间除了有对立、斗争的一面，也有相容或合流的一面。后人编辑《十三经注疏》，既收了古文经学家的《毛诗》《周礼》《春秋左氏传》的注疏，也收了今文经学家的《春秋公羊传》注疏，并未加以畛域界分。

我们认为，今日标举今文经学，重点在于发现今文经学作为文化遗产的固有价值，而不是任意夸大今文经学与古文经学两者的差别。虽然从历史上看，今文经学家与古文经学家一度有过比较激烈的斗争，但那或许只是鼎俎分羹之争。[3] 今日一些学者将今文经学与古文经学的分疏看作十分重大的问题，所列举二者的种种分歧点可能被人为地夸大了。职是之故，本章提出一些不同的看法。

第一节　关于今、古文经学的解释

自汉武帝"罢黜百家，表章六经"，西汉儒家经学正式开启。到了汉哀帝时，经学的发展已经历了大约130年，此时古文经学开始兴起。汉哀帝时期，西汉王朝已处在风雨飘摇的衰世之中。在这样一个衰世时期，并且在经学经历了一个长期的发展过程之后，如果说此时经学界出现了什么新的变化，那是再正常不过的。

关于"今文经"与"古文经"的分别，学术界有不同的看法。西汉的流行文字是隶书，汉初流传的经传文本也都是用隶书写定的。但后来一些先秦时期用六国文字书写的经传文本被陆续发现，学者将之称为"古文经传"，相对应地就将当时流行的用隶书书写的经传文本称为"今文经传"。研究今文经传就称为"今文经学"，研究古文经传就称为"古文经学"。这是"今文经学"和"古文经学"最初命名之由来。但我们不能由此认为，"今文经学"和"古文经学"的分别，只是经传文字字体的不同。

徐复观曾特别强调，今文经与古文经的分别主要不在经典文本的字体，而在版本好坏与校雠对错。他说"今文与古文的分别，其实不在字体的不同"，因为"汉初的今文皆来自古文，而古文以隶书改写后即为今文。凡流布中的字体是相同的，即同为隶书。今、古文的分别，乃在文字上有出入，及由文字上的出入而引起解释上的出入。有如今日同一部书，发现有两种不同的版本。……所以今古文问题的本质，是一种校雠上谁对谁错，谁较完备，谁较残缺的问题，这是很简单可以处理，很简单可以判定的问题"。[4] 徐复观的意见对不对呢？我们认为有一部分是对的，如《汉书·艺文志》载刘向以《尚书》中古文本校对欧阳、大小夏侯三家今文本，言今文本"《酒诰》脱简一，《召诰》脱简二，率简二十五字者，脱亦二十五字。……文字异者七百有余，脱字数十"[5]。这种情况正是徐复观所说的"版本"的不同。但这不是今、古文经学分别的全部。

我们以为，今、古文经学的分别要从两个时段来说，第一个时段，是古文经争立之初，古文经学的研究尚未正式展开。此时今、古文经学的分别尚浮于表面，其分别在于：一是如徐复观所说，今、古文经存在版本完缺与校雠对错的比较；或者虽然经文文本大致相同，而解释的体系、方法与深度有所不同，如今文家鲁诗、齐诗、韩诗与古文家毛诗的差异。二是文本、文献大多不同，这是今、古文经学最主要的差别所在。以刘歆争立的《左氏春秋》《逸礼》《古文尚书》等为例，《逸礼》和《古文尚书》属于经，《逸礼》是较今文经《仪礼》十七篇多出之部分；而孔壁《古文尚书》则较伏生《今文尚书》二十九篇多出十六篇，相对于今文家的经典文本增加了很多篇幅。《左氏春秋》属于传（今文家称左氏"不传春秋"，并不承认《左氏春秋》具有"传"的资格），其内容以记事为主，相对于《春秋公羊传》和《春秋穀梁传》而言，其内容是全新的。还有后来也被立为学官的《周礼》，原名《周官》，是关于职官制度的书，既非经，也非传，学者对其内容皆不曾闻知。所以我们说今、古文经学的最大分别乃在所据以立足的文本、文献不同。今文经学与古文经学两派斗争的焦点，乃在于是否接纳这些不同的文本和文献立为学官。

第二个时段，对古文经学的研究展开之后，今、古文经学的分别显得深刻化了。由于古文经的文字及其内容的特点，治古文经者形成了自己独特的学风。首先，这批古文经传是用先秦时期六国文字书写的，因为未有经师传授，古文字不能尽识，即使有的文本或文献已在民间流布了较长一段时间，那也可能只停留在古文字专家的解读阶段，未必即用隶书转写，这就需要文字训诂的考证功夫。其次，这批文献大多偏重史事与制度，如《左氏春秋》所记叙的是史事，与《春秋公羊传》重视"微言大义"的风格不同；《毛诗》重诗本事和名物制度，与齐诗、鲁诗、韩诗重视大义阐发的风格不同。《周礼》更是关于典章制度的大荟萃。因而，由这批文献的本身特点，而形成了古文家治学重视文字训诂和古史考证的特点，这一点是与今文经学很不相同的。

第二节　对学者所立今、古文经学界标的质疑[6]

周予同早年撰写的专著《经今古文学》很有影响，现收在《周予同经学史论著选集》中，作为全书的首篇。其中"经今古文异同示例"，周予同是从两个方面来说的：

（一）对六经不同排序的解释[7]

周予同指出，今文经学与古文经学对六经的次序排列不同：今文经学的次序是：《诗》《书》《礼》《乐》《易》《春秋》；古文经学的次序是：《易》《书》《诗》《礼》《乐》《春秋》。他解释说："古文家的排列次序是按《六经》产生时代的早晚，……古文家以《易经》的八卦是伏牺画的，所以《易》列在第一；《书经》中最早的篇章是《尧典》，较伏牺为晚，所以列在第二；《诗经》中最早的是《商颂》，较尧、舜又晚，所以列在第三；《礼》《乐》，他们以为是周公制作的，在商之后，所以列在第四、第五；《春秋》是鲁史，经过孔子的修改，所以列在末了。"[8]周予同的解释，有鉴于唐陆德明的《经典释文序》：

> 《周易》：……卦肇伏牺，既处名教之初，故《易》为七经之首。……《古文尚书》：既起五帝之末，理后三皇之经，故次于《易》。……《毛诗》：既起周文，又兼《商颂》，故在尧、舜之后，次于《易》《书》。……三《礼》：《周》《仪》二《礼》，并周公所制，宜次文王；《礼记》虽有戴圣所录，然忘名已久，又记二《礼》阙遗，依类相从，次于《诗》下。……古有《乐》经，谓之"六籍"，灭亡既久，今亦阙焉。《春秋》：既是孔子所作，理当后于周公，故次于《礼》。[9]

陆德明又指出，这种六经次序并不是他自己的发明，早在汉代刘歆《七略》、班固《汉书·艺文志》中就已经如此排列："《七略》《艺文志》所记，用《易》居前。"[10] 而刘歆又是古文经学的倡导者。周予同将这种六经排序说成是古文经学家的排序，当然是说得通的。

但是，周予同把以《诗经》为首的六经排序说成是今文经学家的发明，就说不通了。周予同说："今文家却是按《六经》内容程度的浅深。……他们以《诗》《书》《礼》《乐》是普通教育或初级教育的课程；《易》《春秋》是孔子的哲学、孔子的政治学和社会学的思想所在，非高材不能领悟，所以列在最后。"[11] 这个解释基本是周予同的主观见解，不免牵强。因为：第一，西周王官之学已将《诗》《书》《礼》《乐》列为课程，孔子继承之，并作为自己的教育内容。到了孔子晚年，开始学《易》，并作《春秋》，《易》和《春秋》也成为孔门的治学内容。从某种意义上说，《诗》《书》《礼》《乐》《易》《春秋》的排列次序乃是自然而然形成的。第二，此次序在先秦时期已经形成，那时经学还没有产生，更与今文经学无关。西汉今文家只是沿承了一个约定俗成的说法而已。第三，从深浅难易来说，也未见得排列在前的就一定比排列在后的浅易，例如《尚书》就不比《春秋》浅易。

（二）今、古文经学主要相异之处列表

周予同将今、古文经学主要相异之处列表如下：

	今 文 学		古 文 学
1	崇奉孔子。	1	崇奉周公。
2	尊孔子是"受命"的"素王"。	2	尊孔子为先师。
3	认孔子是哲学家、政治家、教育家。	3	认孔子是史学家。

续表

	今　文　学		古　文　学
4	以孔子为"托古改制"。	4	以孔子为"信而好古、述而不作"。
5	以六经为孔子作。	5	以六经为古代史料。
6	以《春秋公羊传》为主。	6	以《周礼》为主。
7	为经学派。	7	为史学派。
8	经的传授多可考。	8	经的传授不大可考。
9	西汉都立于学官。	9	西汉多行于民间。
10	盛行于西汉。	10	盛行于东汉。
11	斥古文经传是刘歆伪造之作。	11	斥今文经传是秦火残缺之余。
12	今存《仪礼》、《公羊》、《穀梁》（？）、《小戴礼记》（？）、《大戴礼记》（？）和《韩诗外传》。	12	今存《毛诗》《周礼》《左传》。
13	信纬书，以为孔子微言大义间有所存。	13	斥纬书为诬妄。

（《周予同经学史论著选集》，第9页）

此表乃压缩、改造清末廖平《今古学宗旨不同表》而成，廖表的对比多达三十余条，不免有生凑和烦琐之嫌。此表虽然相对简略，但仍有许多以偏概全、似是而非之处，总体上并不可取。

关于第1条，"今文学崇奉孔子；古文学崇奉周公"。此点无须笔者驳正，周予同的高足章权才即持批评意见。他说："无论今文学家也好，或古文学家也好，他们有个共通点，就是都毫无例外地尊奉孔子。因此有些论著把尊奉孔子还是尊奉周公，看成是经今古文学的界标之一，看来并不确切。"[12]显然，章权才并不认同老师的意见。

关于第2条，"今文学尊孔子是'受命'的'素王'；古文学尊孔子为先师"。其实，不独今文学尊孔子为"素王"，古文学也尊孔子为"素王"。宋魏了翁撰《春秋左传要义》，其第三十三条谓："贾逵、郑玄、卢钦等谓孔子立素王。贾逵《春秋序》云：'孔子览史记，就是非之说，立素王之法。'郑玄《六艺论》云：'孔子既西狩获麟，自号素王，为后世受命之君制明王之法。'卢钦《公羊序》云：'孔子自因《鲁史记》而修《春秋》，制素王之道。'是先儒皆言孔子立素王也。"[13]贾逵、郑玄为古文家，卢钦为今文家。魏了翁在这里指出，无论今文家还是古文家，皆尊孔子为"素王"，并无分别。笔者以为，就此而论，今文家和古文家皆有诬妄之嫌。

关于第 3 条，"今文学认孔子是哲学家、政治家、教育家；古文学认孔子是史学家"。第 7 条，"今文学为经学派；古文学为史学派"。今文学家和古文学家自己不曾有过这样的想法，他们那时也无此类名词。这一看法是现代学者的一种宏观概括，虽然未必精确，但大体符合实际。我们以为，讲今文经学与古文经学，立足此点阐述就够了。关于这一点，我们留待本章最后来论述。

关于第 4 条，"今文学以孔子为'托古改制'；古文学以孔子为'信而好古，述而不作'"。"托古改制"之说，乃晚近康有为的理论，古人只言"改制"，而不言"托古改制"。西汉儒者喜言"受命改制"，其目的是要改秦朝之制。东汉儒者很少讲"受命改制"，是因为时势不同。在经典的解释上，今文家固然有很多"受命改制"的言论，如董仲舒便多次讲到"受命改制"："古之王者受命而王，改制称号正月。"[14]"今所谓新王必改制者，非改其道，非变其理。受命于天，易姓更王，非继前王而王也。"[15]古文家对于这种观点并非不能接受，如郑玄在注《礼记·礼器》"礼，时为大"时，谓"时"乃是言受命改制度。[16]所以，是否讲"改制"，也并非今文家与古文家的根本分歧。

关于第 5 条，"今文学以六经为孔子作；古文学以六经为古代史料"。前者为晚近今文学家廖平、康有为、皮锡瑞数人的极端观点，后者为现代疑古派的观点，属一家之言，非通论也。

关于第 6 条，"今文学以《春秋公羊传》为主；古文学以《周礼》为主"。言今文学以《春秋公羊传》为主，符合历史事实；言古文学以《周礼》为主，则不符合历史事实。因为今、古文之争主要在两汉时期，其间两派斗争，如第一次刘歆（古）与太常博士（今）之争，第二次韩歆、陈元（古）与范升（今）之争，第三次郑玄（古）与何休（今）之争，其所争者多与《左传》《毛诗》《古文尚书》《逸礼》《费氏易》等相关，恰恰没有《周礼》。《周礼》原名《周官》，与五经并无直接关系，当时学者也未把它当作经或传来看待。只是在东汉末郑玄为《周礼》作注，并以《周礼》所言之制度来注群经，《周礼》的地位才有显著提高，但即使到了唐代，孔颖达主持编纂《五经正义》，列入了《左传》《毛诗》《礼记》等经典，仍未列入《周礼》。

关于第 8 条，"今文学经的传授多可考；古文学经的传授不大可考"。此条情况比较复杂，留待后面专门讨论。

关于第 13 条，"今文学信纬书，以为孔子微言大义间有所存；古文学斥纬书为诬妄"。其实古文学家也有信纬书者，《后汉书·贾逵传》多载贾逵言谶纬之事。而郑玄不仅信纬书，还为纬书作注。

至于第 9 条、第 10 条、第 11 条、第 12 条，最多只是一种背景交代和常识陈述，没有实质性的意义，似不必视作今文经学与古文经学的主要学术差异。

综上所述，周予同关于今文经学与古文经学相异的列表虽然看似泾渭分明，但多似是而非之论。

第三节　关于今、古文经的传承谱系

周予同说："今文家经的传授多可考；古文家经的传授不大可考。"这种说法过于笼统。在我们看来，今文家"经的传授"，除《易经》外只可考到汉初，古文家"经的传授"也可考到汉初。在这一点上大体是一致的。后世古文家虽然曾将《左传》《毛诗》的传承谱系追述到先秦，但未必可信。

汉初统治者推行黄老之学长达七十年。此时儒学传授于民间，若隐若现。汉武帝始倡导儒家经学，此后的经学传授谱系自然很清楚，此前七十年间的传经之儒亦约略可知。所以，无论是《史记·儒林列传》，还是《汉书·儒林传》，关于儒家经学的传授，除《易经》外只从汉代讲起，并不追述先秦。其原因在于，有关先秦的经学传授，由于史文缺佚，实难详考。

关于经学的传承，司马迁《史记》和班固《汉书》是最早而相对可信的资料。按照《史记·儒林列传》所说，"言《诗》于鲁则申培公，于齐则辕固生，于燕则韩太傅。言《尚书》自济南伏生。言《礼》自鲁高堂生。言《易》自菑川田生。言《春秋》于齐鲁自胡毋生，于赵自董仲舒。"[17]申培公、辕固生、韩婴、伏生、高堂生、田何、胡毋生、董仲舒等人实际就是后来所说的"今文经学"的"先师"。班固《汉书·儒林传》除记述《易经》从孔子授商瞿说起之外，其余诸经也是从这些"先师"开始的。这也就是说，他们关于今文家"经的传授"，基本上只可考证到汉初。

司马迁（约前145或前135—？）主要活动于汉武帝（前141—前87年在位）之时，此时古文经学尚未兴起，也未有"今文经学"的名目。不过，司马迁《史记·十二诸侯年表》曾经提到《左氏春秋》，并将之与吕不韦的《吕氏春秋》等书并列，这一方面说明《左氏春秋》并非刘歆所伪作，另一方面也说明司马迁并未将《左氏春秋》看作《春秋》经文的传注。
《史记·十二诸侯年表》说：

> 孔子……次《春秋》，上记隐，下至哀之获麟。……
> 鲁君子左丘明惧弟子人人异端，各安其意，失其真，故
> 因孔子史记具论其语，成《左氏春秋》。铎椒为楚威王
> 傅，为王不能尽观《春秋》，采取成败，卒四十章，为
> 《铎氏微》。赵孝成王时，其相虞卿上采《春秋》，下观
> 近势，亦著八篇，为《虞氏春秋》。吕不韦者，秦庄襄
> 王相，亦上观尚古，删拾《春秋》，集六国时事，以为
> 八览、六论、十二纪，为《吕氏春秋》。及如荀卿、孟
> 子、公孙固、韩非之徒，各往往捃摭《春秋》之文以著
> 书，不可胜纪。汉相张苍历谱五德，上大夫董仲舒推
> 《春秋》义，颇著文焉。[18]

司马迁提出左丘明、铎椒、虞卿、吕不韦、荀子、孟子、
公孙固、韩非、张苍、董仲舒等人的著述，皆与孔子《春秋》
有关系，但并未说这些人之间有师承关系，也没有说铎椒、虞
卿、荀子等人是《左氏春秋》的传述人。

班固撰《汉书·儒林传》，述及《春秋左氏传》的传承，
也只从汉初开始，并不向前追溯。他说："汉兴，北平侯张苍
及梁太傅贾谊、京兆尹张敞、太中大夫刘公子皆修《春秋左氏
传》。"[19]班固也未言及张苍、贾谊等人有师承关系。

然而唐代陆德明《经典释文》在述及《春秋左氏传》传承
时，却提出了一个单线授受的师承关系："左丘明作《传》，以
授曾申，申传卫人吴起，起传其子期，期传楚人铎椒，椒传
赵人虞卿，卿传同郡荀卿名况，况传武威张苍，苍传洛阳贾
谊。"[20]仔细研究，此一谱系乃是将《史记》《汉书》资料连

缀编织而成，只不过增加了曾申和吴起，曾申是曾参之子，父子皆称"曾子"。《史记》卷六十五《孙子吴起列传》称："吴起者，卫人也。好用兵，尝学于曾子，事鲁君。"[21]左丘明和曾申都是鲁国人，吴起曾经"事鲁君"，其后入楚为相，这便同楚人搭上关系了。但吴起活动在楚悼王之时，铎椒活动在楚威王之时，中间相差近五十年，陆德明遂称吴起之子吴期将《春秋左氏传》传授给了铎椒。《春秋左氏传》的单线授受关系就这样生成了。

对此，唐代陆淳《春秋集传纂例》卷一批评说："近代之儒又妄为记录云：丘明以授鲁曾申，申传吴起，起传其子期，期传楚铎椒，椒传虞卿，卿传荀况，况传张苍，苍传贾谊。（原注：陆德明《经典释文序例》所引。）此乃近世之儒，欲尊崇《左氏》，妄为此记，向若传授分明如此，《汉书·张苍》《贾谊》及《儒林传》何故不书？则其伪可知也。（原注：汉初犹不能知，后代从何而得，足明妄也。）"[22]

我们再来看古文经学家所述有关先秦《毛诗》的传承关系。关于先秦时期《毛诗》的传授，三国时期东吴学者陆玑《毛诗草木鸟兽虫鱼疏》提出传授谱系如下："孔子删诗授卜商，商为之序，以授鲁人曾申，申授魏人李克，克授鲁人孟仲子，仲子授根牟子，根牟子授赵人荀卿，荀卿授鲁国毛亨，毛亨作《训诂传》以授赵国毛苌。"[23]我们将其谱系作图示如下：

子夏—曾申—李克—孟仲子—根牟子—荀卿—毛亨—毛苌

同是三国时期东吴学者徐整则提出另外一套说法："子夏授《诗》于高行子，高行子授薛苍子，薛苍子授帛妙子，帛妙子授河间大毛公，为《诗故训传》于家，以授赵人小毛公。"[24]我们将其谱系作图示如下：

子夏—高行子—薛苍子—帛妙子—毛亨—毛苌

这两套谱系显然是相冲突的。我们该信哪一种呢？且这两种谱系此前未见著录，其根据何在呢？

综上所述，正如我们在前面所说，后世古文家虽然将《左传》《毛诗》的传承谱系追述到先秦，但未必可信。

传统经学史，喜欢讲经学的传承谱系，对于文献中之资料照抄不疑。然而在我们看来，这些资料并无实际价值，这不仅因为其中一些资料相互矛盾，也因为所记述的传经人物十分陌生，如孟仲子、根牟子、高行子、薛苍子、帛妙子等，读者除了知道其名号之外，对于其生平事迹一无所知。似此等经学知识，不仅无有佐证，而且枯燥乏味。职此之故，我们不甚看重经学的传承谱系。对待它，如东坡先生所说，"姑妄言之，姑妄听之"[25]可也。

第四节　今、古文经学的不同学风

笔者认为，人们有两大生存焦虑：一是对于社会制度的焦虑，二是对于生命意义的焦虑。解决这些焦虑的方法，就是经典和经典诠释。经典被称为"经"，经典诠释被称为"传"。因为这种书籍能解决人们的两大焦虑，所以才被视为"经典"。我们通常所说的"经典"，其价值和意义就在这里。

纵观儒家经典诠释的历史，大体有三种进路：一是政治义理学的进路，这一进路往往将经学思想作为政治改革的理论武器，它着眼于解决当时社会人们的制度焦虑问题。西汉今文经学就属于这一种进路，这一派学者主张"通经致用"，并不讳言自己的学术为政治服务。二是哲学义理学的进路，这一进路将建构形上本体、追求精神超越作为治学的第一要义，它着眼于解决当时社会人们的生命的焦虑问题。宋明时期理学化的经

学就属于这一进路。三是历史考证学的进路，这一进路重视学术本身的独立价值，以为通过学术的考证研究，可以探求到圣人和经典的本意。东汉时期的古文经学就属于这一进路。

在两千多年的传统社会中，儒家经学作为一种具有权威性的历史思想资源，一方面表现为社会的稳定力量，另一方面也表现为社会的挑战力量。具体说，政治义理学进路会挑战政治的权威，提出变法改制的诉求；哲学义理学进路会挑战思想的权威，提出重新建构精神信仰体系的主张；历史考证学进路则会挑战经典本身的权威，而将它还原为真实的历史。

（一）今文经学的学风

西汉时代，经学刚刚兴起，它所面对的一个严峻的政治课题就是：如何实现和巩固国家的政治统一。大秦帝国是中国第一个中央集权制统一王朝，可是只存在十五年便亡国了。汉朝建国不到五十年，便发生了七个同姓王的联合叛乱。如何实现和巩固国家的政治统一，这是当时的政治家和思想家为之焦虑的大问题。正是在这种历史背景下，胡毋生写定了《春秋公羊传》，借孔子"圣人"和《春秋》"经典"的权威来讲"大一统"思想。而为了论证"大一统"思想的神圣性和正确性，董仲舒出于"神道设教"的目的，建构起一套"君权神授""天人感应""灾异谴告"的思想体系，既用以驯服臣民，也用以限制王权，使中央集权统治运行在既定的政治轨道中。从思想的真理性而言，董仲舒的这套理论大有可议，但它对西汉王朝实现和巩固国家政治统一，无疑发挥了巨大而积极的作用。东汉末经师何休继承董仲舒思想著《春秋公羊解诂》，又提出诸如"张三世""通三统"等理论，为晚清公羊家所继承，用以建构变法改制的理论。

概言之，以春秋公羊学所代表的今文经学，其"通经致用"的学风，以及"大一统""通三统""张三世"等思想，是这一派学人留给后世的宝贵思想文化遗产。

然而，以董仲舒为代表的今文家明显地有其缺点，那就是他们对于经典解读的武断性和随意性，到了西汉后期今文经学更向烦琐性发展，这就使得经典诠释无限制地膨胀，据桓谭《新论》载："秦近君能说《尧典》篇目两字之说，至十余万言，但说'曰若稽古'三万言。"[26] 这就太烦琐了。今文经学的这些弊端极大破坏了儒家经典的固有意涵。从某种意义说，古文经学的兴起，便负有对今文经学矫正和清算的历史使命。

（二）古文经学的学风

汉代古文经学以河间献王、刘歆、郑玄为代表。

河间献王刘德（？—前130），是汉景帝的第二子。他远离诸皇子争位的政治旋涡，利用其已有的地位和财富，致力于文化古籍的收集与整理。《汉书·河间献王传》称："献王所得书皆古文先秦旧书，《周官》《尚书》《礼》《礼记》《孟子》《老子》之属，皆经传说记，七十子之徒所论。其学举六艺，立《毛氏诗》《左氏春秋》博士。修礼乐，被服儒术，造次必于儒者。山东诸儒多从而游。"[27] 班固称赞他"修学好古，实事求是"[28]。从这些记载和评论看，河间献王已聚集一批学人以所得"古文先秦旧书"为研究对象，通过对这批文献的研究，来了解真实的历史。并且他先于汉王朝在河间国"立《毛氏诗》《左氏春秋》博士"。这至少说明从汉武帝时起，在地方诸侯国和民间关于古文经传的研究已经在进行了。

刘歆（？—23），汉成帝河平三年（前26），刘歆24岁，受诏与其父刘向领校"中秘书"（禁中秘府藏书）。汉哀帝建平元年（前6），刘歆44岁，此年刘向卒，他总领五经，继父未竟之业，部次群书。此时的刘歆已经是一位学识渊博的学者，他在校对皇家图书的过程中，接触到了若干古文经典。汉哀帝 22 岁即位，他很欣赏刘歆的才学。刘歆得此恩宠，遂向汉哀帝提出增置《左氏春秋》《毛诗》《逸礼》《古文尚书》学官。汉哀帝接纳其言，下诏五经博士核议此事。诸博士"深闭固拒"，不肯"置对"，刘歆试图说服丞相孔光支持其建议，孔光不肯。刘歆于是联合另两位享有光禄勋的校书郎房凤和王龚一起移书谴责太常博士。这封书信写得很尖锐，激起了太常博士乃至执政大臣的愤怒。以致大儒龚胜提出辞职，执政大臣师丹（当时代王莽为大司马辅政）奏称刘歆"改乱旧章，非毁先帝所立"[29]，给汉哀帝施加压力。

孔光、师丹皆为国家重臣，德高望重。其中孔光是孔子第十四世孙，封博山侯；师丹为汉哀帝的老师，位居三公。两位都是博士出身。按当时官吏晋升制度，"博士选三科，高（第）为尚书，次为刺史，其不通政事，以久次补诸侯太傅"[30]。所以当时的五经博士已经形成了一个既得利益集团。今文家诸博士反对刘歆增设古文经学官，其原因既直接又简单：一是扩大博士员额，无异分羹于他人；二是因为学问不同，"党同门，妒道真"[31]。而此时刘歆、房凤、王龚等人品级尚低。汉哀帝即位不久，不愿得罪执政大臣，于是将刘歆、房凤、王龚三人皆外放去做郡守。

刘歆可以说是古文经学的公开倡导者。由于书缺有间，我们不能确切知道他对那几部古文经的研究程度，但《汉书·楚元王传》记载："初，《左氏传》多古字、古言，学者传训故而已。及歆治《左氏》，引传文以解经，转相发明，由是章句、义理备焉。"[32]这条材料虽然寥寥几句，却传达出了重要的信息。我们知道，所谓《左氏传》在《史记》里称《左氏春秋》，是同吕不韦的《吕氏春秋》并列在一起的。并且在刘歆之前，这部书中还有许多古字、古言，需要学者作"某字作某"的字义训诂，这间接说明那时还没有规范的隶书转写本，这就意味着可能从刘歆开始才有了规范的隶书转写本。而且，是刘歆把它作为《春秋》的传，用来解释《春秋》经文，并且使此书有了经传章句和义理阐释的形式。一句话，是刘歆将《左氏春秋》改编成了《春秋左氏传》。因为太常博士对刘歆这个工作不予认可，所以才说《左氏春秋》为"不传《春秋》"。对于这种改编，我们不能视为伪造《左传》。

在我们看来，无论当初刘歆在争立古文经时受到了怎样的抵制，以及后世对他存在多大的争议，但他当时所争立的《春秋左氏传》《毛诗》《周礼》在后世皆已确立为儒家经典。即使从现在的观点看，这几部书也是具有重大学术价值的。刘歆公开倡导和推动古文经学的历史功绩是不应该被抹杀的。

郑玄（127—200）是东汉古文经学的代表者，也是考证之学的鼻祖。《四库全书总目》于郑方坤《经稗》条下谓：

> 汉代传经，专门授受，自师承以外，罕肯旁征。故治此经者，不通诸别经；即一经之中，此师之训故，亦不通诸别师之训故。专而不杂，故得精通。自郑元（玄）淹贯六艺，参互钩稽，旁及纬书，亦多采摭，言考证之学者自是始。[33]

因为古代文献多通假字，只有经师能正其字、明其义。通经必由训诂，此等训诂之学，起初由经师代代口授，后乃著于竹帛。而师弟子之授受，一字不敢出入，此即是所谓"家法"。因为汉儒严守"家法"，才保证经典之大义不至于历久而失真。[34]而本门派的弟子以其师说定于一是，不作两歧之论，故无旁征博引之需，因而也无所谓考证之学。

但是，长期讲求师法、家法，学术便无从发展。而学术要进步和发展，必然会冲破师法、家法的束缚。况且师法、家法毕竟是一家之言，不同的师法、家法之间难免有相互比较和竞争的发生。比较和竞争要求符合一个更高的标准：谁更符合圣人作经的本意。学者众说纷纭，圣人不能复起而是正，于是便会有人辨章学术，考镜源流，折中群言，而立新说，考证之学因之而起。汉代从事考证之学者，其人非一，而以郑玄为代表。

关于郑玄的考证之学，后人争议甚大。誉之者为谓之"经神"，学界一度出现了"宁道孔圣误，讳言郑、服非"[35]的景况。但其后孔融、虞翻、陆澄、王肃、程大昌、杨复等人攻之不遗余力。郑玄遍注群经，而以《三礼注》最为著名，他所读书甚多，但所下注文却极其简略。学者或不见出处，而谓之"臆说"。如孔融《与诸卿书》称："郑康成多臆说，人见其名学，谓有所出也。"[36]但也有人虽不知其注出处，而谓其有独见之智、自得之妙，孙思邈之医术可与之相比："孙思邈医如康成注书，详于制度训诂，其自得之妙，未易以示人。味其膏腴，可以无饥矣。"[37]为什么学者的评价会有这么大的反差？

其实，这里面有个对考证方法理解的问题。考证方法靠证据说话，是获得真知的必要途径，但由于时代与个人的局限，研究者对材料的搜集、甄别与分析，未必能接近历史的真实，有时由于错误地甄别和分析材料，甚至得出与历史真实相反的结论。而且不同的研究者完全可能得出不同的结论。考证之学往往没有尽头，有的问题可能要经过学者一代一代考证，愈后而愈精。所以，我们也许应该把考证之学当作一个历史过程。郑玄的时代正是考证之学的发轫期，他在对古代名物制度的考证中，有这样那样的问题是完全可以理解的。

考证之学，一个时代有一个时代的权威，汉代的权威是郑玄，宋代的权威是朱熹，清代的权威则是顾炎武、阎若璩、戴震、王念孙诸人。清代儒者，特别是乾嘉学者的考证方法及其学术造诣皆堪称典范。而究其治学态度与学风，亦不过是对汉代河间献王"实事求是"四字的信奉与实践。因此，清代乾嘉学者，特别是皖派学者喜爱将自己的治学方法概括为"实事求是"，如钱大昕《卢氏群书拾补序》说："通儒之学，必自实事求是始。"[38]又在《潜研堂文集》卷三十九《戴先生震传》称赞戴震："实事求是，不偏主一家。"[39]凌廷堪《校礼堂文集》卷三十《书汪荍文书中星解后》说："自宋以后，儒者率蹈虚言理，而不实事求是，故往往持论纰谬。"[40]阮元《揅经室集·自序》说："余之说经，推明古训，实事求是而已，非敢立异也。"[41]又于《揅经室三集》卷五《惜阴日记序》说："我朝儒者，束身修行，好古敏求，不立门户，不涉二氏，似有合于实事求是之教。"[42]汪中《述学》别录《与巡抚毕侍郎书》："为考古之学，惟实事求是，不尚墨守。"[43]

这可能是一个迟到的认识。因为虽然班固《汉书》早已称赞河间献王"实事求是"的学风，但在其后的古文经学家刘歆和郑玄那里并没有鲜明地高举这面旗帜，而直到清代考证之学渐至佳境之时，才领悟到考证之学的学风和最高境界就是"实事求是"四字。"实事求是"的学风，可以说是古文经学一派留给世人最为重要的文化思想遗产。

注释：

[1][33]〔清〕永瑢等撰：《四库全书总目》，北京：中华书局，1965年，第1，278页。

[2][8][11]朱维铮编：《周予同经学史论著选集（增订版）》，上海：上海人民出版社，1983年，第93，6，6—8页。

[3]有学者提出："经今古文学之争是晚清所特有的经学形态，

与两汉事实不大相符，如再以今古文学的对立思维来研究经学，显然不甚妥当。"（参见黄燕强：《重论晚清经今古文学之争——与两汉经学的比较研究》，《清史研究》2013年第3期。）这种见解是正确的。

[4]徐复观：《中国经学史的基础》，台北：学生书局，1982年，第127页。

[5][19][27][28][29][30][31][32]〔汉〕班固：《汉书》，北京：中华书局，1964年，第1706，3620，2410，2410，1972，3353，1971，1967页。

[6]王培峰《〈经今古文学〉汉代今古文经学两派说考辨》（《商洛学院学报》2010年5期）对此问题曾作专门讨论，其文谓："作为论述今文经学与古文经学之争的权威之作，周予同的《经今古文学》所胪列的汉代今文经学和古文经学的种种对立，或与历史事实不符，或形成于后世，与汉代经学发展的实际情况相去甚远。"其文多有卓见，读者可参看。

[7]廖名春《"六经"次序探源》（《历史研究》2002年第2期）一文曾就这一问题做过论述，并评析了周予同的观点。笔者赞同他对周予同的批评。但他认为"六经"次序不同，与孔子晚年前后经学思想的变化相关："孔子晚年以前轻视《周易》，所以殿《易》于《诗》《书》《礼》《乐》之后；晚年以后重《易》而轻《诗》《书》《礼》《乐》，所以冠《易》于《诗》《书》《礼》《乐》之前。"此论似嫌推论过勇。

[9][10][20][24]〔唐〕陆德明撰，黄焯汇校，黄延祖重辑：《经典释文汇校》，北京：中华书局，2006年，第5，4，22，16页。

[12]章权才：《两汉经学史》，广州：广东人民出版社，1990年，第182页。

[13]〔宋〕魏了翁：《春秋左传要义》，《景印文渊阁四库全书》第153册，台北：商务印书馆，1986年，第264页。

〔14〕〔15〕〔清〕苏舆撰，钟哲点校：《春秋繁露义证》，北京：中华书局，1992 年，第 191，16 页。

〔16〕〔汉〕郑玄注，〔唐〕孔颖达等正义：《礼记正义》，〔清〕阮元校刻：《十三经注疏》，北京：中华书局，2009 年，第 3099 页。

〔17〕〔18〕〔21〕〔汉〕司马迁：《史记》，北京：中华书局，1959 年，第 3118，509—510，2165 页。

〔22〕〔唐〕陆淳：《春秋集传纂例》，《景印文渊阁四库全书》第 146 册，第 386 页。

〔23〕〔三国吴〕陆玑：《毛诗草木鸟兽虫鱼疏》，《景印文渊阁四库全书》第 70 册，第 21 页。

〔25〕转引自〔清〕周召：《双桥随笔》，《景印文渊阁四库全书》第 724 册，第 483 页。

〔26〕〔汉〕桓谭：《新论》，上海：上海人民出版社，1977 年，第 35 页。

〔34〕清儒惠栋说：“汉人通经，有家法，故有五经师。训诂之学，皆师所口授，其后乃著竹帛。所以汉经师之说立于学官，与经并行。五经出于屋壁，多古字古言，非经师不能辨。经之义存乎训，识字审音，乃知其义，是故古训不可改也，经师不可废也。”（参见〔清〕惠栋：《九经古义》，《景印文渊阁四库全书》第 191 册，第 362 页。）

〔35〕〔宋〕欧阳修、宋祁等：《新唐书》，北京：中华书局，1975 年，第 5693 页。

〔36〕〔明〕梅鼎祚编：《东汉文纪》，《景印文渊阁四库全书》第 1397 册，第 504 页。

〔37〕〔元〕戴良：《九灵山房集》，《景印文渊阁四库全书》第 1219 册，第 572 页。

〔38〕〔39〕〔清〕钱大昕著，陈文和主编：《潜研堂文集》，《嘉

定钱大昕全集（增订本）》第 9 册，南京：凤凰出版社，2016 年，
第 388，629 页。

[40]〔清〕凌廷堪撰，纪健生校点：《凌廷堪全集》第 3 册，
合肥：黄山书社，2009 年，第 273 页。

[41][42]〔清〕阮元著，邓经元点校：《揅经室集》，北京：
中华书局，1993 年，第 1，639 页。

[43]〔清〕汪中撰，戴庆钰、涂小马校点：《述学》，沈阳：辽
宁教育出版社，2000 年，第 123 页。

第十七章
汉晋时期的《春秋》三传之学

　　孔子作《春秋》之事，得到了孟子的高度评价和大力弘扬，其后在中国历史上产生了巨大的影响。而《春秋》经文不到两万字，其编纂形式也只是关于春秋时期的大事记，且尚嫌残缺，以致被宋人讥为"断烂朝报"。那它凭什么产生这么大的影响呢？

　　这是因为，中国历史经常表现出一治一乱，治世常少，乱世常多。此正如南宋张浚所说：

> 古之君人者，非不欲远追三代兴太平，而治世常少，乱世常多，何哉？幾微之间，祸患已成，而人主每以其微而忽之，故日积一日，而终至于败乱丧亡也。[1]

　　孔子所作之《春秋》正是对乱世之源的检讨与批评，并总结社会要成为"治世"所必不可少的条件和要素。正因为这部书简略而有法度，便于学者解释发挥，它也就成了学者借以曲折议政的一个经典文本。

　　《春秋》文字简严，学者单看此书，往往不明其义，其后学者为之作传，对之加以系统解释，最著名的有《春秋左氏传》《春秋公羊传》《春秋穀梁传》，合称"《春秋》三传"。

《左氏传》相传为左丘明所作，其书以古文书写，为记叙体，记事详赡，以事明义。晋杜预作《春秋经传集解》，世称"左氏功臣"[2]。

《公羊传》相传公羊高受之于子夏，其后子孙口耳相传，至汉景帝时，由公羊高玄孙公羊寿与齐人胡毋生以"今文"书写成书，其书为问答体，少有事件记叙，多有义理阐释，声称发明孔子"微言大义"。东汉何休为之作《春秋公羊传解诂》。

《穀梁传》始传者为鲁国穀梁赤，传至何时，由何人写定成书，史无明文。依杨伯峻考证，当成书于《公羊传》之后。其书亦用"今文"书写，体裁与《公羊传》相似，亦为问答体，亦少有事件记叙。不讲"微言"，但讲"大义"。晋范宁为之作《春秋穀梁传集解》。

因为这三部书都很重要，后来都被列入十三经中。下面具体介绍汉晋时期的《春秋》三传之学。为了叙述的方便，将以《春秋》三传在汉晋时期受重视的先后为序。

第一节　汉代的公羊学

在汉代，《春秋公羊传》最先受到执政者的重视。就汉代经学来说，虽然讲"五经"，但主要是以《春秋》经为主，汉代统治者进行社会道德教化，并不只是停留在空洞的口号和教条上，而是以春秋时期二百四十二年间事件中的人物做例子，对他们加以历史评价，说怎样做是道德的、正确的，怎样做是不道德的、不正确的。最初只有公羊学派一家观点。公羊学派认为《春秋》这部经典寄寓了孔子的"微言大义"，提出历史上凡是"尊王攘夷"，重视大一统的，是合乎道德的，是正确的；主张执政者应该积极有为，推动历史进步，由"据乱世"

到"升平世",再到"太平世"。

汉武帝之所以愿意接受春秋公羊学,是因为春秋公羊学适应了当时的政治需要。汉初八十年实行黄老之学的"无为而治""与民休息"政策,固然对恢复经济生产、积累社会财富起了积极的作用,但也带来了一些大的政治隐忧:一是地方藩国势力坐大、挑战中央政权的权威;二是匈奴频繁骚扰境内,影响社会安宁。在这样的政治形势下,雄才大略的汉武帝要将"无为而治"的政策改变为积极有为的政策,"外攘夷狄,内兴功业"[3]。

(一)汉景帝时胡毋生写定《公羊传》文本

春秋公羊学像先秦的许多专门之学一样,长期以来是口耳相授的。《春秋公羊传》作者旧题公羊高,战国时期齐国人,相传是子夏的弟子。徐彦《春秋公羊传注疏》载有东汉名儒戴宏(124—?)所作《公羊传序》称:公羊学由"子夏传与公羊高,高传与其子平,平传与其子地,地传与其子敢,敢传与其子寿。至汉景帝时,寿乃共弟子齐人胡毋子都,著于竹帛"[4]。关于胡毋子都,《汉书·儒林传》载:"胡毋生字子都,齐人也。治《公羊春秋》,为景帝博士。与董仲舒同业,仲舒著书称其德。年老,归教于齐,齐之言《春秋》者宗事之,公孙弘亦颇受焉。"[5]"胡毋"为复姓,或写作"胡毋"。

清儒陈祖范撰《经咫》说:"董仲舒云:'《春秋》文成数万,其旨数千。'夫揭其纲要大义几条,足以持世立教而已。"[6]《公羊传》大义有"大一统""通三统""张三世"等,其中最重要的是"大一统"之说。

《公羊传》以一问一答的形式,逐字逐句地解释《春秋》经文,并通过其解释来阐明"《春秋》大义"。《公羊传》解释《春秋》经文首句"隐公元年春王正月",开宗明义说:

"元年"者何？君之始年也。"春"者何？岁之始
也。"王"者孰谓？谓文王也。曷为先言"王"而后言
"正月"？王正月也。何言乎"王正月"？大一统也。[7]

在周代，天子首先以"正朔"（历法）宣示统一天下，因
而常以今年冬颁布明年之"正朔"给诸侯，诸侯"禀王之正
朔"，故曰"王正月"。何休引申说："统者，始也。总系之辞。
夫王者始受命改制，布政施教于天下，自公侯至于庶人，自山
川至于草木昆虫，莫不一一系于'正月'，故云政教之始。"[8]
明丘濬《大学衍义补》更明确地说："统者，所以统天下之不
一也。天下咸统于一王，而奉其正朔……国不敢异政，家不敢
异俗。车必同轨，书必同文，是则所谓'大一统'之治也。"[9]
《春秋公羊传》所提出的"大一统"思想，其"大"字是一个
动词，就是尊大和重视国家的统一。重视国家的统一，是中国
"治世"之首要条件和要素，它因此成为中华民族的核心价值
观之一。

（二）董仲舒对春秋公羊学的运用与发展

历史上一些哲人在当时似乎不被人措意的言论，后来却因
为某种机缘，成为改写历史者的根据。孟子当年关于《春秋》
的言论就起了这样的作用。孟子曾说："王者之迹熄而《诗》
亡，《诗》亡然后《春秋》作。"（《孟子·离娄下》）"孔子成《春
秋》而乱臣贼子惧。"（《孟子·滕文公下》）这些话将《春秋》经抬
到了无以复加的地步。而以董仲舒为代表的汉儒正是首先凭儒
家的《春秋》经争取到了官方哲学的地位，并以此带动整个儒
学成为官方学术。

董仲舒为汉代春秋公羊学大师，也是汉代第一大儒。他
没有专门的解经著作。所著有《举贤良对策》，又称"天人三

策"，全文近八千字，载于《汉书·董仲舒传》，南宋楼钥称
"对策为古今第一"[10]。另有《公羊董仲舒治狱》十六篇、《春
秋决事》十卷，已佚。今存《春秋繁露》十七卷，其中一半内
容发明公羊学大义，一半内容属杂记性质。董仲舒的著作多是
关于春秋公羊学的运用，其主旨在于：

1. 明公羊学"大一统"之义，"罢黜百家，表章六经"

秦统一全国后，焚书坑儒，以法为教，以吏为师，实行严
苛统治，导致秦王朝迅速灭亡。汉初八十年，实行黄老之学的
"清静无为"政治，与民休息，带来"文景盛世"，但也导致
藩国坐大，同姓王作乱。汉武帝即位后，他所关心的是在国家
政治统一的格局下，如何实现文化思想的统一。从学术思想史
看，春秋战国时期"百家争鸣"，学术极为繁荣，但这是以社
会大动乱为背景和代价的。作为统一王朝的执政者自然不会为
了繁荣学术而牺牲国家统一和社会稳定的局面，恰恰相反，他
们要将学术发展引领到一种正确的轨道，使之促进国家的统一
和稳定。为此，汉武帝征举贤良文学之士，寻求对策。在此背
景下，董仲舒提出了他的"天人三策"，其第三策说：

> 《春秋》大一统者，天地之常经，古今之通谊也。
> 今师异道，人异论，百家殊方，指意不同，是以上亡以
> 持一统，法制数变，下不知所守。臣愚以为诸不在六艺
> 之科孔子之术者，皆绝其道，勿使并进。邪辟之说灭
> 息，然后统纪可一而法度可明，民知所从矣。[11]

这个建议被班固概括为"罢黜百家，表章六经"[12]。"表
章六经"这句话被后世讹传为"独尊儒术"，其实两者有很大
不同。"六经"为中华元典，不独是儒家经典，也是诸子百家
共同的思想渊源。

汉武帝采纳了董仲舒这个建议。其"表章六经"的具体措施，是设立经学博士，并招收博士弟子员，这等于国家设立了专门学习经典文化的最高学府。隋唐以后科举考试设有"明经科"，作为一部分攻读经典的士人入仕的途径。这些措施在于引导士人坚守经典文化，奉行经典所承载的核心价值观。

中国古代的一个历史规律是：国家一旦实现政治统一，统治者便要考虑选择一种与"大一统"政治相匹配的长治久安之道，因而反过来要求学术思想的统一。"罢黜百家，表章六经"文化政策的建议和采纳，表面上看似是汉武帝和董仲舒两个人的事件，实际上是由其深层的历史规律来主导的。从这一事件之后，儒家经学成为两千余年君主制度下的统治思想，作为此一事件的标志性人物，董仲舒成为第一个促进儒家经学成为国教的人。

2. 以"天人感应"说建构"君权神授"理论

孔子所作《春秋》记载了日食、地震、陨石、雹灾、虫灾等自然现象，但只"纪异而说不书"[13]，即不对这些自然现象作迷信的解释。《公羊传》同样如此。而董仲舒则不然，他以这些现象作例证，附会春秋时期的社会政治，建构起一套"天人感应"和"灾异谴告"说的神学理论。"天人感应"是说人们的善行或恶行能感应给上天，上天能干预人间。"灾异谴告"是说上天会以自然灾害或异常天象来警告和谴责人间统治者的过失。这套理论一方面告诉人们君权是上天授予的，要臣民服从君主的权威；一方面又借"天"来压制君主，告诫君主不可作威作福，胡作非为。他的这套理论与原始儒学相比有很大的区别，这主要表现在对天、君、民三者关系的认识上。原始儒学以孟子为例，主张"民为贵，社稷次之，君为轻"（《孟子·尽心下》），"天视自我民视，天听自我民听"（《孟子·万章上》）。这里轻重的次序是：君意听从天意，天意听从民意，民意最重。但到了董仲舒这里却是"屈民而伸君，屈君而伸天"[14]，其轻重次序是：民意服从君意，君意服从天意。董仲舒此二语可以视为汉代儒学的发展纲要。它标示：面对中央集权的统一国家的新局面，儒学面貌发生了重大变化。原始儒家是以民本思想为主要特征的，原始儒家虽然也讲尊君，却不赞成君主专制。儒学在汉代争取到官方哲学的地位，是以背离原始儒家的民本思想为代价的。所以我们说董仲舒又是第一个改造原始儒学，使之为君主制度服务的人。

　　元代吴莱《渊颖集》卷八《春秋繁露后题》说："若夫求雨、止雨、推阴阳所以错行者，类淫巫瞽史所为，非纯儒之道矣。盖《春秋》一经，书'雩'、书'大雩'、书'大水'、鼓用牲于社、于门，是皆实事，非欲使后之说者因是以推灾异之变，而且流于术数之学也。"[15]

　　这是对董仲舒神学理论的批评。但综观中世纪的世界历史，宗教神学似乎是难以跨越的历史阶段。西方古希腊哲学的理性主义断裂之后，有了罗马基督教神学。中国先秦诸子哲学的理性主义断裂后，有了董仲舒"天人感应""灾异谴告"的神学。在西方，基督教神学体系一直延续到今天。而在中国，董仲舒的神学体系却没有延续下来。宋以后的儒者虽然摒弃了董仲舒的"灾异谴告"说，只是部分地接受了他的"天人感应"说，但对董仲舒本人仍有极高的评价。

　　以董仲舒的神学体系而言，并非只有消极的、迷信的意义，它也有随时修正政治错误、稳定社会的积极作用。在许多时候，董仲舒利用"天人感应""灾异谴告"的神学来做劝善惩恶的工作，如《春秋繁露》卷十三《五行逆顺》说："如人君惑于谗邪，内离骨肉，外疏忠臣，至杀世子、诛杀不辜，逐忠臣……咎及于火，则大旱必有火灾。"[16]《春秋繁露》卷六《王道》说："王者，人之始也，王正则元气和顺，风雨时，景星见，黄龙下。……五帝三王之治天下，不敢有君民之心，什一而税，教以爱，使以忠，敬长老，亲亲而尊尊，不夺民时，使民不过岁三月。民家给人足，无怨望忿怒之患……故天为之下甘露，朱草生，醴泉出，风雨时，嘉禾兴，凤凰、麒麟游于郊。"[17] 在这个意义上，董仲舒"天人感应""灾异谴告"的神学与基督教、佛教的劝善惩恶的社会作用是一致的。今天的中国人即使不信宗教，也对于基督教和佛教的创始人皆能有所尊重和理解，但对于董仲舒创立的"天人感应""灾异谴告"的神学体系却不能理解和容忍，因而对董仲舒的历史评价不是很高。

（三）何休对春秋公羊学的继承与发展

何休（129—182），字邵公，任城樊（今山东济宁市兖州区西南）人。何休为人质朴讷口，而雅有心思，精研六经，世儒莫及。他应太傅陈蕃之请，参与政事。党锢事起，何休遭到禁锢。他闭门在家，覃思十七年，撰成《春秋公羊传解诂》，"妙得《公羊》本意"[18]。党禁解除，被召为司徒，再迁谏议大夫。

何休有关公羊学研究的著作有很多，如《春秋文谥例》《春秋汉议》《公羊墨守》等，今皆遗佚。与董仲舒更重视对春秋公羊学的运用不同的是，何休则重视对《春秋公羊传》的诠释。他一方面着眼于对《公羊传》文本的字句和义理作系统性的解释，一方面试图透过《公羊传》的研究来探讨孔子当年编纂《春秋》的原则和方法，即所谓的"义例"。何休所总结的《春秋》义例有很多，但最著名的莫过于"三科九旨"之说。"三科九旨"的说法最早应该见于纬书《春秋演孔图》："春秋设三科九旨。"徐彦《春秋公羊传注疏》载：

　　问曰："《春秋说》（笔者按：指《春秋演孔图》）云：
'《春秋》设三科九旨。'其义如何？"答曰："何氏之意，
以为三科九旨正是一物。若总言之，谓之'三科'。科
者，段也。若析言之，谓之'九旨'。旨者，意也。言
三个科段之内，有此九种之意。故何氏作《文谥例》云：
'三科九旨'者，新周、故宋、以《春秋》当新王，此
一科三旨也。又云：所见异辞、所闻异辞、所传闻异
辞，二科六旨也。又：内其国而外诸夏、内诸夏而外夷
狄，是'三科九旨'也。"[19]

　　问曰："案宋氏（笔者按：指魏人宋均）之注，《春
秋说》三科者，一曰张三世，二曰存三统，三曰异外
内，是三科也。九旨者，一曰时，二曰月，三曰日，四
曰王，五曰天王，六曰天子，七曰讥，八曰贬，九曰
绝。时与日、月，详略之旨也；王与天王、天子，是录
远近亲疏之旨也；讥与贬、绝，则轻重之旨也。如是三
科九旨，聊不相干，何故然乎？"答曰："《春秋》之内，
具斯二种理，故宋氏又有此说，贤者择之。"[20]

　　这是说，"三科九旨"的观念并不是由何休首先提出的，
而是首先由纬书提出来的。而且关于"三科九旨"的解释，何
休与宋均意见有所不同。宋均是郑玄的后学。但后世学者却将
"张三世""存三统"等观念合并在何休的名下，或者是因为
两者的意见比较相近，而后者的概括更为简洁吧。所以，为简
洁起见，我们也遵从众人的意见。

　　"存三统"　"存三统"也叫"通三统"。所谓"存三统"，
是说新王朝建立后，分封此前两朝的"先王"后人，为的是保
存前两朝的传统，以作为政治的参考和借鉴，它与新王朝的传
统合称为"三统"。"新周、故宋、以《春秋》当新王。"是说

将孔子所作《春秋》当作一个新时代的开始，《春秋》也保存前两朝的传统，它的前朝便是周朝，周朝的前面便是商朝。周公平定武庚叛乱后，分封商汤之后微子于宋国，所以宋国便作为殷商传统的代表了。所谓"新"和"故"是相对的、流转的。如周朝存夏、商二朝之统，商就是"新"，夏就是"故"。既然"以《春秋》当新王"，那便要废黜夏朝传统，而以商朝传统为"故"，以周朝传统为"新"。举例来说，《春秋·庄公二十七年》有"杞伯来朝"之文，董仲舒《春秋繁露》卷七《三代改制质文》说："《春秋》曰：'杞伯来朝，王者之后称"公"。杞何以称"伯"？'《春秋》上黜夏，下存周，以《春秋》当新王。"[21]这意思是说，周武王建立周朝后，分封夏禹之后于杞国，本为公爵。孔子作《春秋》，废黜夏杞之统，所以称杞国的国君为"杞伯"。何休继承了董仲舒这一公羊学思想，他在《春秋公羊传解诂》卷八中释"杞伯来朝"说："杞，夏后。不称'公'者，《春秋》黜杞、新周而故宋，以《春秋》当新王。"[22]

"通三统"之说有其积极意义，即当一个新王朝建立新传统之时，也应参考和借鉴前代的传统。但左氏学一派认为，"以《春秋》当新王"难以说通，公羊家欲尊崇孔子，却把孔子说成一个僭妄人物。然而公羊学派也自有其理由，因为《孟子》早已说过："《春秋》，天子之事也。是故孔子曰：'知我者其惟《春秋》乎！罪我者其惟《春秋》乎！'"（《孟子·滕文公下》）孔子假天子之权而作《春秋》，知孔子者，是因为天下无王，孔子不得已才这样做；不知孔子者，便会认为孔子是一僭妄之人。

"张三世" 董仲舒《春秋繁露》卷一《楚庄王》："《春秋》分十二世，以为三等：有见、有闻、有传闻。有见三世，有闻四世，有传闻五世。故哀、定、昭，君子之所见也。襄、成、

文、宣，君子之所闻也。僖、闵、庄、桓、隐，君子之所传闻
也。所见六十一年，所闻八十五年，所传闻九十六年。于所见
微其辞，于所闻痛其祸，于传闻杀其恩，与情俱也。"[23] 这是
说，孔子作《春秋》时，将鲁国十二公二百四十二年之间历
史，分为三个阶段：第一阶段是孔子可以见证的历史，逆数而
上，即哀公、定公、召公，共六十一年。第二阶段是孔子所听
闻的历史，即襄公、成公、文公、宣公，共八十五年。第三阶
段是孔子之时所传闻的历史，即僖公、闵公、庄公、桓公、隐
公，共九十六年。对这三个阶段的历史修辞方法有所不同，即
较近的历史，涉及很多现世的人物，故采用隐微避讳的笔法，
较远的历史则不须避讳。

　　在此基础上，何休进一步为这三个阶段定性，从远往近，
首先，"所传闻之世"是"见治起于衰乱之中"；"所闻之世"
是"见治升平"；"所见之世"是"著治太平"。这种历史被后
人冠以"张三世"的名目。实则在何休的书中并未出现"张三
世"的概念。何休说：

　　　　于所传闻之世，见治起于衰乱之中，……故内其国
　　而外诸夏。……于所闻之世，见治升平，内诸夏而外夷
　　狄。……至所见之世，著治大平，夷狄进至于爵，天下
　　远近小大若一。[24]

　　这意味春秋"所传闻世""所闻世""所见世"的三个阶段
有一个从衰乱世到升平世，再到太平世的进步过程。但春秋时
期二百四十二年的历史并未呈现这种景象，何休之所以这样
说，毋宁说是借助《公羊传》和孔子，宣传一种发展进化的历
史观。中国古人关于历史的著述很多，但多属于历史编纂学的
范围。而有关历史学理论的著作，尤其是关于历史进化的理论

阐述却很少。所以，何休这种发展进化的历史观作为一种文化资源，便显得弥足珍贵。

"异外内" "异外内"是对"内其国而外诸夏""内诸夏而外夷狄"的概括，这个义例不为公羊家所独有，而是春秋学各派的共识。但《春秋公羊传》向往多民族的融合，不以种族、地域等因素区分中国和夷狄，而以文化的先进与否来作为区分的标准。认为如果"夷狄"遵循礼义，认同"中国"的文化，即可以进为"中国"，而如果"中国"放弃了礼义，也可以退为"夷狄"。《公羊传》提出了文化落后民族在先进民族的影响下，逐步摆脱落后面貌，共同走向进步的设想。这是一种进步、平等的民族观。

第二节　汉晋时期的穀梁学

(一)《春秋穀梁传》的作者及特色

《春秋穀梁传》作者旧题穀梁赤，战国时期鲁国人，相传是子夏的弟子。前人称东汉应劭（约153—196）《风俗通》曾说："穀梁子，名赤。"[25]学者多从其说。后《风俗通》散佚大半，今本《风俗通》已无其文。前人又称南朝阮孝绪（479—536）《七录》以为穀梁子名俶，今《七录》书亦不存。杨士勋《春秋穀梁传序疏》谓：

> 穀梁子名俶，字元始，鲁人，一名赤。受经于子夏，为经作传，故曰《穀梁》。传孙（荀）卿，孙卿传鲁人申公，申公传博士（瑕丘）江翁。其后鲁人荣广大善《穀梁》，又传蔡千秋。汉宣帝好《穀梁》，擢千秋为郎，由是穀梁之《传》大行于世。[26]

　　《穀梁传》体裁与《公羊传》相似，亦为问答体。其初亦当为口耳相传，至于其后由何人写定成书，史无明文。杨伯峻论证《穀梁传》有多处纠驳《公羊传》之文，如《春秋经·宣公十五年》记载："冬，蝝生。"《公羊传》认为是由于"上变古易常，应是而有天灾"，影射鲁宣公实行"初税亩"，招来天灾。《穀梁传》却说："非灾也。其曰蝝，非税亩之灾也。"明显是在纠驳《公羊传》。杨伯峻因而认为《穀梁传》写定于《公羊传》之后。[27] 其说可信。

　　《穀梁传》有很突出的"民本"思想，明确提出："民者，君之本也。"[28] 评判君主的好坏，应将是否关注民生作为重要标准。农业社会在很大程度上靠天吃饭，君主对农民生计关心，也就会表现出对自然旱涝的关心。《穀梁传》认为君主"忧雨""闵雨""喜雨"，是其"忧民""有志乎其民"的表现。春秋时期诸侯之间多次发生不义战争，给社会和人民带来巨大灾难。《穀梁传》将爱民与反对战争联系起来，因而赞扬齐桓公信厚、爱民，与诸侯订立弭兵盟约，避免了许多战争，如说齐桓公时期"未尝有大战也，爱民也"[29]。

　　《穀梁传》这种"爱民"思想对汉武帝后期政治有针砭作用。武帝末年，好大喜功，穷兵黩武，劳人费财，致使海内虚耗，民力凋瘁。西汉政治由此发生了深重的危机。汉宣帝即位后，重在抚政安民，曾说："鳏寡孤独、高年、贫困之民，朕所怜也。"[30] 令内郡国举贤良方正可亲民者为官；罢撤边境屯戍重兵；招抚流民还归；遣使者循行郡国问民疾苦。总之，采取了许多安民抚民的措施。但他觉得，这还不够，必须在思想文化上统一大家的思想。汉宣帝甘露三年（前51），诏诸儒讲五经同异，汉宣帝"亲称制临决"，增立《穀梁传》博士等，应该是由这种政治背景所导致的。

　　自唐以后，《穀梁传》受到许多春秋学家的推重，如陆淳、孙觉、晁说之、胡安国等人皆认为《春秋》三家之说相较，以《穀梁传》最为精深。然而自晋范宁以后，学者却又很少有人专治穀梁学。所以《穀梁传》研究一直寂寥无声，直到清代方有起色。

（二）晋范宁的《春秋穀梁传集解》

《穀梁传》先有尹更始、唐固、糜信、孔衍、江熙、段肃、张靖等十余家注解，晋范宁以为肤浅，乃作《春秋穀梁传集解》十二卷，《例》一卷。这是留存至今最早的，也是最好的《穀梁传》注本。

范宁（339—401），徐、兖二州刺史范汪之子，年少笃学，博览群书，官至豫章太守，封阳遂乡侯。时学界玄学盛行，日以浮虚相扇，范宁认为"其源始于王弼、何晏。二人之罪，深于桀纣"[31]。

范宁注《穀梁传》，秉持超然、客观的立场，这一点与何休不同，也与杜预不同。何休注《公羊传》，独主公羊一家之说。本来《公羊传》讲"微言大义"，已有主观化的倾向，何休则更向主观化发展，提出一些《公羊传》原本没有的见解。杜预注《左传》虽然比较客观，但从不指摘《左传》的偏失。范宁不然，他注《穀梁传》并不讳言《穀梁传》的缺点。范宁《春秋穀梁传序》说："《左氏》艳而富，其失也巫。《穀梁》清而婉，其失也短。《公羊》辩而裁，其失也俗。"唐杨士勋疏解此语说：

> "艳"者，文辞可美之称也。云"其失也巫"者，谓多叙鬼神之事，预言祸福之期，申生之托狐突、荀偃死不受含、伯有之厉、彭生之妖是也。

云"清而婉"者，辞清义通，若论隐公之小惠、虞公之中知是也。云"其失也短"者，谓元年大义而无传、益师不日之恶，略而不言是也。

云"辩而裁"者，"辩"谓说事分明，"裁"谓善能裁断，若断元年五始，益师三辞，美恶不嫌同辞，贵贱不嫌同号是也。……云"其失也俗"者，若单伯之淫叔姬，……论叔术之妻嫂是非……是也。[32]

按范宁的评断，《左传》辞藻华美，叙事详赡。但文中多叙鬼神作祟和占筮预言应验之事，有似巫觋之流，为正统儒者所不屑。《穀梁传》文笔清丽，义理通达。但对一些《春秋》大义无所发明，如对"元年春王正月"的阐释，付诸阙如。对公子益师卒时不书日，以为他太坏，却不说理由。《公羊传》说事分明，善能裁断，如对"元年春王正月"的阐释，提出"五始"之说；对"公子益师卒"不书日认为是时代太远，是遵循"所见异辞，所闻异辞，所传闻异辞"的义例而不书。这样的例子足可证明《公羊传》"说事分明，善能裁断"[33]的特点。但《公羊传》喜谈坊间传闻淫乱之事，如言单伯之淫叔姬，言邾国国君叔术娶嫂之是非等等，又表现出"俗"的一面。

第三节　汉晋时期的左氏学

《春秋左氏传》最初叫《左氏春秋》，是一部记叙春秋时期历史事实的书，后来与孔子所作《春秋》相配合，成为解经的"传"，称为《春秋左氏传》。同另两部解经的"传"——《春秋公羊传》和《春秋穀梁传》相比，前者注重讲故事，即历史；而后者注重讲道理，即所谓"义理"。或许是因为这种原因，差不多在整个西汉时期，《左氏春秋》一直未能登上大雅之堂。直到西汉末期以后，在古文经学家的不懈努力和抗争下，《春秋左氏传》才获得官学的地位。所以，讲左传学，重点不在其义理思想，而在于其传承。

（一）《左传》的作者

《春秋左氏传》，简称《左氏传》或《左传》，作者只称"左氏"，而不缀其名。汉以后学者如司马迁、刘歆、班固、杜预等皆认为是与孔子同时的左丘明，亲受经于孔子，世人向未疑之。至唐代赵匡则认为《左传》解释《春秋》经谬误甚多，定非与孔子同时的左丘明，而是后世的另一"左氏"。此后，如宋代张载、程颐、郑樵、朱熹等虽然不能确知"左氏"为谁，但也不认为《左传》作者为左丘明。学者甚至指出《左传》中记录有韩、魏、智伯之事，又举赵襄子之谥，则此书之作必在赵襄子既卒之后，距孔子之卒已有五十余年。《左传》中筮占预言陈（田）氏代齐之事，田氏代齐已是战国中期之事，上距孔子卒年达一百四十年之久。所以《左传》作者显然不会是与孔子同时的左丘明。

然主作者为左丘明之说者，也有可以申辩的理由。元代黄泽说："左氏是史官，曾及孔氏之门者。古人是竹书，简帙重大。其成此《传》，是阅多少文字，非史官不能得如此之详；非及孔氏之门，则信圣人不能如此之笃。""左氏是史官，又当是世史，其末年《传》文，亦当是子孙所续，故通谓之《左氏传》。"[34]明代邵宝说："圣人因《鲁史》而修《春秋》，不以《春秋》而废《鲁史》，《春秋》行则《鲁史》从之矣。然则《鲁史》安在？今之《左传》是已。何以谓之'传'？'传'以附经，左氏盖修饰之。"[35]清代朱彝尊说："左丘为复姓……孔子作《春秋》，明为作《传》……孔子既卒，周人以讳事神，名终将讳之，为弟子者自当讳师之名，此第称《左氏传》而不书左丘也。"[36]由此，我们可以得出四点认识：

第一，先秦文献书于竹简之上，简编重大，要撰述春秋时期二百四十二年之史事，需要翻阅许多竹简文献，而许多相关文献非史官不能掌握，所以《左传》作者，必是史官。

第二，历史资料需要世代积累，因而古代史官往往为某一家族所世袭，此一制度至汉代未改，如司马迁家族就是上古以来的史官家族。史书成书时间甚长，往往是代代续修，最后由一人总其成，剪裁整理前人文稿而成书。《左传》为编年体史书，其成书过程亦当如是。

第三，左丘明当是鲁国史官，由凡书鲁国处多称"我"可证。《左传》的前身即是鲁史——《鲁春秋》，孔子据之以作《春秋》，左丘明则据之改编为《左氏春秋》（《左传》）。至于《左传》中所述韩、魏、智伯之事与赵襄子之谥，以及筮占预言田氏代齐之事等，当系左丘明子孙所续入或后人窜入。

第四，《左传》作者只提姓氏，而不提名字，可能有两个原因：一是左丘明于孔子曾执弟子之礼，孔子去世后，其所著《春秋传》成，为避孔子名讳，只提"左氏"，而不提"丘明"。二是《春秋传》之文稿本是鲁国史官左氏家族几代人的成果，并非一人独著，题"左氏"更为恰当。

（二）《左传》在汉代的流传与遭际

孔颖达《春秋左传注疏》在叙述《左传》在汉代的传授和遭际时，抄集众书，前后错乱，舛讹多端，读之令人头痛。今经考证梳理，略陈其大致情形如下：

《春秋左氏传》最早传于张苍，张苍生于战国末年，曾师从荀子，在秦朝时曾经当过御史，后追随刘邦起义，汉初历任诸侯相、御史大夫，自汉文帝四年（前176）始，做了十五年丞相，于汉景帝五年（前152）卒，活了一百多岁。他有个著名的学生贾谊。司马迁《史记·张苍传》称张苍"本好书，无所不观，无所不通"[37]。许慎《说文解字序》称："北平侯张苍献《春秋左氏传》。"[38]晋袁宏撰《后汉纪》称："汉初，张苍、贾谊、张敞皆修《春秋左传》。"[39]这应该是汉代春秋学的源头。

《汉书·景十三王传》称河间献王"立《毛氏诗》《左氏春秋》博士"[40]。这是说汉武帝时，地方郡国已经在传习《左氏春秋》。

《汉书·楚元王传》称刘歆"受诏与父向领校秘书……及歆校秘书，见古文《春秋左氏传》，歆大好之。时丞相史尹咸以能治《左氏》，与歆共校经传。歆略从咸及丞相翟方进受，质问大义。初，《左氏传》多古字古言，学者传训故而已。及歆治《左氏》，引传文以解经，转相发明，由是章句、义理备焉"[41]。这是说刘歆在皇家秘府校书时，发现了古文《春秋左氏传》。然而在此之前张苍、贾谊、张敞、尹咸、翟方进所传习的《春秋左氏传》是今文呢，还是古文呢？这是一个值得注意的问题。

刘歆在皇家秘府所见的《春秋左氏传》来自哪里呢？按照刘歆《移让太常博士书》所说："鲁恭王坏孔子宅，欲以为宫，而得古文于坏壁之中，《逸礼》有三十九，《书》十六篇。天汉之后，孔安国献之，遭巫蛊仓卒之难，未及施行。及《春秋左氏》，丘明所修，皆古文旧书，多者二十余通，臧于秘府，伏而未发。"[42]问题是司马迁《史记》和班固《汉书·艺文志》在述及孔子壁中之书时皆未提及古文《春秋左氏传》，是他们认为此书未列学官、不甚重要，而有意忽略吗？这又是一个值得注意的问题。

至于孔颖达所说"汉武帝时，河间献《左氏》"[43]，今已不可考。

汉哀帝二十二岁即位，他很欣赏刘歆的才学。刘歆得此契机，遂提出增立《左氏传》等古文经博士。汉哀帝下诏五经博士核议此事，受到五经博士的抵制，诸博士"深闭固拒"，不肯"置对"。其议遂作罢（详情见后）。汉哀帝在位七年病逝，汉平帝立。王莽执掌朝廷大权，支持刘歆主张，将《左氏传》等古文经立为学官。《汉书·儒林传》载："平帝时，又立《左氏春秋》《毛诗》《逸礼》《古文尚书》。"[44] 不久又罢。

东汉光武帝时，陈元、韩歆提出增立《左传》博士。《公羊传》和《穀梁传》博士加以反对，反对的理由很充分。但是光武帝还是增立了《左传》博士。

《春秋》三传，《公羊传》和《穀梁传》属义理派，喜欢讲大道理，一点小事，也上纲上线，所谓"采毫毛之善，贬纤介之恶"[45]，对人要求比较严苛，使人难以措手足。而《左传》重史事，讲究实事求是，喜欢褒扬人的美德。《左传》中记载了春秋时期不少优秀执政卿的故事，比如管仲、子产、赵文子、韩宣子、叔孙豹等。叔孙豹提出了著名的"三不朽"思想，"大上有立德，其次有立功，其次有立言，虽久不废，此之谓不朽"[46]。光武帝重建东汉王朝，由于经历了前期的王莽之乱和赤眉绿林起义，社会百废待兴，光武帝希望有更多的立德、立功、立言的人才出来帮助他治理国家。这可能是他当时增立《左传》博士的心理原因。

（三）晋杜预的《春秋左氏经传集解》

杜预（222—284），字元凯，京兆杜陵（今陕西西安东南）人，生于官宦世家，少好任侠，博览群书，"智谋渊博，明于治乱"，人称"杜武库"。常自称："德者非所企及，立言、立功，预所庶几也。"[47] 史称杜预无技艺之能，身不跨马，射不穿札，而每有战事，辄在将帅之选。晋武帝时为镇南大将军，

统军参加平吴的统一战争，以军功封当阳县侯。

杜预平时爱读《左传》，晋武帝一次与杜预谈论当朝人物，杜预说：王济有养马癖，和峤有聚钱癖。武帝反问："卿有何癖？"杜预回答："臣有《左传》癖。"[48]杜预以将军之身，而雅好读书，为后人所称道。杜预正因为对《左传》喜爱，倾平生之力，为《左传》作注，书成，题为《春秋左氏经传集解》。

杜预被后人称为"《左传》忠臣"。宋代郑樵对此书给予了高度评价："杜预解《左氏》，……所以得'忠臣'之名者，以其尽之矣。《左氏》未经杜氏之前凡几家，一经杜氏之后，后人不能措一辞。"[49]他认为《左传》难注，在于其中有许多关于星历地理的内容，杜预恰有精通星历地理的特点。

第四节　汉代春秋学三派的相互斗争

汉代春秋学三家为争立学官，发生了多次的思想交锋，此起彼伏。如前所述，其中不仅仅是学术是非之争，它也与不同时期的政治需要紧密相关。统计汉代春秋学三家的思想交锋，其大者便有五次：

（一）西汉宣帝时公羊派与穀梁派的斗争

汉宣帝于甘露三年（前51）诏诸儒齐集石渠阁，讲论五经同异。在《春秋》经方面，公羊派代表有严彭祖、申輓、伊推、宋显、许广；穀梁派代表有尹更始、刘向、周庆、丁姓、王亥等人。两派辩论十分激烈，"议三十余事""各以经谊对"。汉宣帝"亲称制临决"，多从《穀梁》。经过这次会议，《春秋》

经又于《公羊传》博士之外，增立《穀梁传》博士。《穀梁传》由此大盛。

（二）汉哀帝时古文经与今文经之争

汉哀帝时，刘歆因受哀帝欣赏，遂提出增立《左氏传》等古文经博士。汉哀帝诏五经博士核议此事。此时今文经诸博士已经形成了一个既得利益集团，刘歆此建议，无异分羹于他人，所以诸五经博士"深闭固拒"，不肯"置对"。刘歆于是联合房凤和王龚一起移书谴责太常博士。这封书信措辞极其尖锐，激起了太常博士乃至执政大臣的愤怒。大儒龚胜提出辞职，执政大臣师丹奏称刘歆"改乱旧章，非毁先帝所立"，给汉哀帝施加压力。此时刘歆、房凤、王龚等人品级尚低。汉哀帝年轻，且即位不久，不愿得罪执政大臣，于是将刘歆、房凤、王龚三人皆外放去做郡守。刘歆等人争立《春秋左氏传》以及《毛诗》《逸礼》《古文尚书》学官之事遂告失败。

（三）东汉光武帝时左氏派与公羊、穀梁两派的斗争

东汉光武帝时尚书令韩歆上疏，欲为《费氏易》《左氏春秋》争立博士，当时今文博上范升上书反对增置《费氏易》《左氏春秋》博士，主要理由是："今《费》《左》二学，无有本师，而多反异，先帝前世，有疑于此，……疑道不可由，疑事不可行。"[50]所谓"反异"，是说《左氏传》与《公羊传》《穀梁传》存在尖锐对立的矛盾，如将《左氏传》同时立为学官，那就意味着走进了自相矛盾的"疑道"。但古文经（包括《左氏传》在内）经历了一番曲折的斗争，最终亦被立为官学。

（四）汉章帝时左氏派与公羊派之争

汉章帝建初四年（79），诏与诸儒论五经于白虎观。在《春秋》经方面，左氏派以贾逵为代表，公羊派以李育为代表。

贾逵（30—101），字景伯，其父贾徽从刘歆受《左氏春秋》，作《左氏条例》二十一篇。贾逵悉传父业，年少时即能诵《左氏传》，兼通五家《穀梁》之说。汉章帝即位，特好《左氏传》，诏贾逵入宫进讲。汉章帝善贾逵之说，要他写出《左氏传》大义长于《公》《穀》二传者，贾逵列举三十事以明之。贾逵提出"《左氏》义深于君父，《公羊》多任于权变"[51]。汉章帝令贾逵自选公羊派严、颜两家诸生高才者二十人教以《左传》。

李育（生卒年不详），字符春，扶风漆县（今陕西永寿）人。少习《公羊春秋》，沉思专精，博览书传，深为同郡班固所重。曾撰有《难左氏义》，指摘《左传》四十一事。汉章帝建初元年（76）拜为博士。白虎观会议上，李育"以《公羊》义难贾逵，往返皆有理证，最为通儒"[52]。而关于贾逵的表现则史无明文。推测李育略胜一筹。

（五）汉灵帝时左氏派与公羊派之争

汉灵帝时，今文经与古文经的两位大师狭路相逢，在春秋学上进行了激烈的思想交锋。他们就是何休与郑玄。何休为今文经学之集大成者，郑玄（127—200）为古文经学之集大成者。"京师谓康成为经神，何休为学海。"[53]

当时，何休与其师博士羊弼，追述李育之意，作《公羊墨守》《左氏膏肓》《穀梁废疾》，言公羊之义不可攻，如墨翟之守城；左氏学已病入膏肓；穀梁学也已成为残废。

郑玄早年在太学师从第五元先，通《公羊春秋》《京氏易》，又从张恭祖受《左氏春秋》《周官》《礼记》《韩诗》《古文尚书》，党锢祸起，杜门不出。针对何休对左氏学的攻击，郑玄著《发墨守》《针膏肓》《起废疾》，何休见而叹曰："康成入吾室，操吾矛以伐我乎？"[54]郑玄回应何休义理通深，证据确凿。由此古文经学日益兴盛，《左传》的学术地位驾《公》《穀》二传而上之。

春秋学在汉代一直是显学，不仅经学家看重此经，一般士大夫也大多看重此经，而于左氏、公羊、穀梁三家各有所好。东汉以后，左氏学声望日隆，公羊、穀梁二家逐渐衰微。然三家传人各守自家之学，互相攻驳，此风也蔓延到士大夫之中。如《魏略》云："严翰善《春秋公羊》，司隶钟繇不好《公羊》而好《左氏》，谓左氏为'太官'，而谓公羊为'卖饼家'。"[55]钟繇赞扬左氏学如官厨大馔，珍馐列鼎，美不胜收；讥讽公羊学如道边卖饼之家，浅薄而俚俗。其说一出，便成为一个有名的典故。[56]

另外，东汉以后的春秋学研究，已不仅停留在经学和史学上，也向文学方面拓展。如晋代贺循说："左氏之传，史之极也。文采若云月，高深若山海。"[57]贺循在晋代被视为一代儒宗，他对《左传》的赞扬，说明在晋人的心目中，《左传》的地位远远高于《公》《穀》二传。

注释：

[1]〔明〕杨士奇:《历代名臣奏议》,《景印文渊阁四库全书》第 438 册, 台北: 商务印书馆, 1986 年, 第 579 页。

[2][46]〔周〕左丘明传,〔晋〕杜预注,〔唐〕孔颖达疏, 陆德明音义:《春秋左传注疏》,《景印文渊阁四库全书》第 143, 144 册, 第 8, 141 页。

［3］［13］［37］〔汉〕司马迁：《史记》，北京：中华书局，1959 年，第 1442，1343，2681 页。

［4］［7］［8］［19］［20］［22］［24］〔晋〕何休汗，〔唐〕徐彦疏：《春秋公羊传注疏》，〔清〕阮元校刻：《十三经注疏》，北京：中华书局，2009 年，第 4759，4765—4766，4766—4767，4764，4764，4862，4774 页。

［5］［11］［12］［30］［40］［41］［42］［44］〔汉〕班固：《汉书》，北京：中华书局，1964 年，第 3615—3616，2523，212，248，2410，1967，1969，3621 页。

［6］〔清〕陈祖范：《经咫》，《景印文渊阁四库全书》第 194 册，第 71 页。

［9］〔明〕丘濬：《大学衍义补》，《景印文渊阁四库全书》第 713 册，第 811 页。

［10］〔宋〕楼钥：《攻媿集》，《景印文渊阁四库全书》第 1153 册，第 241 页。

［14］［16］［17］［21］［23］〔清〕苏舆撰，钟哲点校：《春秋繁露义证》，北京：中华书局，1992 年，第 32，373—374，101—103，197—198，9—10 页。

［15］〔元〕吴莱，〔明〕宋濂编：《渊颖集》，《景印文渊阁四库全书》第 1209 册，第 143 页。

［18］［50］［51］［52］［54］〔南朝宋〕范晔撰，〔唐〕李贤等注：《后汉书》，北京：中华书局，1965 年，第 2583，1228，1236，2582，1208 页。

［25］［36］〔清〕朱彝尊：《曝书亭集》，第 1318 册，第 286，281 页。

［26］［28］［29］［32］〔晋〕范宁注，〔唐〕杨士勋疏：《春秋穀梁传注疏》，〔清〕阮元校刻：《十三经注疏》，第 5123，5212，5182，5127 页。

［27］参见杨伯峻：《公羊传和穀梁传》，载于《经书浅谈》，北京：中华书局，2005 年，第 92 页。

［31］［48］〔唐〕房玄龄等：《晋书》，北京：中华书局，1974 年，第 1984，1032 页。

［49］〔宋〕郑樵撰，王树民点校：《通志二十略》，北京：中华书局，1995 年，第 1467 页。

［33］〔明〕何乔新：《椒邱文集》，《景印文渊阁四库全书》第 1249 册，第 7 页。

［34］〔元〕赵汸：《春秋师说》，《景印文渊阁四库全书》第 164 册，第 260—261 页。

［35］〔明〕邵宝：《简端录》，《景印文渊阁四库全书》第 184 册，第 651 页。

［38］〔汉〕许慎：《说文解字》，北京：中华书局，1963 年，第 315 页。

［39］〔晋〕袁宏：《后汉纪》，《景印文渊阁四库全书》第 303 册，第 628 页。

［43］［57］〔清〕朱彝尊原著，林庆彰等编审，汪嘉玲等点校：《点校补正经义考》第 5 册，台北："中央研究院"中国文哲研究所筹备处，1997 年，第 515，514 页。

［45］〔汉〕刘向撰，向宗鲁校证：《说苑校证》，北京：中华书局，1987 年，第 350 页。

［47］〔宋〕魏了翁：《春秋左传要义》，《景印文渊阁四库全书》第 153 册，第 265 页。

［53］〔晋〕王嘉：《拾遗记》，《景印文渊阁四库全书》第 1042 册，第 344 页。

［55］〔宋〕李昉等撰：《太平御览》卷 464，《景印文渊阁四库全书》第 897 册，第 330—331 页。

［56］清代思想家龚自珍作诗言志，表示要抛弃古文派的考

据学，而学习今文派的公羊学："从君抛弃虫鱼学，甘作东京卖饼家。"（龚自珍：《龚自珍编年诗注》，杭州：浙江古籍出版社，1995年，第20页。）龚诗即用了"卖饼家"的典故。

第十八章
西汉的诗经学

西汉今文经学《诗经》三家：鲁诗、齐诗、韩诗。鲁诗传自鲁国人申培，齐诗传自齐国人辕固生，这两个《诗经》学派皆以国命名。韩诗传自燕国人韩婴，此一《诗经》学派以传经人的姓氏命名。其后又出现了属于古文经学的《毛诗》，传自大毛公和小毛公。大毛公名毛亨，小毛公名毛苌。《毛诗》也是以传经人的姓氏命名的。毛诗出而三家诗渐亡，齐诗亡于魏，鲁诗亡于西晋，韩诗亡于两宋之间。后世裒辑三家诗遗佚之文，齐诗存者绝少，鲁诗存者也不多。有一句成语说："管中窥豹，只见一斑。"我们便用非常有限的一点材料，在以下三节中略微介绍一下鲁诗、齐诗和韩诗。

第一节　鲁诗管窥

西汉鲁、齐、韩三家诗中，鲁诗最早出。论其渊源可以上溯至荀子。荀子当年传经，弟子中有浮邱伯得到《诗经》传授。汉高祖刘邦有个小弟弟叫刘交（即是后来的楚元王），年少时候与申培等人一同受《诗经》于浮邱伯。刘交一直喜欢《诗经》，他的几个儿子都从他学《诗经》。汉兴，高祖到鲁地时，年轻的申培曾随老师一同晋见。汉文帝时闻听申公治《诗》最精，聘为博士。后申公归乡教授，作有《诗传》，成为鲁诗传授的源头。汉武帝尊儒，曾派官吏重礼聘申公到长安京城。此时申公已经八十多岁了，接他的官员怕他经受不住途中的颠簸，将车轮裹上蒲草。"安车蒲轮"，这在后世被传为美谈。因为申公年纪太大，身体又有病，到长安不久后又回到家乡，数年后病卒。其弟子孔安国等十余人皆为博士。其再传弟子韦贤为汉昭帝的《诗经》老师，汉宣帝时位至丞相；其子韦玄成亦治鲁诗，在汉元帝时位至丞相。所以当时曾流传这样一句谚语："遗子黄金满籝，不如一经。"[1]鲁诗中的另一位后学叫王式（字翁思），为昌邑王的老师。汉昭帝崩，昌邑王嗣立为天子，不久因行淫乱被废，其旧臣未曾上谏书规劝者皆被诛死。治事使者曾责问王式，为什么不上谏书规劝昌邑王，王式回答："臣以三百五篇当谏书，是以无谏书。"使者上报，得以免死论处。所以，汉儒以"三百五篇当谏书"，也被后世传为美谈。

《汉书·艺文志》说："汉兴，鲁申公为《诗》训故，而齐辕固、燕韩生皆为之传。或取《春秋》，采杂说，咸非其本义。与不得已，鲁最为近之。"[2]

申培鲁诗一脉自西晋失传，至今已很少有遗说传世。倒是楚元王一脉，世传其学，因与申公同出于一师，所以这一脉诗学也被后世当作鲁诗对待。刘向是楚元王四世孙，与其子刘歆皆为汉代大儒。刘向属通儒，鲁诗之外，亦习韩诗，但主流仍属鲁诗则无疑义。刘向有很多部著作，如《新序》《说苑》《列女传》等，其书喜引《诗》论事，从中透出鲁诗一脉对《诗经》的理解。

刘向引《诗》论事，表现出明显的经世致用、道德教化的意图。他的《新序》等书中所讲的多是与儒学教化相关的历史掌故，但只讲这些历史掌故还不够，差不多他在讲述每个历史掌故之后，都要引上一两句《诗经》的诗句，似乎不用这些诗句来印证，这些历史掌故便达不到真理的高度。从这里可以看出，刘向已经将《诗经》看作真理的化身。我们检索刘向在这些书中所讲的为君之道、为臣之道等，发现其中一些内容即使在现在来看，仍然有发人深思的启迪意义。今举两例：

首先，来看他讲为君之道的例子，刘向《新序》卷四载：

> 哀公问孔子曰："寡人生乎深宫之中，长于妇人之手……未尝知危也。"孔子辟（避）席曰："……丘闻之：君者，舟也；庶人者，水也。水则载舟，水则覆舟。君以此思危，则危将安不至矣！夫执国之柄，履民之上，懔乎如以腐索御奔马，《易》曰：'履虎尾。'《诗》曰：'如履薄冰。'不亦危乎！"哀公再拜曰："寡人虽不敏，请事斯语矣。"[3]

文中所引《诗经》"如履薄冰"之句出自《小雅》中的《小旻》和《小宛》。按传统的解释，这是大夫讽刺昏君（厉王或幽王）的作品。当时政治坏乱，小人当道，谋事邪僻，君臣离散，君子遭乱而表忧惧。所以《小旻》第六章说："不敢暴虎，不敢冯河，人知其一，莫知其他，战战兢兢，如临深渊，如履薄冰。"[4]《小宛》第六章说："温温恭人，如集于木，惴惴小心，如临于谷，战战兢兢，如履薄冰。"[5]"如临深渊"，是唯恐坠落；"如履薄冰"，是唯恐自陷。这两首诗都在讲这样一个道理：君主昏庸，不明事理，就会导致政治坏乱，引发社会的危机。因为当时之人包括鲁哀公，对《诗经》中的这两首诗比较了解，当孔子引出"如履薄冰"的诗句时，鲁哀公自然明白孔子所隐含的意思，即作为人君，不能走周厉王和周幽王的路。所以鲁哀公拜谢孔子说："寡人虽不敏，请事斯语矣。"

再来看刘向所讲的为臣之道，其所著《列女传》卷一载有一则"齐田稷母"的故事，讲这个伟大的母亲如何教育她做大官的儿子保持廉洁品质：田稷担任齐宣王的相国，收受了下属官吏贿赂给他的大量财物。田稷要把这些财物送给自己的母亲。母亲说："你出任相国三年，俸禄不应该有这么多，这些财物恐怕是别人贿赂你的吧？"田稷回答说："确实是收受属下的。"母亲说："我听说，士大夫要洁身自好，不能随便收受人家的东西。应该诚心诚意地做事，不弄虚作假。不符合道义的事情，不要在心里盘算。不合理的利益，不要带回家里。应该言行一致，表里如一。当今国君给你高官厚禄，你应该以忠诚报答国君才是。臣子辅佐君主，就像儿子孝敬父亲。尽心竭力，忠诚不贰，效力国家，廉洁公正，这样才不会有祸患。而你却与此相反，做臣子不忠，就等于做儿子不孝。不义的财物，不是我应该拥有的；不孝顺的儿子，不是我的儿子。你走吧。"田稷羞愧地走出家门，退还了财物，并主动向齐宣王认罪，请求处罚。齐宣王听后，对田稷母亲的深明大义大加赞赏，于是免除了田稷的罪责，并且拿出国家的钱财奖赏给田稷的母亲。[6]

刘向讲完这个故事，然后评论说："君子谓稷母廉而有化。《诗》曰：'彼君子兮，不素餐兮。'无功而食禄，不为也。况于受金乎？"[7]刘向引用的诗句出自《魏风·伐檀》。此诗共三章，其首章说："坎坎伐檀兮，置之河之干兮。河水清且涟猗。不稼不穑，胡取禾三百廛兮？不狩不猎，胡瞻尔庭有县貆兮？彼君子兮，不素餐兮。"[8]这是《诗经》中有名的讽刺贪官的诗。"素餐"的意思，就是食君之禄，不任君之事。用今天的话说，就是"白吃饭，不干事"。刘向的意思是说，无功而食禄，已经是不对的，更何况收受下属的贿赂呢！刘向用这个故事加上《诗经》的警句，一方面警醒官吏要廉洁奉公，一方面要天下做父母的知道应该怎样教育自己的儿子，还有一个方面，就是向人们强调《诗经》的义理价值。

第二节　齐诗管窥

齐诗出自辕固生。辕固生是一个很有风骨的人，关于他的故事颇有传奇的色彩。他在汉景帝时为博士，曾经在汉景帝面前与黄生争论"汤武革命"的问题。当时黄生提出，汤武并不是革命，乃是一种篡弑。这种意见违背了儒家经典的观点，但却有明显对现政权表示永远效忠的意味。辕固生听后立即反驳他说，桀纣暴虐，天下的民心皆归汤武，汤武按照人民的意愿诛杀桀纣，桀纣统治下的人民不为桀纣所使，都归附了汤武，汤武不得已而自立为王，这难道不是革命吗？黄生则提出，帽子再破，还是要戴在头上，鞋再新，还是穿在脚上。为什么会这样呢？是因为有上下之分。桀纣虽然失道，但毕竟是君上，汤武虽然圣明，毕竟是臣下。君主有过失，臣下不是加以匡正，以尊天子，反而因为他有过失诛杀他，取而代之，这难道不是篡弑吗？辕固生回答说，若非要这样说，那我们的高祖皇帝取代秦皇，即天子之位，那是对还是错呢？问题讨论到这里颇为僵持。汉景帝很有智慧，他说：马肝有毒，食肉不食马肝，不能说不知味；学者不讲汤武革命，不算愚。隐含的意思是说，"汤武革命"这个议题对现政权而言是一剂毒药，今后不要再讨论这个问题了。

还有一次，窦太后（即汉文帝的皇后）因为喜好黄老之书，向辕固生请教黄老之书中的问题。辕固生回答说：这是家人们讨论的问题。在那时"家人"是家中僮仆的意思，若翻译成现代语言，那就等于说"这是老妈子谈论的问题"。所以窦太后听后勃然大怒，说："安得司空城旦书乎？"[9]这是当时的原话，后世人已经不懂了，误以为"司空城旦书"是法律条文之书。据清人惠士奇的解释，"司空城旦"的意思是司空官员管制下的服役者，简单说，就是那个时代的"劳改犯"。儒家重视思想教育，所以窦太后反骂儒家之书是"司空城旦书"，是劳改犯们应该读的书。辕固生因为一句"大不敬"的话，闯下了大祸。事情到此并没有完，窦太后罚辕固生到猪圈里去刺猪，这无非是想让儒者出乖露丑。汉景帝知道是太后发怒，但辕固生直言并无罪，所以给了辕固生一把锋利的短剑，辕固生一剑便刺中猪的心脏，猪应手而倒，窦太后默然，不再加罪于他。汉景帝欣赏辕固生的清廉正直，封他为清河太傅，他因为有病，没有去就职。汉武帝初即位，以征贤良的名义征召天下儒者，此时辕固生已经九十多岁。辕固生风骨铮铮，儒者都很忌惮他。当时公孙弘也在征召之列，辕固生对他说："公孙子，务正学以言，无曲学以阿世。"[10]公孙弘后来做了丞相，确实也有"曲学阿世"的问题。可能辕固生早就看出了公孙弘的弱点。辕固生的风骨及其关于"汤武革命"的观点显然是继承了子思、孟子一脉的传统。他的这一传统也被后世齐诗一派所继承，比如翼奉的"四始五际"之说虽然披上了术数的外衣，但骨子里仍是关于政治"革命"可能性的理论。

　　翼奉是辕固生的三传弟子，他提出了一个齐诗"四始五际"的理论，这个理论记载在《诗纬·泛历枢》中：

　　　　《大明》在亥，水始也。《四牡》在寅，木始也。《嘉鱼》在巳，火始也。《鸿雁》在申，金始也。
　　　　卯，《天保》也。酉，《祈父》也。午，《采芑》也。亥，《大明》也。然则亥为革命，一际也。亥又为天门，

出入候听，二际也。卯为阴阳交际，三际也。午为阳谢
阴兴，四际也。酉为阴盛阳微，五际也。

　　卯酉之际为革政，午亥之际为革命。神在天门，出
入候听。[11]

两千年之间，学者对这三段话只是转录，无人解释。不
过，我们最近弄懂了它，它实际是关于政治改革和社会革命的
时间节点理论。因为它非常重要而且有趣，我们用后面一章的
篇幅来专门介绍它。

第三节　韩诗管窥

韩婴是汉文帝时的博士，汉景帝时官至常山太傅。他撰
有《韩诗内传》和《韩诗外传》，《韩诗内传》已佚，我们通过
学者辑佚，尚可见其零星资料。《韩诗外传》流传至今，这不
是一部专门解释《诗经》的著作，而是通过讲故事来阐释《诗
经》所蕴含的哲理。下面我们通过两个例子，来看韩诗一派对
《诗经》的理解。

（一）《韩诗外传》对《郑风·野有蔓草》一诗的理解

《郑风·野有蔓草》二章如下：

　　野有蔓草，零露漙兮。有美一人，清扬婉兮。邂逅
相遇，适我愿兮。
　　野有蔓草，零露瀼瀼。有美一人，婉如清扬。邂逅
相遇，与子偕臧。

《毛诗序》:"《野有蔓草》,思遇时也。君之泽不下流,民穷于兵革,男女失时,思不期而会焉。"[12]顺着这个思路,宋代很多学者都将此诗视作"男女淫奔"之诗,如欧阳修作《诗本义》说:"此诗文甚明白,是男女昏(婚)娶失时,邂逅相遇于野草之间尔。"[13]王质作《诗总闻》,更将此男女邂逅相遇毫无根据地加上了一个时间概念,惊呼:"当是深夜之时,男女偶相遇者也。"[14]而朱熹作《诗集传》则说:"男女相遇于野田草露之间,故赋其所在以起兴。"[15]他认为郑、卫两国多"淫奔"之诗,此诗也是他所认为的"淫奔"诗之一,并且他还认为这些诗是"淫奔"者自己所作的。

但是,在先秦,《野有蔓草》是作为燕享之诗的,在各国卿大夫之间的外交场合,常常赋此诗以示友爱和敬重,酬酢双方都没有将它视为淫诗。他们并非将诗中的"有美一人"理解为"有美色的女人",而是理解为"有美德的贤人"。例如,鲁襄公二十七年(前546),郑国国君燕享晋国执政大臣赵文子于垂陇之地,伯有向贵宾赋《鹑之贲贲》,赵文子很不客气地抢白他说:"床第之言不逾阈,况在野乎!非使人之所得闻也。"而子太叔向贵宾赋《野有蔓草》,赵文子则说:"吾子之惠也。"[16]子太叔通过赋《野有蔓草》,表达了自己见到赵文子的喜悦,所以,赵文子的回答表示了对子太叔恩爱的感谢。若《野有蔓草》一诗果有淫媟之词,赵文子同样会抢白子太叔的。

那么,我们来看《韩诗外传》。《韩诗外传》讲了一则孔子与程本子相遇的故事,两人相见甚欢,以致双方的车盖都倾倚到了一起。故事中孔子引用了《野有蔓草》的第一章,今引其文如下:

　　孔子遭齐程本子于郯之间,倾盖而语终日。有间,

顾子路曰:"由,束帛十匹以赠先生。"子路不对。有间,
又顾曰:"束帛十匹以赠先生。"子路率尔而对曰:"昔者
由也闻之于夫子,士不中道相见,女无媒而嫁者,君子
不行也。"孔子曰:"夫《诗》不云乎:'野有蔓草,零露
溥兮,有美一人,清扬婉兮,邂逅相遇,适我愿兮。'
且夫齐程本子,天下之贤士也。吾于是而不赠,终身不
之见也。"[17]

显然,韩婴将《野有蔓草》中的"有美一人"理解为"贤
人"。《韩诗外传》属西汉今文经学三家诗之一,《毛诗》后起,
并没有考虑前人对《野有蔓草》的理解,而将其解释为男女之
事。对此苏辙《诗集传》提出了意见:"毛氏由此故,叙以男
女失时,思不期而会。信如此说,则赵文子将不受,虽与伯有
同讥,可也。"[18]而朱熹等人也并没有在意苏辙的意见,顺着
《毛诗》的思路走得更远。

(二)《韩诗内传》今已不存,然而我们仍然可以从古
代文献中钩稽出一些相关资料,通过分析这些资料来看《韩
诗》的解释取向

下面我们以《诗经·郑风·溱洧》为例,看《韩诗内传》
是如何理解和解释的。

《溱洧》一诗共两章,每章十二句。两章文字大同而小
异,今录《毛诗·郑风·溱洧》第一章:

溱与洧,方涣涣兮。士与女,方秉蕳兮。女曰:"观
乎?"士曰:"既且。""且往观乎,洧之外,洵訏且乐。"
维士与女,伊其相谑,赠之以勺药。[19]

　　韩诗文本稍有不同。"涣涣"作"洹洹",为水流盛大之貌。"洵吁"作"恂吁",谓快乐之貌。"蕑草",解诗者认为是兰一类香草。"既且","且"同"徂",是前往的意思。"勺药",一种香草,韩诗认为是离别相赠之"离草"。

　　《艺文类聚》卷四引《韩诗》说:"三月桃花水之时,郑国之俗,三月上巳,于溱洧两水之上,执兰招魂续魄,拂除不祥。"[20]按照郑国当时的风俗,每年三月桃花水下之时,人们于上巳日(即后世所说的三月三日)在溱水与洧水之滨举行"招魂"的活动,以祓除不祥。士人与女子于此日会邀请平时所喜爱的人同往,一路游玩,相互戏谑。《溱洧》一诗即是记当时的情景。溱水与洧水,正洹洹然流淌,男士和女子,手里拿着香草徜徉。女子邀请男士:"去逛逛?"男士答道:"正去呢。"并未回应一同前往。女子又邀请道:"何不到洧水之外,那里真的很爽!"男士不愿女子失望,一同前往。男士和女子,相互嬉戏谑浪,临别赠之以勺药,以留念想。诗人只是直叙其事。韩诗也只是介绍了当时的风土人情,并没有加以道德的褒贬。以今日的观点看,郑国当时男女之间是比较开放的。而当时的多数士大夫也并没有觉得有什么不好,至少从韩诗的观点看是这样的,而韩诗在汉唐时期并未因此遭人非议。

　　但是毛诗一派在解释《溱洧》之诗时,却横添了许多情节。首先,《毛诗序》作者讲了一个他所认为的背景:《溱洧》,刺乱也。兵革不息,男女相弃,淫风大行,莫之能救焉。"[21]郑玄进一步解释诗义,认为《溱洧》诗中之男女已经发生了"淫佚之行",他说:"男女相弃,各无匹偶,感春气并出,托采芬香之草,而为淫佚之行。……士与女往观,因相与戏谑,行夫妇之事,其别则送女以勺药,结恩情也。"[22]到了宋代,朱熹《诗集传》则说:"此诗淫奔者自叙之辞。"又说:"郑卫之乐,皆为淫声。……卫犹为男悦女之辞,而郑皆为女惑男之语。卫人犹多刺讥惩创之意，而郑人几于荡然无复羞愧悔悟之萌，是则郑声之淫，有甚于卫矣。"[23]朱熹此说，实由《毛诗序》和郑玄《笺》有以启之。相比之下，韩诗的解诗态度更为可取。

第四节　关于《毛诗序》的争议

所谓《毛诗》，就是一直传到今天的《诗经》版本，《毛诗》有传有序，传称《毛诗传》，是对《诗经》文本所加的注，"传"与"注"是一个意思。序称《毛诗序》，长达7590字，相当完整，学者习惯将它分为《大序》和《小序》。《大序》可以说是对《诗经》的总论，《小序》是关于《诗经》各篇的题解文字，简略交代此篇由谁所作，为什么事而作，用以赞美某人或讽刺某人。它由此构成《毛诗》最重要的特点。关于《毛诗序》的作者，有孔子、子夏、毛公、卫宏等众多说法，而更多的人认为是子夏所作，然皆无明证。宋代以后形成"攻《毛诗》"和"守《毛诗》"两大派，这也就成了此后诗经学的焦点和最主要的"问题意识"，它也由此遮盖了对《诗经》本身文学成就的探讨。《毛诗·大序》共348字，今录之于下：

> 诗者，志之所之也，在心为志，发言为诗。情动于中而形于言，言之不足故嗟叹之，嗟叹之不足故永歌之，永歌之不足，不知手之舞之、足之蹈之也。情发于声，声成文，谓之音。治世之音安以乐，其政和；乱世之音怨以怒，其政乖；亡国之音哀以思，其民困。故正得失，动天地，感鬼神，莫近于诗。先王以是经夫妇，成孝敬，厚人伦，美教化，移风俗。故诗有六义

焉：一曰风；二曰赋；三曰比；四曰兴；五曰雅；六曰
颂。上以风化下，下以风刺上。主文而谲谏，言之者无
罪，闻之者足以戒，故曰风。至于王道衰，礼义废，政
教失，国异政，家殊俗，而变风变雅作矣。国史明乎得
失之迹，伤人伦之废，哀刑政之苛，吟咏情性，以风其
上，达于事变，而怀其旧俗者也，故变风。发乎情，止
乎礼义。发乎情，民之性也。止乎礼义，先王之泽也。
是以一国之事系一人之本，谓之风。言天下之事形四方
之风，谓之雅。雅者，正也，言王政之所由废兴也。政
有小、大，故有小雅焉，有大雅焉。颂者，美盛德之形
容，以其成功告于神明者也。是谓四始，诗之至也。[24]

《毛诗·大序》对《诗经》的总体论述，应该说是很精彩
的。朱熹攻《毛诗序》，主要是攻《小序》，但对《大序》还是
给予了积极的肯定。

我们来看《毛诗·小序》。如上所说，《小序》是《诗经》
各篇的题解，如："《关雎》，后妃之德也。风之始也。所以风
天下而正夫妇也。故用之乡人焉，用之邦国焉。……是以《关
雎》乐得淑女以配君子，爱在进贤，不淫其色，哀窈窕，思贤
才，而无伤善之心焉。是《关雎》之义也。"[25]"《樛木》，后
妃逮下也。言能逮下，而无嫉妒之心焉。"[26]"《螽斯》，后妃
子孙众多也。言若螽斯不妒忌，则子孙众多也。"[27] 我们一看
这些内容，就知道这是汉代大一统之后自上而下实施道德教化
的产物。因为在先秦时期社会政治问题多而棘手，学者没有太
多工夫关心人君的后宫问题。正因为《毛诗序》有许多可疑之
点，所以唐代韩愈便提出："察夫《诗序》，其汉之学者欲自显
立其传，因藉之子夏。"[28] 朱熹也说："《小序》大无义理，皆
是后人杜撰，先后增益凑合而成，多就《诗》中采摭言语，更

不能发明《诗》之大旨。"[29]朱熹的意见乃受其前辈学者郑樵《诗辨妄》的启发，郑樵一生不应科举，不出仕做官，他是宋代最为博学的学者之一。1152 年，新任同安主簿的朱熹拜见郑樵，那一年，郑樵 48 岁，朱熹 22 岁。日后朱熹说："《诗序》实不足信，向见郑渔仲有《诗辨妄》，力诋《诗序》，其间言语太甚，以为皆是村野妄人所作。始亦疑之……因质之《史记》《国语》，然后知《诗序》之果不足信。"[30]与朱熹同时而略早的程大昌也说："《诗序》，世传子夏为之，皆汉以后语，本无古据。学者疑其受诸圣人，嘿不敢议。……《荡》之诗以'荡荡上帝'发语，《召旻》之诗以'旻天疾威'发语，盖采诗者摘其首章要语以识篇第，本无深义。今《序》冈其名篇以《荡》，乃曰'天下荡荡，无纲纪文章'，则与'荡荡上帝'，了无附着。于《召旻》又曰'旻，闵也。闵天下无如召公之臣也'，不知'闵天疾威'有闵无臣之意乎？凡此皆必不可通者，而其他倒易时世，舛误本文者，触类有之。"[31]在这个问题上，我们是赞同韩愈、朱熹、程大昌等人的意见的。

注释：

[1][2]〔汉〕班固：《汉书》，北京：中华书局，1964 年，第 3107，1708 页。

[3]〔汉〕刘向：《新序》，《景印文渊阁四库全书》第 696 册，台北，商务印书馆，1986 年，第 216—217 页。

[4][5][8][12][19][21][22][24][25][26][27]〔汉〕毛公传，郑玄笺，〔唐〕孔颖达等正义：《毛诗正义》，〔清〕阮元校刻：《十三经注疏》，北京：中华书局，2009 年，第 964，970，760—761，732，732，732，732，563—569，562—569，585，585 页。

［6］［7］〔汉〕刘向：《古列女传》，《景印文渊阁四库全书》第448 册，第 17—18，18 页。

［9］［10］〔汉〕司马迁：《史记》，北京：中华书局，1959 年，第 3123，3124 页。

［11］〔清〕赵在翰辑，钟肇鹏、萧文郁点校：《七纬（附论语谶）》，北京：中华书局，2012 年，第 244 页。

［13］〔宋〕欧阳修：《诗本义》，《景印文渊阁四库全书》第 70 册，第 280 页。

［14］〔宋〕王质：《诗总闻》，《景印文渊阁四库全书》第 72 册，第 506 页。

［15］［23］〔宋〕朱熹注，王华宝整理：《诗集传》，南京：凤凰出版社，2007 年，第 65，65—66 页。

［16］〔晋〕杜预注，〔唐〕孔颖达等正义：《春秋左传正义》，〔清〕阮元校刻：《十三经注疏》，第 4336 页。

［17］〔汉〕韩婴：《诗外传》，《景印文渊阁四库全书》第 89 册，第 787 页。

［18］〔宋〕苏辙：《苏氏诗集传》，《景印文渊阁四库全书》第 70 册，第 363 页。

［20］〔唐〕欧阳询等：《艺文类聚》，《景印文渊阁四库全书》第 887 册，第 201 页。

［28］〔唐〕韩愈撰，〔宋〕魏仲举集注，郝润华、王东峰整理：《五百家注韩昌黎集》，北京：中华书局，2019 年，第 1527 页。

［29］［30］〔宋〕黎靖德编，王星贤点校：《朱子语类》，北京：中华书局，1986 年，第 2075，2076 页。

［31］〔宋〕程大昌：《考古编》，《景印文渊阁四库全书》第 852 册，第 9—10 页。

第十九章
齐诗"四始五际"说揭秘

西汉今文经学《诗经》三家：鲁诗、齐诗、韩诗。鲁诗传自鲁国人申培，齐诗传自齐国人辕固生，韩诗传自燕国人韩婴。古文经学有毛诗，传自大毛公和小毛公。大毛公名毛亨，小毛公名毛苌。毛诗最晚出。毛诗出而三家诗渐亡，齐诗亡于魏，鲁诗亡于西晋，韩诗亡于两宋之间。我们今天所要讨论的主要是齐诗的一种衍生学术——"四始五际"说。关于"四始五际"说，因为历史上留存的资料少，学界一直不明其所以然。我们经过研究发现，这是借助解释《诗经》来立论的一种政治哲学，关于它的意涵已经失传了两千年之久，不过我们最近通过研究有幸找回了它。

第一节　齐诗源流

齐诗的开创者辕固生是一个具有儒者风骨的人，这已在前一章介绍。从齐诗的第二代传人夏侯始昌开始，渐渐发展阴阳灾异理论。《汉书·眭两夏侯京翼李传》载："夏侯始昌，鲁人也。通《五经》，以《齐诗》《尚书》教授。自董仲舒、韩婴死后，武帝得始昌，甚重之。始昌明于阴阳，先言柏梁台灾日，至期日果灾。"[1] 班固在其传记后面的赞中论道:"汉兴推阴阳言灾异者,孝武时有董仲舒、夏侯始昌。"[2] 夏侯始昌最出名的弟子是后苍,武帝时立为博士。后苍又师从孟卿学《礼》,孟卿的学术中也有天人感应和阴阳灾异之说。

后苍弟子有翼奉、萧望之、匡衡。据《汉书》所记,三人虽同出一师,但治诗的方向却明显不同,"三人经术皆明,衡为后进,望之施之政事,而奉惇学不仕,好律历阴阳之占"[3]。虽然如此区分,但从史料的记载中,可以看出他们的诗学中都具有明显的阴阳观念。如宣帝时,西羌反,萧望之议曰:"民函阴阳之气,有好义欲利之心,在教化之所助。"[4] 匡衡在给元帝的奏疏中称:"臣闻天人之际,精祲有以相荡,善恶有以相推,事作乎下者象动乎上,阴阳之理各应其感,阴变则静者动,阳蔽则明者暗,水旱之灾随类而至……放郑卫,进《雅》《颂》。"[5]

这表明,齐诗自辕固生三传至翼奉、匡衡以及萧望之,在这一诗学体系的授受过程中,不断地融入了天人感应、阴阳灾异的观念。齐诗学产生这样的变化,与汉儒说经的方式相关。汉儒说经,喜言术数,《周易》中的阴阳观念、《尚书》中的"五行"观念、《春秋》中的灾异观念等都被利用来构造术数理论。《诗经》是上古的诗歌总集,本不适合构造术数理论,但在齐诗这里却构造了一个"四始五际"的术数理论。

由于齐诗最先亡佚,后世裒辑三家诗遗文,齐诗所存资料绝少。所以,历代学者论及"四始五际"的时候,多有错综乖违。"四始""五际"并不是《诗纬》中首创的概念,之前《诗经》各个学派就分别提到过这些概念。由于《诗纬》被视为齐诗发展出来的产物,而翼奉也提到过"五际",所以许多研究齐诗的人往往将它们混为一谈。但是,如果我们将翼奉与《诗纬》中的"四始五际"论说做一个比较,便会发现两者的不同。

《汉书·眭两夏侯京翼李传》中记翼奉上疏两次提到"五

际"说:《易》有阴阳,《诗》有五际,《春秋》有灾异,皆列终始,推得失,考天心,以言王道之安危。"又说:"臣奉窃学齐诗,闻五际之要《十月之交》篇(颜师古注:《小雅》篇名也),知日蚀地震之效昭然可明。"[6]翼奉所称之齐诗"五际"之说,今已不详。

而《诗纬·泛历枢》中关于"四始""五际",则有一套相对完整的论述,今引录者如下:

> 《大明》在亥,水始也。《四牡》在寅,木始也。《嘉鱼》在巳,火始也。《鸿雁》在申,金始也。
>
> 卯,《天保》也。酉,《祈父》也。午,《采芑》也。亥,《大明》也。然则亥为革命,一际也。亥又为天门,出入候听,二际也。卯为阴阳交际,三际也。午为阳谢阴兴,四际也。酉为阴盛阳微,五际也。
>
> 建四始五际而八节通,卯酉之际为革政,午亥之际为革命。神在天门,出入候听。[7](清人辑佚或以此条引文出自《诗纬·推度灾》)

在《诗纬·泛历枢》的"五际"说中,并没有翼奉所提到的《小雅·十月之交》篇,这表明《诗纬·泛历枢》所载并不等同于翼奉的学术。但《诗纬·泛历枢》为齐诗的一个支脉则无疑义。有鉴于此,魏源的《诗古微》直接称《诗纬·泛历枢》为《齐诗纬·泛历枢》。因为只有《诗纬·泛历枢》关于"四始五际"说有完整的论述,笔者的研究也主要以《诗纬·泛历枢》的资料为依据。而"四始五际"之说与翼奉之人联系已久,所以我们也不刻意加以区分。

关于"四始五际"之说,晚清以及现代学者已有一些积极的研究成果[8],但他们多将它当作一种失传了的诗学理论,

而在我们看来，它实际上是一个解释西周王朝兴盛、发展、衰落，以及政治改革与社会革命时机的政治哲学。汉儒喜欢用阴阳五行、天干地支等建构理论模型，如果我们顺着汉代术数家的思路，便可揭开它的神秘面纱。下面次第论之。

第二节 齐诗"四始五际"的理论模型

（一）古人关于"四始五际"的不同解释

古人论"四始五际"，往往把"四始"和"五际"分开说。关于"四始"有不同的解释，关于"五际"也有不同的解释。我们先来看关于"四始"的各种解释。关于"四始"，约有四说：

其一，鲁诗的说法：以《诗经》中《风》《小雅》《大雅》《颂》的首篇为"四始"。司马迁《史记·孔子世家》说："《关雎》之乱以为《风》始，《鹿鸣》为《小雅》始，《文王》为《大雅》始，《清庙》为《颂》始。"[9]司马迁将《诗经》中《风》《小雅》《大雅》《颂》的首篇称为"始"，但他并没有用"四始"一词来总括。所以这只是诗序的一种表示方式，以别于其他版本的诗序。这还是诗经学本身的问题，并没有与政治相联系。由于司马迁曾师事孔安国。孔安国是鲁诗的传人，所以司马迁的观点可以看作鲁诗的"四始"说。

其二，韩诗的说法：以《风》《小雅》《大雅》《颂》中的首篇连着后面若干篇为"四始"。魏源《诗古微·四始义例》考韩诗之说云："韩诗以《周南》十一篇为《风》之始。《小雅》，《鹿鸣》十六篇，《大雅》，《文王》十四篇，为二《雅》之正始。《周颂》当亦以周公述文武诸乐章为《颂》之始。"[10]

其三，毛诗的说法：以《诗经》中的《风》《小雅》《大雅》《颂》之全体为"四始"。《毛诗序》说："以一国之事系一人之本，谓之《风》；言天下之事，形四方之风，谓之《雅》。雅者，正也，言王政之所由废兴也。政有小大，故有《小雅》焉，有《大雅》焉。颂者，美盛德之形容，以其成功告于神明者也。是谓四始，诗之至也。"[11] 毛诗将《诗经》当作教科书，视之为政治实践的预备和开始阶段，因而把《诗经》中的四个部分:《风》《小雅》《大雅》《颂》之全体称作"四始"。"以四者王道兴衰之所由。人君能行之则兴，废之则衰。故谓之'四始'。"[12] 这可以说是毛诗的"四始"说，这种"四始"说已经与政治问题相联系了。

其四，《齐诗纬》的说法：以《诗经》二《雅》中的四篇为"四始"。《诗纬·泛历枢》的说法：《大明》在亥，水始也。《四牡》在寅，木始也。《嘉鱼》在巳，火始也。《鸿雁》在申，金始也。"这里提到了《诗经》中的四篇诗，即《大雅》中的《大明》篇和《小雅》中的《四牡》《南有嘉鱼》《鸿雁》三篇。因为它们与五行之始对应，所以被称为"四始"。

可以看出，"四始"之说鲁、韩、毛三家比较相近，都是从《诗经》篇章的本身出发，试图构建一种诗学与政治结合的理论。但《齐诗纬》却在二《雅》中挑选出四篇诗，并分别同十二地支和五行方位相联系，即它已被纳入十二地支的理论模型中（详下）。这是齐诗后学的一个分支，由于这一派诗学把《诗》与当时的术数理论结合起来，遂被后世认为虚妄不经，而加以摒弃。实际上，这一诗学建立的是一种政治哲学，它试图揭示政治改革与政治革命的时机规律（详下）。

关于"五际"，约有三说：

其一，《汉书·眭两夏侯京翼李传》颜师古注所引应劭的说法，以为"五际"即是君臣、父子、兄弟、夫妇、朋友五种人际关系。这也是传统儒家的说法。

其二，《汉书·眭两夏侯京翼李传》颜师古注所引孟康注《诗内传》的说法，以为"五际"是十二地支中的五项：卯、酉、午、戌、亥。考《前汉纪》卷二十五载："齐人辕固生为景帝博士，亦作《诗》外、内《传》。"[13]这里所说的《诗内传》当是辕固生的《齐诗内传》。这就意味着辕固生之时已经有了"五际"的说法。翼奉的"四始五际"说实有所本。

其三，齐诗后学分支《诗纬·泛历枢》的说法，其"五际"是指"亥、卯、午、酉"，其中一际与二际重合于亥，没有"戌"的一际。

（二）齐诗"四始五际"的理论模型

下面我们将齐诗的"四始""五际"合在一起论述。如上所述，在齐诗之前，各家诗学理论中已有关于"四始""五际"的各种说法。齐诗是利用原有的概念，对之加以改造，创造出一种政治理论模型。在齐诗那里，"四始""五际"是打通一气的。它们都被"一视同仁"地标示在十二地支的理论模型上。

汉儒喜爱以十二地支构建理论模型，如孟喜的十二月卦图（如下）就是如此。我们列出此图是作为一种参考，读者朋友不必关注图中的卦画，只注意十二地支的标示方法就可以了。

孟喜十二月卦图

郑玄的《周易爻辰图》也与此图相类似,即将一个圆周分成十二等份,分别标上十二地支,以圆图正下方为起始点,按顺时针顺序依次标上十二地支的名称。齐诗的"四始五际"的理论模型也是如此。前人之所以没有解开"四始五际"的千古之谜,是由于将"四始""五际"分开来看,又迷惑于汉儒对"四始""五际"的不同解释,这样就把视线从十二地支圆图模型上移开了。而不借助十二地支圆图模型,齐诗"四始五际"说便无从索解。相反,如果我们将它移回到十二地支圆图模型上来,"四始""五际"的意涵便显然明白了。

我们的操作方法是这样的:首先画一个圆周,将其分为十二等份,按顺时针顺序用子、丑、寅、卯、辰、巳、午、未、申、酉、戌、亥十二地支来标示它。如果我们在正下方标"子",那正上方就是"午",正左方就是"卯",正右方就是"酉"。我们参考上引《孟喜十二月卦图》可见,子、午、卯、酉对应北、南、东、西四个方位。按一般的术数理论,北、南、东、西对应五行中的水、火、木、金。而在我们已经给出的十二地支圆图上,我们可以看到,"亥"在"子"之前,所以称为"水始"。"寅"在"卯"之前,所以称为"木始"。"巳"在"午"之前,所以称为"火始"。"申"在"酉"之前,所以称为"金始"。由此构成所谓"四始"。接着,我们可以标出"五际"的位置。根据《诗纬·泛历枢》所说,"亥为革命,一际也。亥又为天门,出入候听,二际也。卯为阴阳交际,三际也。午为阳谢阴兴,四际也。酉为阴盛阳微,五际也"。这也就是说,亥为一际和二际的重合,卯为三际,午为四际,酉为五际。这些工作完成之后,我们可以将它看作一个理论模型的基座。为了避免误解,这里需要特别指出,这是一个解释齐诗"四始五际"的示意图,图中的"十二支"不同于古人用以标示岁、日、时辰的"十二支"概念,它只是借助地支观念标

示一个完整过程的示意图。

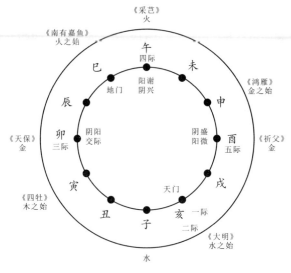

四始五际图

剩下的工作，是按照《诗纬·泛历枢》的提示，将它所提到的《诗经》中的诗篇标在十二地支圆图的具体位置上。《诗纬·泛历枢》说："《大明》在亥，水始也。《四牡》在寅，木始也。《嘉鱼》在巳，火始也。《鸿雁》在申，金始也。""卯，《天保》也。酉，《祈父》也。午，《采芑》也。亥，《大明》也。"因为这两段话中提到八篇诗，两次提到《大明》篇，相重复。且《大明》一篇，着落点在一际和二际的重合点——亥上。所以，《诗纬·泛历枢》所说的"四始五际"，只牵涉《诗经》的七篇诗，即《大明》《四牡》《天保》《南有嘉鱼》《采芑》《鸿雁》《祈父》。我们把已选出的《诗经》七篇填在十二地支圆图的理论基座上，即"亥"填《大明》，"寅"填《四牡》，"卯"填《天保》，"巳"填《南有嘉鱼》，"午"填《采芑》，"申"填《鸿雁》，"酉"填《祈父》。这七篇诗从《诗经》中特别挑选出来，究竟要表示何种意义，留到下一节再讨论。

第三节　"四始五际"论域下七篇诗的特殊意义

齐诗"四始五际"理论所关涉的七篇诗全部在《诗经》大、小雅中，其中《大雅》一篇，即《大明》;《小雅》六篇，即《四牡》《天保》《南有嘉鱼》《采芑》《鸿雁》和《祈父》。之所以选出这七篇，是因为这七篇诗分别反映了西周王朝兴起、发展、鼎盛、衰落的不同阶段。这个不同阶段是用"五际"来表示的，而"四始"则是"五际"的前导。下面分别论述:

（一）"一际"与"二际"重合于亥，亥为"水之始"，配诗为《大雅·大明》篇

所谓"亥为革命，一际也"，"亥"是十二支中的最末一位，意味旧的周期即将结束，新的周期即将来临。象征旧王朝即将灭亡，新王朝即将兴起。这种新、旧王朝的更替就是"革命"。齐诗认为《诗经》足以反映政治变迁、王朝更替的规律，而表达旧王朝即将灭亡、新王朝即将兴起的诗篇就是《诗经·大雅·大明》。此诗共八章，其中四章，每章六句。另外四章，每章八句。其首章说:"天位殷適（嫡），使不挟四方。"[14]认为殷商的纣王（殷嫡）已经无法统治天下四方了。其第六章说:"有命自天，命此文王。于周于京，缵女维莘。长子维行，笃生武王。保右命尔，燮伐大商。"[15]翻译成现代语言，其大意是这样的:上帝有命自天降，命令我们的周文王，在周原京师兴周邦。娶来的新妇有美德，她是莘国长女嫁到周邦，上天保她生了周武王，天保武王告天命:"你的使命是伐大商。"《大明》一诗，其大要言商之所以亡，周之所以兴。从王季、文王，一直到武王，有一个周人崛起、直至取代殷商的过程。

"亥又为天门,出入候听,二际也。""一际"说的是人间,"二际"说的是天界。在时间上是重合的。意在说明周人"革命",有"天命"的依据。"商之亡,天亡之也。周之兴,天兴之也。"[16]在十二地支的周期中有两个关键点:一是"巳",一是"亥"。"巳"为地支第六位数,象征阳气已尽,过"巳"则阴气当令,故"巳"又称"地门"。"亥"为地支第十二位数,象征阴气已尽,过"亥"则阳气当令,故"亥"又称"天门"。"天门"是天神所出入之处。"神在天门,出入候听",是说天神出入此间视察人间帝王兴衰得失,善则昌之,恶则亡之。今天我们还会说:"人在做,天在看。"就是这个意思。

值得注意的是,"五际"之中,后三际都在圆周上端、左端和右端的中点上,唯独前两际非但不在下端的中点上,反而在亥的时位上自相重复,这是为什么呢?下端中点"子"的时位,被术数家认为是"凶"的时位,商纣王就亡于甲子年,所以为后世王者所忌。且术数家通常也忌讳子午对冲,所以"子"的时位上常空而不用。

(二)三际在卯,卯为木,在东方,为阳气渐升,君子道长之时,配《小雅·天保》篇。《小雅·四牡》篇为前导

我们先从《四牡》篇看,《四牡》在寅,为"木之始",是"四始"之一。《四牡》是一首什么诗,何时所作?《毛诗序》说:"《四牡》,劳使臣之来也,有功而见知则说(悦)矣。"郑玄《笺》说:"文王为西伯之时,三分天下有其二,以服事殷,使臣以王事往来于其职,于其来也,陈其功苦以歌乐之。"[17]按照郑玄的说法,是文王为西伯时之诗。但此说遭到后世一些学者的质疑,如明代朱朝瑛《读诗略记》卷三说:"《序》曰:'劳使臣之来也。'使臣所之,必非一国。诗中但称'周道',则是武王、周公之诗,非文王率叛事纣之诗明甚。"[18]笔者以

为，朱朝瑛所言甚是，《四牡》应为周朝建立以后才创作的诗篇。《四牡》共五章，每章五句。其首章说："四牡骈骈，周道倭迟，岂不怀归，王事靡盬，我心伤悲。"[19]翻译成现代语言，其大意是：四马健壮不停蹄，周道蜿蜒又漫长。难道我不把家想？王室差事未完成，我的心里好悲伤。这是天子慰劳使臣劳苦的诗篇，天子体谅这些使臣的辛苦，因而站在使臣的角度描写使臣内心的苦痛。由此可见，天子对属臣的体恤之心。因为有这些属臣辛劳奉献，参与王者的创业过程，才使王者的基业得以建立和巩固。正是在这个意义上，《四牡》被选作"四始"之一。同样在这个意义上，《四牡》篇又是《天保》篇的前导。

《小雅·天保》篇在卯的位置上，如果我们将十二地支圆图中的卯与酉作一连线，正好将圆图分作上下两个半圆，上半圆为阳，下半圆为阴，"卯为阴阳交际，三际也"。卯的时位也许可以借助《周易·泰·彖传》来认识："天地交而万物通也，上下交而其志同也。内阳而外阴，内健而外顺，内君子而外小人，君子道长，小人道消也。"[20]"君子道长，小人道消"代表了社会政治正处于一个蒸蒸日上的状态，是一个开始全面体现正能量的时期。所以处于"阴阳交际"的"卯"的时位表示，此时西周王朝的政治已经完全巩固。而《小雅·天保》篇所体现的正是这种特点。按照传统的解释，这是君臣宴飨时所歌之诗，《小雅》开篇自《鹿鸣》以下五篇诗，是君主慰劳臣下的，而第六篇诗《天保》是臣下答谢君主的诗。《天保》共六章，每章六句。其首章说："天保定尔，亦孔之固；俾尔单厚，何福不除？俾尔多益，以莫不庶。"[21]翻译成现代语言，其大意是说：上天已保定你的王位，政权如此牢固。它使你的国家强大，让你得到所有的福禄。它使你的国家富饶，让其物产丰足。在齐诗"五际"说的结构中，《天保》一诗表示周王朝建立政权后，受到天下臣民真心的拥戴。

（三）四际在午，午为火，在南方，此时"阳谢阴兴"，阳气盛极将衰，配《小雅·采芑》篇。《小雅·南有嘉鱼》篇为前导

我们先从《南有嘉鱼》篇看，《南有嘉鱼》在巳，为"火之始"，是"四始"之一。《南有嘉鱼》是一首什么诗，何时所作？《毛诗序》说：《南有嘉鱼》，乐与贤也。太平之君子至诚，乐与贤者共之也。"孔颖达《毛诗正义》疏解说："作《南有嘉鱼》之诗者，言乐与贤也。当周公、成王太平之时，君子之人已在位、有职禄，皆有至诚笃实之心，乐与在野有贤德者共立于朝而有之，愿俱得禄位共相燕乐，是乐与贤也。"[22]《南有嘉鱼》共四章，每章四句。其首章说："南有嘉鱼，烝然罩罩。君子有酒，嘉宾式燕以乐。"[23]翻译成现代语言，其大意是：南方有好鱼，群群相逐随。君子有好酒，嘉宾宴饮乐传杯。在齐诗"五际"说的结构中，《南有嘉鱼》表示西周王朝已达太平盛世，明君之德光被天下，朝无旷官，野无遗贤，人尽其用。此时可视为西周的全盛时期，不一定专指周公、成王之时。此时虽然距离极盛之时尚差一间，但到了极盛之时，便会盛极转衰，那未必是好事。而西周极盛之时是以《小雅·采芑》一诗来表示的。

现在我们来看《小雅·采芑》篇。"午为阳谢阴兴，四际也。""午"正是日丽中天之时，但同时也是"阳谢阴兴"，开始走下坡路的时候。我们看到，《小雅·采芑》篇正在这个时位上。《小雅·采芑》是一首什么诗，何时所作？宋欧阳修《诗本义》卷十三说：《采芑》，宣王南征也。其诗称述将帅师徒车服之盛、威武之容，而其首章曰'薄言采芑，于彼新田，于此菑亩'者，言宣王命方叔为将，以伐荆蛮，取之之易如采芑尔。芑，苦菜也，人所常食易得之物，于新田亦得之，于菑亩亦得之。如宣王征伐四夷，所往必获也。其言采芑，犹今人云拾芥也。"[24]这是西周极盛之时，威加四夷，所向披靡。《采芑》共四章，每章十二句。其首章说："薄言采芑，于彼新田，于此菑亩。方叔莅止，其车三千，师干之试。方叔率止，乘其四骐，四骐翼翼。路车有奭，簟茀鱼服，钩膺鞗革。"[25]翻译成现代语言，其大意是：芑菜肥时来采芑，在休耕两年的田埂里，在休耕一年的垄中央。大帅方叔来阅军，三千战车称盛强，甲坚兵利操演忙。方叔亲自来统帅，车乘挑选青黑的马，四匹骏马真雄壮。车身铺上红色的革，车上挂着竹编的帘，车厢蒙着鲨鱼的皮，马胸前的铜饰光熠熠。诗中极夸宣王中兴之盛威。大家知道，西周王朝共有十二位君王：武王、成王、康王、昭王、穆王、共王、懿王、孝王、夷王、厉王、宣王、幽王。宣王之前，西周王朝一度衰落，至宣王励精图治，有文、武、成、康之遗风，西周王朝再次恢复了强大，史称"宣王中兴"。可是，好景不长，宣王喜欢炫耀武力，最后也败于武力。宣王晚年，西周转衰。所以，虽当正午之时，而在齐诗"五际"的运数中却已排在了第四际。这种安排显然是寓有政治深意的。

（四）五际在西，酉为金，在西方，此时正是日薄西山之时，"阴盛阳微"，配《小雅·祈父》篇。而以《小雅·鸿雁》篇为先导

我们先来看《小雅·鸿雁》篇，《鸿雁》在申，为"金之始"，是"四始"之一。《小雅·鸿雁》是一首什么诗，何时所作？欧阳修《诗本义》卷六说："厉王之时，万民离散不安其居，而宣王之兴，遣其臣四出于野，劳来还定，安集之，至于矜寡，使皆得其所，其所遣使臣，奔走于外，如鸿雁之飞，其羽声肃然，而劳其体也。"[26]《鸿雁》一诗共三章，每

章六句。其首章说："鸿雁于飞，肃肃其羽。之子于征，劬劳于野。爰及矜人，哀此鳏寡。"[27] 翻译成现代语言，其大意是：鸿雁远飞翔，翅羽唆唆响。使臣离家踏征途，辛劳于野收寡孤。可怜那些穷苦人，无家无室命真苦。西周王朝在周厉王时发生了第一次政治危机，"万民离散不安其居"。虽经宣王中兴，将流民招还并妥善安置，但这次危机还是透露了西周王朝衰落的征兆。宣王中兴或者只是一种"回光返照"而已。

我们再来看《小雅·祈父》篇，《祈父》篇在酉的时位上，"酉为阴盛阳微，五际也"。《祈父》是一首什么诗，何时所作？祈与圻、畿相通假。所以"祈父"又称"畿父"，是执掌兵权的大司马，相当于今人所说的国防部部长。《毛诗序》说："祈父，刺宣王也。"郑玄《笺》："刺其用祈父，不得其人也。官非其人则职废。"[28] 周宣王喜好炫耀武力，四方征伐。宣王三十九年（前 789），王师战于千亩，一败涂地。失败的主因在于领兵的大司马用非其人。《祈父》一诗共三章，每章四句。其首章说："祈父！予王之爪牙。胡转予于恤？靡所止居。"[29] 翻译成现代语言，其大意是：大司马！我本是君王的好卫兵。为什么让我陷入忧患？又到处征戍不得安宁？西周王朝这一次兵败，大伤元气，由此而迅速衰落。宣王之后便是幽王，幽王好色败德，烽火戏诸侯，遭骊戎之难，诸侯不能施助，西周王朝遂亡。

以上我们分析了齐诗"四始五际"的七篇诗，这七篇诗成为西周王朝兴盛、发展乃至衰落的一个历史缩影。到这里，"四始五际"的理论并没有终结，它还在此基础上进一步探索政治改革与政治革命时机的规律问题，关于此点，我们留给下一节来讨论。

第四节 关于政治改革与政治革命时机的理论模型

《诗纬·泛历枢》还有这样一段话:"建四始五际而八节通,卯酉之际为革政,午亥之际为革命。""四始五际"是齐诗通过术数形式所建立的一种十二地支圆图理论模型。为什么建立"四始五际"便会"八节通"呢?究竟什么是"八节"呢?古人以五日为一候,三候也就是十五日为一气,二气也就是三十日为一月,三气也就是四十五日为一节,二节九十日为一时,八节为四时,即三百六十日,一岁成。这里的"八节"实际是指三百六十度的一个圆周。就是在圆图上做"四始五际"的标示,并没有特殊的意义。关键是在后两句:"卯酉之际为革政,午亥之际为革命。"笔者称之为"革政、革命节点理论"。它是讲政治改革("革政")和政治革命的时间点(或关节点)的。为了理解这两句,我们画了一个《革政革命图》如下:

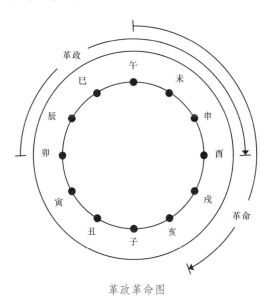

革政革命图

这个图中所蕴含的意思是不言而喻的，下面尝试提出我们的理解。所谓"卯酉之际为革政"，"革政"就是政治改革。"卯酉之际"相当于圆图的上半部分，犹如时钟从上午九时至下午三时（卯酉之际），用来比喻新政权所经历的崛起、鼎盛、由盛转衰但尚未没落的一个大时段。只有这个时段才适合进行"政治改革"（革政），未到此时段，或过了此时段都不适合。

如果将卯酉时段（上午9时—下午3时）再分为卯午（上午9时—12时）、午酉（12时—下午3时）两个时段。那么，卯午时段（上午9时—12时）因为是新政权崛起时段，因而是最佳的政治改革时段。这个时段百废待兴，人心思治，王朝政治正以一种全新的面目呈现，社会各阶级间不存在尖锐的矛盾，所以政治改革在这个时段比较容易成功。有远见的政治家未雨绸缪，会在这个时段进行周密的制度设计和政治改革。历史上周公的"制礼作乐"、商鞅的变法改革应该都是在这个时段进行的，所以获得了巨大的成功。

午酉时段（正午12时—下午3时），用来比喻政权由盛转衰时段。此时社会上已经积压了许多问题和矛盾，又有多种形式的政治干扰，虽然这些问题可以通过"政治改革"来解决和消化，但这种政治改革本身已经带有风险。因为这个时段"政治改革"和"政治革命"两种时机交织并存，"政治改革"弄得不好，反而会激化社会矛盾，促使"政治革命"的发生。历史上王莽所进行的"政治改革"就处在这一时段，因而直接引发了赤眉绿林起义，导致王莽新朝迅速灭亡。所以在这一时段进行政治改革，要有高超的政治艺术，能巧妙地规避政治风险。

"午亥之际为革命"。午亥之际（12时—下午5时），用来比喻"革命"（改朝换代）的节点。以前我们通常的理解是：

一个大朝代会比较顺利地走完它的多半过程，只是到了末期才会出现"革命"（改朝换代）的节点。但是，"革政""革命"节点理论的发明者认为，一个朝代从鼎盛时期开始就时时隐藏着"革命"（改朝换代）的节点，它会由于某种主观的、客观的，或完全是意外的原因，导致"渐进过程的突然中断"，本来有可能是长命的王朝，会瞬间变成"短命王朝"。换句话说，那些历史上的"短命王朝"，本来未必如此，但总是由于这样那样的原因导致了悲剧的发生。《诗经》反复告诫执政者"战战兢兢，如临深渊，如履薄冰"，正是提醒他们应该时时把国家的长治久安放在心上。

午亥之际（12 时—下午 5 时）也可分为两个阶段：一、"午酉"时段（12 时—下午 3 时），这是政治改革和政治革命的交叉时刻；二、酉亥时段（下午 3 时—5 时），比喻政权进入没落时段，改革时机已经完全丧失，回天无力，后世康有为、谭嗣同等人所进行的"百日维新"的改革运动便处在这一时段。

丘濬曾说："先儒之论，欲销变于未然，而臣为此说，欲应变于将然。销未然之变，非上知不能。应将然之变，虽中才可勉也。"[30]此思想对于把握和运用"四始五际"政治改革和政治革命的时机规律，或许不无益处。那就是在社会上人们思想比较统一、人心思治之时进行政治改革，"虽中才可勉也"。而在人们思想比较分歧，社会问题和矛盾比较尖锐之时进行社会改革，则"非上知不能"。

第五节　余论

齐诗"四始五际"说，是中国经学史上的一个难题，向无善解。主要原因是齐诗早亡，所留下的资料非常有限。而仅留下的几段话又层层包裹在术数的形式中，迷离惝恍，不知所云。笔者将它还原于汉代术数学的语境中，发现了它的秘密。领悟到所谓齐诗"四始五际"说，并不是用以解释《诗经》的诗学理论，而是传达一种政治哲学的理念，即借助当时流行的十二地支圆图的术数模型，以《诗经》大、小《雅》中的七篇诗为史例，阐述西周兴盛、发展乃至衰亡的历史过程，其最终的目的在于揭示政治改革与政治革命的时机规律。它之所以要选择一种术数形式来表达，恐怕是出于自我保护的目的，因为直接将它说出来，就难免招来杀身之祸。这在当时已有先例，如眭孟、京房妄发政治预言，皆被处死。齐诗"四始五际"说虽然不属政治预言，但敢于测断政治改革和政治革命的时机规律，也为当时政治之所忌。所幸，齐诗"四始五际"说的骨干材料还都在，我们据之可以揭示其本来的面目。

注释：

[1][2][3][4][5][6]〔汉〕班固：《汉书》，北京：中华书局，1964 年，第 3154，3194—3195，3167，3275，3337，3172—3173 页。

[7]〔清〕赵在翰辑，钟肇鹏、萧文郁点校：《七纬（附论语谶）》，北京：中华书局，2012 年，第 244 页。

[8] 这方面的研究在清代较具代表性的著作有连鹤寿的《齐诗翼氏学》，陈乔枞的《齐诗翼氏学疏证》和《诗纬集证》。在当代，有谭德兴的《〈齐诗〉"四始五际"与汉代政治》(贵州文史丛刊，2000 年第 5 期)；曹建国的《〈诗〉纬三基、四始、五际、六情说探微》(武汉大学学报，2006 年第 4 期)；邰积意的《齐诗五际说的殷历背景》(台大文史哲学报，2008 年第 68 期)；张峰屹的《翼奉〈诗〉学

之"五际"说考释》(郑州大学学报，2008 年第 1 期)。从总体上看，以往的研究或者把"四始五际"与八卦阴阳、二十四节气对应起来，或者把它与西周的历史年代对应起来。在具体的研究当中，大部分学者对原文中"五际"指"亥、卯、午、酉"持有异议。原文中以"亥"对应"一际"和"二际"，而以上的研究者们认为应该增加一个"戌"，认为"五际"是"亥、卯、午、酉、戌"。以上研究所列主要缘由可归结为三点：一是据孟康引《诗内传》说五际是"亥、卯、午、酉、戌"，认为《诗纬·泛历枢》当有佚句，五际当有"戌"位；二是翼奉在所上奏章中说自己"窃学齐诗，闻五际之要《十月之交》篇"(《后汉书·翼奉传》)，翼奉所上奏章之年岁在甲戌，所以《十月之交》应该是"五际之要"——"戌"所对应的篇目；三是原文有"神在天门，出入候听"，而郎颛言"神在戌亥，司侯帝王兴衰得失，厥善则昌，厥恶则亡也"(《后汉书·郎颛襄楷列传》)，也就是认为天门在戌亥之间，根据"际"是阴阳终始盛衰之际会的含义，和戌为极阴生阳，所以认为它是五际之一。尽管以上的研究旁征博引，甚至从定义上试图说明"戌"为五际之一，然而，这些论据都可以商榷。因为《诗纬·泛历枢》原文中不但没有提到"戌"，也没有提到《十月之交》篇，而且孔颖达所引《诗纬·泛历枢》原文已经明言"亥"对应着两际。所以，我们认为，在没有更令人信服的论据可证明"戌"为五际之一的前提下，应该遵照《诗纬·泛历枢》原文的意思对五际加以理解。我们的研究是以齐诗的一个衍生支派——《诗纬·泛历枢》为蓝本，并不刻意追求翼奉本人的原意。

[9]〔汉〕司马迁:《史记》，北京：中华书局，1959 年，第 1936 页。

[10]〔清〕魏源:《诗古微》，《魏源全集》第 1 册，长沙：岳麓书社，2004 年，第 180 页。

[11][14][15][17][19][21][22][23][25][27][28][29]〔汉〕毛公传，郑玄笺，〔唐〕孔颖达等正义:《毛诗正

义》,〔清〕阮元校刻:《十三经注疏》,北京:中华书局,2009 年,第 568—569,1090,1092—1093,867,867,880,896,896,910,911,920,927,927 页。

[12]〔清〕黄中松:《诗疑辨证》,《景印文渊阁四库全书》第88 册,台北:商务印书馆,1986 年,第 215 页。

[13]〔汉〕荀悦:《前汉纪》,《景印文渊阁四库全书》第 303册,第 430 页。

[16]〔宋〕李樗、黄櫄:《毛诗李黄集解》,《景印文渊阁四库全书》第 71 册,第 556 页。

[18]〔明〕朱朝瑛:《读诗略记》,《景印文渊阁四库全书》第82 册,第 429 页。

[20]〔魏〕王弼、〔晋〕韩康伯注,〔唐〕孔颖达等正义:《周易正义》,〔清〕阮元校刻:《十三经注疏》,第 54 页。

[24][26]〔宋〕欧阳修:《诗本义》,《景印文渊阁四库全书》第 70 册,第 282,224 页。

[30]〔宋〕丘濬:《大学衍义补》,《景印文渊阁四库全书》第713 册,第 77 页。

第二十章
汉唐的"三礼之学"

汉代所谓三《礼》，是指《仪礼》《礼记》《周礼》三书。因为三部书都带"礼"字，学者习惯上称之为"三礼之学"。实际上在汉代的很长时间里，《仪礼》只称《礼》，《礼记》只称《记》，而《周礼》原称为《周官》。西汉末，王莽居摄时，刘歆作为国师，奏请以《周官》为《周礼》，并置博士学官。东汉末，郑玄著《仪礼注》《礼记注》《周官注》（《周礼注》），自此便有了"三礼之学"。

三《礼》之书中，争议最大的是《周礼》。首先，关于《周礼》的成书年代就存在极大的争议。学者或认为是西周初周公所创制，或认为是战国时学人所撰作，或认为是西汉末刘歆所伪造。司马迁《史记·孝武本纪》："群儒采封禅《尚书》《周官》《王制》之望祀射牛事。"[1] 而首列《周官》一书，司马迁比刘歆早一百多年，其所撰《史记》多次提到《周官》，则《周官》为刘歆所伪造绝无可能。在我们看来，司马迁以《周官》为"先秦旧书"的意见是正确的。

《周官》一书以王朝职官设置为架构，所述多关王朝的政治、经济、军事、文化的经验总结和制度设计。这种经验总结和制度设计有两种可能：一是反映西周初周公关于礼制建设的构想，二是战国时思想家对未来统一国家的制度设计。令学者纠结的是，《周官》书中所述，既有许多同历史制度文化相吻合之处，也有不少同历史制度文化不相协调之处。于是学者得出截然相反的结论，或认为此书反映"周公致太平之迹"（刘歆、郑玄），或认为此书是"六国阴谋之书"（何休）。而在此书最初奏上西汉朝廷之时，汉武帝也认为是"末世渎乱不验之书"。

笔者以为，从文体上看，《周官》一书绝不似《尚书·周书》那种佶屈聱牙的老古文体，而与战国时期的文体相同。此书应为战国时那些带有怀古情结的儒者所撰写。

三《礼》之书中，本应以《仪礼》为经，《礼记》为记，《周礼》别是一书，但因郑玄推崇《周礼》，将《周礼》驾《仪礼》《礼记》而上之，天下学者又迷信郑玄的经学权威，遂使经学发展走了一大段弯路。

第一节　汉代的仪礼学

《礼记·王制》说："乐正崇四术，立四教，顺先王《诗》《书》、礼、乐以造士。春秋教以礼、乐，冬夏教以《诗》《书》。"[2]此时的"礼"和"乐"未必有文本，"礼"靠周旋跪拜的演习来传授，"乐"靠耳听心记的方式来传授。直到孔子之时，礼仪程式尚无记录文本，《礼记·杂记下》载"（鲁）哀公使孺悲之孔子学士丧礼，《士丧礼》于是乎书"[3]，《士丧礼》由此有了记录文本。推想《仪礼》其余各篇皆为孔门师儒所记。西周以"礼乐文明"著称于世，冠礼、婚礼、丧礼、祭礼、朝觐、聘问、燕飨、乡射之礼，为当时世俗、宗教、政治生活中最受重视之事。即使仪式烦琐，君臣士庶皆不敢稍有懈怠。而礼仪程式有世袭专职人员传习并掌管，并不担心其失传。

　　然而东周以降，"礼崩乐坏"，前世礼仪日渐废坠，即使在士大夫阶层也不能践行。儒家学者为了保存和抢救文化遗产，遂有《礼》书的撰写及对礼学的强调和重视。随着社会的发展，前代的礼仪程式日益脱离社会实践的领域，而作为记录前世礼仪程式的《仪礼》，只能作为一种礼仪文本供少数学者研习。此正如清人邵懿辰所说："礼在当时，道、器尚不相离。至于后世，文字存焉耳，然则独其道存焉耳。"[4]

　　汉代，《仪礼》虽然作为五经之一，学者对于此书仍不免纠结。这是因为《仪礼》纯粹是对于礼仪程式的记录，不讲任何道理，那它是否可以作为"经"来看待呢？相比之下，《周礼》(《周官》)和《礼记》却讲了许多道理。那是否可以将《周礼》或《礼记》作为《礼》经，而《仪礼》只作为附录的礼仪程式呢？这可能是汉唐儒者内心曾经纠结而试图解决的问题。汉末郑玄选择将《周礼》作为礼学的首要经典，而唐初孔颖达则选择将《礼记》作为《五经正义》的礼学经典。这个过程或许应该从西汉中期说起。

　　司马迁《史记·儒林传》说："诸学者多言《礼》，而鲁高堂生最本。《礼》固自孔子时而其经不具，及至秦焚书，书散亡益多，于今独有《士礼》，高堂生能言之。"[5]司马迁所说的高堂生传《士礼》，实即《仪礼》十七篇。而当时司马迁所称之礼书，只有此《士礼》(《仪礼》十七篇)。汉代所称《士礼》《礼》《礼经》等，皆是指今文《仪礼》十七篇。但当时并不称《仪礼》，《仪礼》之名是汉末人为了与《礼记》作区分才提出来的。

　　高堂生及其以下的传授谱系有五传之多，《礼记正义》引郑玄《六艺论》云："五传弟子者，熊氏云：'则高堂生、萧奋、孟卿、后苍及戴德、戴圣为五也。'此所传皆《仪礼》也。"[6]班

固《汉书·艺文志》叙述汉代礼学传承说:"鲁高堂生传《士礼》十七篇,讫孝宣世,后苍最明。戴德、戴圣、庆普皆其弟子,三家立于学官。"[7]

班固《汉书·艺文志》说:"《礼古经》五十六卷。"又说:"《礼古经》者,出于鲁淹中及孔氏。"[8]《礼》经有今文经,有古文经。今文经即《仪礼》十七篇。古文经五十六卷出于曲阜孔氏屋壁中,卷即篇,除包括今文《仪礼》十七篇的内容外,还有《逸经》三十九篇。孔氏屋壁所出的《礼古经》五十六篇,后来复又遗佚,竟无一篇保存下来。推测原因,大概是因为仪礼学已经是冷门学问,传习少人。况且今文《仪礼》十七篇,戴德、戴圣、庆普已立为学官。若他们冷落《礼古经》五十六篇,不予推许,那《礼古经》五十六篇便会因为竹简不易保存而自然朽坏。

因为今文《仪礼》十七篇,所讲全是礼仪程式,殊少义理,所以当时学者对于它的研究就只在《仪礼》的篇次排列上。而关于《仪礼》篇次有戴德、戴圣、刘向三家的不同排列方案,见下表:

戴德本《仪礼》	戴圣本《仪礼》	刘向本《仪礼》
士冠礼第一	士冠礼第一	士冠礼第一
士昏礼第二	士昏礼第二	士昏礼第二
士相见礼第三	士相见礼第三	士相见礼第三
士丧礼第四	乡饮酒礼第四	乡饮酒礼第四
既夕礼第五	乡射礼第五	乡射礼第五
士虞礼第六	燕礼第六	燕礼第六
特牲馈食礼第七	大射礼第七	大射礼第七
少牢馈食礼第八	士虞礼第八	聘礼第八
有司彻第九	丧服第九	公食大夫礼第九
乡饮酒礼第十	特牲馈食礼第十	觐礼第十
乡射礼第十一	少牢馈食礼第十一	丧服第十一

续表

戴德本《仪礼》	戴圣本《仪礼》	刘向本《仪礼》
燕礼第十二	有司彻第十二	士丧礼第十二
大射礼第十三	士丧礼第十三	既夕礼第十三
聘礼第十四	既夕礼第十四	士虞礼第十四
公食大夫礼第十五	聘礼第十五	特牲馈食礼第十五
觐礼第十六	公食大夫礼第十六	少牢馈食礼第十六
丧服第十七	觐礼第十七	有司彻第十七

唐代韩愈《读〈仪礼〉》说:"余尝苦《仪礼》难读,又其行于今者盖寡,沿袭不同,复之无由,考于今,诚无所用之。"[9]韩愈说了一句大实话。在唐代,不仅《仪礼》所记礼仪程式不再为人所用,而且连韩愈这样的大文豪都已经读不懂《仪礼》一书了。

南宋朱熹坚持五经中以《仪礼》为经,批评唐人以《礼记》为经,又批评王安石遗弃《仪礼》,因而著《仪礼经传通解》,曾夸耀其书体例说:"前贤常患《仪礼》难读,以今观之,只是经不分章,记不随经,而注、疏各为一书,故使读者不能遽晓。今定此本,尽去此诸弊,恨不得令韩文公见之也。"[10]朱熹也只是说看懂了《仪礼》。看懂了而不能实行,那又如何? 由此更加反衬《仪礼》在后世"诚无所用"。

第二节　汉代的周礼学

《周礼》原名《周官》,《周官》书名最早出现于司马迁《史记》中,又,《史记》卷十二《孝武本纪》:"群儒采封禅《尚书》《周官》《王制》之望祀射牛事。"[11]又,《史记》卷二十八《封禅书》引《周官》之书:《周官》曰:冬日至,祀

天于南郊，迎长日之至。"[12]

《史记》谓《周官》得之于河间献王时的民间献书，但孔颖达《礼记注疏》引郑玄《六艺论》云："《周官》，壁中所得六篇。"[13]所谓"壁中所得"，意谓得之于孔子屋壁中。两说不同，当以《史记》所说为是。

《隋书·经籍志》将河间献王时民间献书之事说得更细，其书谓："汉时，有李氏得《周官》。《周官》盖周公所制官政之法，上于河间献王，独阙《冬官》一篇。献王购以千金不得，遂取《考工记》以补其处，合成六篇奏之。"[14]贾公彦《序周礼废兴》称"武帝知《周官》末世渎乱不验之书"[15]，这是说，《周官》奏上之后，汉武帝并不看好。

贾公彦《序周礼废兴》又称："至孝成皇帝，达才通人刘向、子歆校理秘书，始得列序，著于《录》《略》，然亡其《冬官》一篇，以《考工记》足之。时众儒并出共排，以为非是。唯歆独识，其年尚幼，务在广览博观，又多锐精于《春秋》。末年，乃知其周公致太平之迹，迹具在斯。"[16]这是说，刘歆晚年特别重视《周官》一书，以为"周公致太平之迹，迹具在斯"。

在王莽居摄期间，刘歆奏请将《周官》更名为《周礼》，并置博士。荀悦《汉纪》卷二十五载："歆以《周官经》六篇为《周礼》。王莽时，歆奏以为礼经，置博士。"[17]陆德明《经典释文》卷一称："王莽时，刘歆为国师，始建立《周官经》以为《周礼》。河南缑氏杜子春受业于歆，还家以教门徒。好学之士郑兴父子等多往师之。"[18]自此之后，学者或称《周官》，或称《周礼》，并未划一。

《周官》本不列为儒家经典之中，且书最晚出，其书之真伪自然会引起学者怀疑。贾公彦《序周礼废兴》称："林孝存以为武帝知《周官》末世渎乱不验之书，故作十论七难以排弃之，何休亦以为六国阴谋之书。"[19]这段话有这样几层意思：第一，当《周官》奏上之后，汉武帝并不看好，将之看作"末世渎乱不验之书"，汉儒多知武帝有此态度；第二，作为郑玄论敌的何休亦认为《周官》是"六国阴谋之书"；第三，"林孝存"应为"临孝存"，名硕，为郑玄弟子，曾作"十论七难"排斥《周官》一书。在此种朝野并不看好《周官》一书的情况下，郑玄出面，力矫时论，论证《周官》乃是周公所作之书。他在所著《驳五经异义·六十五复征》中公开称："《周礼》是周公之制。"[20]

一部本不作为礼经的书，如何变成了礼经呢？郑玄注《礼记·礼器》"经礼三百，曲礼三千"说："经礼，谓《周礼》也。《周礼》六篇，其官有三百六十。曲犹事也。事礼，谓今礼也。礼篇多亡，本数未闻，其中事仪三千。"[21]郑玄于此注明以《周礼》为礼经，暗以《仪礼》为"曲礼"（事礼）。

其实，《礼记·礼器》《礼记·中庸》所说的"经礼""曲礼"，其意只是"大礼""小礼"。郑玄以"经礼三百"去凑合《周官》三百六十"，而将"经礼"二字理解为书名，并认定是指《周官》一书，并顺势又将"曲礼三千"认定是指《仪礼》之书。这明显是一种武断，很难令人接受。但孔颖达为之作疏，多方加以证明。孔颖达《礼记注疏·原目》说：

> 其《周礼》见于经籍，其名异者，见有七处。案：《孝经说》云"经礼三百"，一也；《礼器》云"经礼三百"，二也；《中庸》云"礼仪三百"，三也；《春秋说》云"礼经三百"，四也；《礼说》云"有正经三百"，五也；《周官》外题谓为《周礼》，六也；《汉书·艺文志》云"《周官》经六篇"，七也。七者皆云"三百"，故知俱是《周官》，《周官》三百六十，举其大数而云"三百"也。

其《仪礼》之别，亦有七处，而有五名：一则《孝经说》《春秋》及《中庸》并云"威仪三千"；二则《礼器》云"曲礼三千"；二则《礼说》云"动仪三千"；四则谓为《仪礼》，五则《汉书·艺文志》谓《仪礼》为《古礼经》。凡此七处五名称谓，并承"三百"之下，故知即《仪礼》也。所以"三千"者，其履行《周官》五礼之别，其事委曲，条数繁广，故有三千也。非谓篇有三千，但事之殊别，有三千条耳。或一篇一卷，则有数条之事，今行于世者，唯十七篇而已。[22]

孔颖达认为，根据古代文献记载，《周官》一书有许多别名，或称《礼经》，或称《经礼》，或称《礼仪》，或称《正经》，或称《周礼》，或称《周官经》。名虽不同，实为一书，皆指《周官》（《周礼》）一书。孔颖达还认为，根据古代文献记载，《仪礼》也有许多别名，或称《威仪》，或称《曲礼》，或称《动仪》，或称《古礼经》等。名虽不同，实为一书，皆指《仪礼》一书。

需要指出的是，孔颖达所引《孝经说》《春秋说》《礼说》皆为纬书，不足为据。《礼记·礼器》《礼记·中庸》《汉书·艺文志》所说的"经礼""曲礼"指的是大礼、小礼，并非书名，不容曲解。

班固《汉书·艺文志》说："帝王质文世有损益。至周曲为之防，事为之制，故曰'礼经三百，威仪三千'。"[23]"礼经三百，威仪三千"之语转引自《礼记·礼器》"经礼三百，曲礼三千"，文字略有改变。班固较郑玄早一百多年。后世学者为《汉书·艺文志》作注释时多半受了郑玄的影响。如三国时期的韦昭为《汉书·艺文志》"经礼三百，威仪三千"作注："《周礼》三百六十官也。三百，举成数也。"[24]《周官》（《周

礼》）一书列天官、地官、春官、夏官、秋官、冬官（《冬官》
实缺）三百六十官。韦昭接受郑玄之说，认为"经礼三百"
即是"《周礼》三百六十官"，"三百"是取整数而言。西晋的
臣瓒纠正韦昭之说："礼经三百，谓冠、婚、吉、凶。《周礼》
三百，是官名也。"[25] 意思是"礼经三百"指的是冠礼、婚
礼、吉礼、凶礼等大的礼数；《周官》（《周礼》）一书所说的
三百六十，指的是官名，并非礼数，二者不可混为一谈。但
唐代颜师古再次纠正臣瓒之说："礼经三百，韦说是也。威仪
三千乃谓冠、婚、吉、凶，盖《仪礼》是也。"[26] 再次维护了
郑玄的权威。可以这样说，汉以后学者除了臣瓒等少数人之
外，都信从郑玄之说。

　　郑玄号称"经神"，在经学上具有崇高的权威性。郑玄
之所以成为经学权威，约有三点：一是知识渊博，尤长于礼
学，而这正是当时多数学人的短处；二是遍注群经，而当时
学人大多各守专经，不相闳通；三是破除师法、家法，打破
门户之见。郑玄并无权势背景，全凭自己的学问引领了一个
时代的学术发展。但学无止境，人无完人。郑玄在学问上自
有他的局限，并且对许多具体的经典解释上并不正确。如在
礼学上，他特别推崇《周礼》，认为是周公所制之礼，意见
并不正确。

　　学术上的是非争论本属正常现象，个人学术观点偶误也不
足为病。但迷信权威，则是学术之大忌。汉以后学者迷信郑玄
的学术权威，"宁道孔圣误，讳言郑、服非"[27]。人云亦云，
不究真理，那就是大问题了。

　　但令人感到吊诡的是，孔颖达虽然竭力维护郑玄，但在
礼经的问题上，却又主《礼记》而弃《周礼》。他所主持编纂
的《五经正义》，于三礼中，只选《礼记》，而未选《周礼》和
《仪礼》。

第三节　汉代的礼记学

《礼记》是一部文献汇编，其文献基本是先秦旧籍，其汇编则在汉宣帝时代。《隋书·经籍志》称：

> 汉初，河间献王又得仲尼弟子及后学者所记一百三十一篇献之，时亦无传之者。至刘向考校经籍，检得一百三十篇，向因第而叙之。而又得《明堂阴阳记》三十三篇、《孔子三朝记》七篇、《王史氏记》二十一篇、《乐记》二十三篇，凡五种，合二百十四篇。戴德删其烦重，合而记之，为八十五篇，谓之《大戴记》。而戴圣又删大戴之书，为四十六篇，谓之《小戴记》。[28]

对于这段引文，我们分以下几个层次来讨论：

（一）关于《礼记》未成书时的原始资料

上述五种合二百十四篇文献乃《礼记》未成书时的原始资料。关于这五种文献我们可以有多一些了解：

1.《记》百三十一篇，内容不得详知，据《汉书艺文志考证》卷二可知："今逸篇之名可见者，有《三正记》《别名记》《亲属记》《明堂记》《曾子记》《礼运记》《五帝记》《王度记》《王霸记》《瑞命记》《辨名记》《孔子三朝记》《月令记》《大学志》《杂记》。"[29]

2.《孔子三朝记》七篇，"孔子三朝"，意谓孔子三次朝见鲁哀公。班固《汉书·艺文志》将《孔子三朝记》七篇列入《论语》类中。今《大戴礼记》存其一篇。

3.《明堂阴阳记》三十三篇，据《汉书艺文志考证》卷二可知，"当时有《古文明堂礼》、《王居明堂礼》、《明堂图》、

《明堂大图》、《明堂阴阳》、《泰山通义》、魏文侯《孝经传》等，并说古明堂之事"。[30]今《礼记》中的《明堂位》和《月令》属于明堂阴阳一类。

4.《王氏史氏记》又称《王史氏记》，王氏、史氏为战国时人。

5.《乐记》二十三篇，《礼记·乐记》取其十一篇合为一，余十二篇未录。

这二百十四篇文献中，《记》百三十一篇明确为河间献王从民间所得，其余来源不甚清楚。《汉书·艺文志》认为这些资料先由刘向整理，而后才有《大戴礼记》和《小戴礼记》，似不确。二戴应与刘向同时，而二戴年辈略长。二戴从后苍学礼，二百十四篇古礼文献应从后苍处得见。据《汉书》卷八十六《何武传》记汉宣帝时何武之事，其中言及"九江太守戴圣，《礼经》号小戴者也"[31]，所说虽指《仪礼》，其《礼记》大约也完成于此时。而刘向整理皇家秘府藏书则是在汉成帝河平三年（前26）以后之事，这中间至少相差二十余年。

（二）关于《大戴礼记》

传世《大戴礼记》始第三十九篇，终第八十一篇。其《诸侯迁庙》与《诸侯衅庙》序号相重，皆为"七十三"，实际终篇应为第八十二篇。所谓"《大戴礼记》八十五篇"，前三十八篇不存，后三篇亦不存。而从第三十九篇到第八十二篇，中间又缺第四十三篇、第四十四篇、第四十五篇、第六十一篇，共缺四十五篇，实存四十篇。其目次为：

1. 王言第三十九；2. 哀公问五仪第四十；3. 哀公问于孔子第四十一；4. 礼三本第四十二；（第四十三、第四十四、第四十五缺）5. 礼察第四十六；6. 夏小正第四十七；7. 保傅第四十八；8. 曾子立事第四十九；9. 曾子本孝第五十；10. 曾子立孝第五十一；11. 曾子大孝第五十二；12. 曾子事父母第五十三；13. 曾子制言上第五十四；14. 曾子制言中第五十五；15. 曾子制言下第五十六；16. 曾子疾病第五十七；17. 曾子天圆第五十八；18. 武王践阼第五十九；19. 卫将军文子第六十；（第六十一缺）20. 五帝德第六十二；21. 帝系第六十三；22. 劝学第六十四；23. 子张问入官第六十五；24. 盛德第六十六；25. 明堂第六十七；26. 千乘第六十八；27. 四代第六十九；28. 虞戴德第七十；29. 诰志第七十一；30. 文王官人第七十二；31. 诸侯迁庙第七十三；32. 诸侯衅庙第七十三（实应为七十四，以下顺延皆应改）；33. 小辨第七十四；34. 用兵第七十五；35. 少闲第七十六；36. 朝事第七十七；37. 投壶第七十八；38. 公符第七十九；39. 本命第八十；40. 易本命第八十一。

学者经过长期研究，发现《大戴礼记》现存内容与其他文献有许多相同相似者。今略举如下：

1. 与《孔子家语》相同相似者

《大戴礼记·王言》与《孔子家语·王言解》基本相同。《大戴礼记·哀公问五仪》乃是《孔子家语·五仪解》之一部分。《哀公问于孔子》前半部分见于《孔子家语·问礼》，后半部分见于《孔子家语·大婚解》。《卫将军文子》自篇首至"亦未逢明君也"，与《孔子家语·弟子行》略同。《大戴礼记·五帝德》与《孔子家语·五帝德》略同。《大戴礼记·子张问入官》与《孔子家语·入官》略同。《大戴礼记·本命》与《孔子家语·本命解》略同。

2. 与《荀子》相同相似者

《大戴礼记·礼三本》与《荀子·礼论》篇略同。《大戴礼记·劝学》与《荀子·劝学》篇略同。

3. 与《逸周书》相同相似者

《大戴礼记·文王官人》与《逸周书·官人解》相出入。

4. 与贾谊《疏》相同相似者

《大戴礼记·保傅》前半部分与贾谊《新书·保傅》略同。

5. 与《小戴礼记》相同相似者

《大戴礼记·哀公问》,《小戴礼记》也有此篇,无甚异。《大戴礼记·投壶》,《小戴礼记》也有此篇,比之为略。《大戴礼记·朝事义》自"聘义"至"诸侯务焉"与《小戴礼记·聘义》同。《大戴礼记·曾子大孝》,《小戴礼记·祭义》有此而加详。《大戴礼记·礼察》自篇首至"徙善远罪而不自知",《小戴礼记·经解》篇终有之。《大戴礼记·本命》自"有恩有义",至"圣人因教以制节",与《小戴礼记·丧服四制》同。

对于以上列举的《大戴礼记》与其他文献的相同相似之处,当分别观之。河间献王从民间得到数批先秦篇籍,基本上没有作者主名。班固在"《记》百三十一篇"下注"七十子后学者所记"[32],是一个含糊的说法,它既可包括孔子七十弟子如子游等,也可包括"七十子"后的儒者。所以《大戴礼记》中有与传世或出土的战国文献相雷同的情况,并不奇怪,反而可以互相印证这些文献都是先秦旧籍。而《大戴礼记》与今本《孔子家语》相同相似部分,应该是王肃增窜《孔子家语》时所抄袭,此点我们留待另文讨论。而《大戴礼记》与《小戴礼记》相同相似的部分,我们下面再作讨论。

《大戴礼记》存世诸篇不仅与其他文献多有雷同,而且版本也较差,《朱子语类》卷八十八载朱熹之语说:《大戴礼》

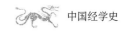

本文多错，注尤舛误。"[33]

至于《大戴礼记》缺失的四十五篇，是一种什么情况呢？孔颖达《毛诗正义》说："《大戴礼》遗逸之书，文多假托，不立学官，世无传者。"[34]这意思是说，《大戴礼记》缺失的四十五篇，"文多假托"，被人所遗弃。

如上所述，《大戴礼记》存世部分与其他文献相同相似之处如此之多，而缺失部分乃因"文多假托"而遗逸，那么此选本岂不是很差吗？相比之下，《小戴礼记》的选本却是优胜得多。那为什么同样以二百十四篇先秦旧籍为原始资料，戴德偏选其差，戴圣偏选其优呢？这似乎有些说不通。因而在学术界便产生两派意见：

一派意见以西晋的陈邵为首，认为《大戴礼记》缺失部分乃是该书的精华，为戴圣所萃取。陆德明《经典释文》卷一引陈邵《周礼论序》说："戴德删古礼二百四篇为八十五篇，谓之《大戴礼》，戴圣又删为四十九篇，是为《小戴礼》。"[35]《隋书·经籍志》沿袭其说，已见前引。其后，持此观点者甚多，如元代儒者吴澄说：

> 窃意大戴类粹此记多为小戴所取，后人合其余篇，仍为《大戴记》。已入《小戴记》者不复录，而阙其篇。是以其书冗泛不及小戴书甚，盖彼其膏华，而此其查（渣）滓耳。[36]

然而，《大戴礼记》缺失的篇数，与《小戴礼记》的篇数并不能密合，这又是怎么回事呢？《小戴礼记》现有四十九篇，其中《曲礼》《檀弓》《杂记》各分上下，实则四十六篇。如果这四十六篇，皆由删修《大戴礼记》八十五篇而得，那《大戴礼记》缺失的就不应该只是四十五篇。而恰恰《大戴礼记》现存四十篇中又有与《小戴礼记》相同相似的部分，那是否是在戴圣萃取《大戴礼记》之后，整理《大戴礼记》的学者没有将这部分内容删净呢？吴澄正是这样认为的，他说："其与《小戴》重者，《投壶》《哀公问》也。……《哀公问》小戴已取之，则于彼宜存，于此宜去。"[37]如果《大戴礼记》某篇内容与《小戴礼记》某篇内容基本相同，《大戴礼记》尽可将此篇删除。但如果两篇内容有同有不同，那《大戴礼记》仍有保留的必要。如果是这样，那《大戴礼记》缺失的篇数与《小戴礼记》的篇数不相密合，便不足为怪了。

另一派学者认为：戴德与戴圣同受业于后仓，各取二百十四篇古文资料以著书，《小戴礼记》并非删修《大戴礼记》而成。清代陈寿祺著《左海经辨》曾撰文驳《隋书·经籍志》"小戴删大戴"之说，其言曰：

> 《汉书·王式传》称《骊驹》之歌在《曲礼》，服虔注云："在《大戴礼》。"《五经异义》引《大戴·礼器》。《毛诗·豳谱正义》引《大戴礼·文王世子》，唐皮日休有《补大戴礼祭法》。……窃谓二戴于百三十一篇之记，各以意断取，异同参差，不必此之所弃，即彼之所录也。[38]

可惜陈寿祺好为异论，有其稽考之功，而无辨析之明。陈寿祺所引资料非但不能驳斥《隋书·经籍志》"小戴删大戴"之说，反而为此说提供了坚强的证据：

第一，《骊驹》之歌在《曲礼》，《小戴礼记》有《曲礼》篇，但此《曲礼》篇并末记载有关《骊驹》之歌的事情，服虔注"在《大戴礼》"。这是说在《大戴礼记》的《曲礼》篇中。这表明《大戴礼记》曾有《曲礼》篇，而戴圣取之以入《小戴

礼记》，删去了《骊驹》之歌的内容。

第二，郑玄《驳五经异义》引用许慎其书原文说："《大戴记·礼器》云："灶者，老妇之祭。"[39] 表明《大戴礼记》曾有《礼器》篇，戴圣取此篇以入《小戴礼记》，而在《小戴礼记·礼器》此句改为："夫奥者，老妇之祭也。"[40]

第三，郑玄《毛诗·豳谱》孔颖达《正义》称："《大戴礼·文王世子》篇云：文王十三生伯邑考。"[41] 表明《大戴礼记》曾有《礼器》篇，戴圣取之以入《小戴礼记》，删去了文王早婚早育的相关内容。

第四，唐皮日休曾作《补大戴礼祭法文》，表明《大戴礼记》曾有《祭法》篇，戴圣取此篇以入《小戴礼记》。

由上述可见，《隋书·经籍志》"小戴删大戴"之说可以为定论矣。

（三）关于《小戴礼记》

《小戴礼记》就其内容而言，要比《大戴礼记》现存篇章精粹许多。但在篇与篇之间的次序，以及一些篇章中的内容之间，却又缺乏逻辑，显得相当杂乱。也因此，历史上学者对它的评估有所不同，对它整理和研究的方向也不同。下面，先来谈《小戴礼记》篇次。

1.《礼记》篇次

从编纂学的角度说，《小戴礼记》未以类相分，篇次亦无逻辑可言。其篇次如下：

1. 曲礼上；2. 曲礼下；3. 檀弓上；4. 檀弓下；5. 王制；6. 月令；7. 曾子问；8. 文王世子；9. 礼运；10. 礼器；11. 郊特牲；12. 内则；13. 玉藻；14. 明堂位；15. 丧服小记；16. 大传；17. 少仪；

18. 学记；19. 乐记；20. 杂记上；21. 杂记下；22. 丧大记；23. 祭法；24. 祭义；25. 祭统；26. 经解；27. 哀公问；28. 仲尼燕居；29. 孔子闲居；30. 坊记；31. 中庸；32. 表记；33. 缁衣；34. 奔丧；35. 问丧；36. 服问；37. 间传；38. 三年问；39. 深衣；40. 投壶；41. 儒行；42. 大学；43. 冠义；44. 昏义；45. 乡饮酒义；46. 射义；47. 燕义；48. 聘义；49. 丧服四制。

正因为《小戴礼记》未以类相分，所以刘向将《小戴礼记》内容分为九个类属如下：

（一）通论：檀弓上下；礼运；玉藻；大传；学记；经解；哀公问；仲尼燕居；孔子闲居；坊记；中庸；表记；缁衣；儒行；大学。共十六篇。

（二）制度：曲礼上下；王制；礼器；少仪；深衣。共六篇。

（三）明堂阴阳：月令；明堂位。共二篇。

（四）丧服：曾子问；丧服小记；杂记上下；丧大记；奔丧；问丧；服问；间传；三年问；丧服四制。共十一篇。

（五）世子法：文王世子；内则。共二篇。

（六）祭祀：郊特牲；祭法；祭义；祭统。共四篇。

（七）吉礼：投壶。一篇。

（八）吉事：冠义；昏义；乡饮酒义；射义；燕义；聘义。共六篇。

（九）乐记：乐记。一篇。

以上是刘向《别录》中关于《礼记》的分类，见于郑玄《三礼目录》所引。刘向以后，郑玄门人孙炎不仅从《礼记》篇次上分类，也从《礼记》内容上分类，作《礼记类钞》。《隋书·经籍志》有《礼记》三十卷，孙炎注，说明孙氏之书唐时尚存。唐魏徵依孙炎之书，作成《类礼》二十卷。《新唐书》卷九十七《魏徵传》说魏徵"尝以《小戴礼》综汇不伦，更作《类礼》二十篇，数年而成。帝（唐太宗）美其书，录置内府"[42]。后有朝臣奏请以魏徵《类礼》列于经，元行冲受命作《类礼义疏》五十卷。将立学官，"右丞相张说建言：'戴圣所录，向已千载，与经并立，不可罢。魏孙炎始因旧书摘类相比，有如钞掇，诸儒共非之。至徵更加整次，乃为训注，恐不可用。'帝然之，书留中不出"[43]。孙炎、魏徵、元行冲之书今皆亡佚。对此，南宋朱熹深表惋惜，因作《仪礼经传通解》，元代吴澄又作《礼记纂言》，此二书皆是为了从编纂学上弥补戴圣《礼记》的缺欠。皮锡瑞《经学通论》对此评论说：

> 郑君门人孙炎已有《类钞》，而书不传。魏徵因之以作《类礼》，而书亦不传。……朱文公惜徵书之不复见。……锡瑞案：《戴记》不废，张说有存古之功；《类礼》不传，说亦有泥古之失。当时若新旧并行，未为不可。朱子惜《类礼》不复见，是以有《仪礼经传通解》之作。吴澄作《礼记纂言》，更易次序，各以类从。……据《隋志》"《礼记》三十卷，魏孙炎注"，则其书唐初尚存。炎学出郑门，必有依据。魏徵因之，更加整比。若书尚在，当远胜于《经传通解》《礼记纂言》，而大有益于初学矣。[44]

2. "《礼记》乃《仪礼》之传"

这是宋代卫湜《礼记集说》所引虑氏之语，而更准确地说，《小戴礼记》中只有一部分文献称得上《仪礼》的传，卫湜《礼记集说·统说》所引虑氏之语说：

> 《礼记》乃《仪礼》之传。《仪礼》有《冠礼》，《礼记》则有《冠义》以释之；《仪礼》有《昏礼》，《礼记》则有《昏义》以释之；《仪礼》有《乡饮酒礼》，《礼记》则有《乡饮酒义》以释之；《仪礼》有《燕礼》，《礼记》则有《燕义》以释之；《仪礼》有《聘礼》，《礼记》则有《聘义》以释。其他篇中，虽或杂引四代之制，而其言多与《仪礼》相为表里。[45]

这一判读无疑是正确的，正因为《礼记》中有《冠义》《昏义》《乡饮酒义》《燕义》诸篇，才能了解《仪礼》各篇所讲礼仪程序的意义所在，也才能确认《仪礼》一书作为《礼》经的地位。反之，若没有《礼记》中的《冠义》《昏义》《乡饮酒义》《燕义》诸篇，而单看《仪礼》所讲的礼仪程序，恐怕《仪礼》作为经书的地位早已不保。

除《冠义》《昏义》《乡饮酒义》《燕义》诸篇之外，《礼记》中其他言礼之篇也可看作《礼记》的传。虽然，这些篇章可能驳杂不纯，但也无伤大雅。正如明代大儒湛若水所说：

> 《仪礼》，譬则其《易》也，《礼记》，譬则其"十翼"也；《仪礼》譬则其《春秋》也，《礼记》譬则其"三传"也。传则不必同也，相表里也，相左右也，皆足发明也。其非者当自见之。又曰以记为经，则杂焉不可也；

以之为传，则或杂焉可也。彼"春秋三传"诬妄者多矣，
然而以为传焉无伤也。精而择之，存乎人尔。[46]

3.《小戴礼记》中的精华

《小戴礼记》，依刘向分类，有十六篇通论，所谓"通论"
是关于儒学的通论，不专指经典而言，更不专指礼书而言。
《小戴礼记》中的精华在通论者居多。如二程说："《礼记》杂
出于汉儒，然其间传圣门绪余，其格言甚多，如《乐记》《学
记》《大学》之类，无可议者;《檀弓》《表记》《坊记》之类，
亦甚有至理，惟知言者择之;如《王制》《礼运》《礼器》，其
书亦多传古意。"[47]又说："《中庸》乃孔门传授心法。"[48]如
此等等。

历史上，整体上推崇《小戴礼记》的，亦有其人，如明代
郝敬就是其中的一位代表，他说:

> 是书汉儒戴圣所记，多先圣格言，七十子门人后裔
> 转相传述，非出一手。如《中庸》，子思所作;《缁衣》，
> 公孙尼子所撰;《月令》，吕不韦所修;《王制》，汉文帝
> 时博士所录;《三年问》，荀卿所著。真赝相袭，而瑕不
> 掩瑜。先儒推《周礼》《仪礼》以为经，欲割《记》以
> 为传。夫三书皆非古之完璧，而《周礼》尤多揣摩，杂
> 以乱世阴谋富强之术;《仪礼》枝叶繁琐，未甚切日用。
> 惟此多名理微言、天人性命易简之旨，圣贤仁义中正之
> 道，往往而在，如《大学》《中庸》两篇，岂《周官》
> 《仪礼》所有? 故三《礼》以《记》为正，今之学官守
> 此程士，良有以也。[49]

郝敬列举了《礼记》中的名篇，并揭出作者的名头。类

似的说法在其他人那里也有，如"康成云：'《月令》，吕不韦所修。'卢植云：'《王制》，汉文时博士所录。'"[50]梁沈约称"《中庸》《表记》《坊记》《缁衣》取子思。《乐记》取公孙尼子"[51]等等。虽然这些说法并未得到确凿资料的印证，但它至少可以表明《小戴礼记》中包含一批先贤的文献，这一部分文献的价值要在《周礼》《仪礼》之上。

第四节　汉唐时期的三《礼》注疏

儒家经学以"礼"为核心，因而"礼教"也就成为儒学、儒教的代名词。"礼"包括礼制、礼仪、礼义、礼俗等。但经过春秋战国五百余年的社会动乱，西周时期的礼制早已分崩离析，虽然经过儒家极力抢救，但到了汉代，礼学仍属于一种近乎"绝学"的学问。当时学者于《仪礼》《周礼》《礼记》，能读懂其中一书者，已属寥寥，而郑玄以一人之力，兼注三《礼》，其后又遍注余经，这对于其他学人而言，不啻"神"一样的存在，由是郑玄有"经神"之称。但郑玄注三《礼》，并非全无凭借，有的经注乃是汇集前人经注成果而成。

（一）郑玄的"三《礼》注"

清末黄以周《儆季杂著·文钞》卷四称郑玄"以著述而言，先注《周官》，次《礼记》《礼经》《古文尚书》《论语》《毛诗》，最后乃注《易》"[52]。

1. 郑玄的《周官注》

在郑玄之前，关于《周礼》一书，已经有杜子春、郑兴、郑众、贾逵、卫宏、马融诸家训诂、解诂、传注等注本。郑玄早年"从东郡张恭祖受《周官》《礼记》"[53]，其后注《周礼》，以杜子春、郑兴、郑众三家为主，而兼及他家。

关于此书，后世学者评价不一。南宋朱熹说："郑康成是个好人，考礼名数大有功，事事都理会得。"[54] 然而王炎却说："《周礼》一书，今学者所传，康成之训释也，则康成可谓有功于《周礼》矣。虽然六官之制度以康成而传，亦以康成而晦。盖康成之于经，一则以纬说汩之，一则以臆说汩之。是以周公之典其意不得不晦也。周公之典既晦，是以学者不得不疑也。"[55] 朱熹的评价是就郑玄三《礼》之学笼统而言，而王炎的评价则是就郑玄《周礼注》一书而言。郑玄注经，多引西汉末的谶纬之书，谶纬之书本不可信，郑玄据以注经，那又如何可信呢？另外，对于古代礼制、古代文献所记相互矛盾，凡遇此等处，郑玄往往以夏制、殷制、周制不同来解释。学者往往以为郑玄真有根据而尊信之。但学者始终并未见到相应的证据，于是便视之为"臆说"而疑之。

2. 郑玄的《礼记注》

在郑玄的《礼记注》之前，有桥仁的《礼记章句》和高诱的《礼记注》。然此二书影响甚微。郑玄注《礼记》所可借鉴者甚少，因而郑玄《礼记注》显得相对拘谨。后世学者对于此书较少赞许。南宋卫湜《礼记集说》称："郑氏注《礼》，虽间有拘泥，而简严该贯，非后学可及。"[56] 明代郝敬则称："《小戴记》四十九篇，大都先贤流传，后儒补缉，非真先圣之旧。而郑康成信以为仲尼手泽，遇文义难通处，则称竹简烂脱，而颠倒其序；根据无实，则推夏、殷异世而逃遁其说；节目不合，则游移大夫士庶之间，而左右两可；解释不得，则托为殊方语音，而变换其文。牵强穿凿，殊乖本初，盖郑既以《记》为经，不敢矫《记》之非。世儒又以郑为知礼，不敢议郑之失，千余年所以卒瞀瞀然耳。"[57] 郝敬批评过于刻薄，但所言问题往往而有。只是前代儒者过于迷信郑玄，不敢质疑罢了。

3. 郑玄的《仪礼注》

郑玄之前，未闻有为《仪礼》作注者。郑玄《仪礼注》取今文《仪礼》十七篇，校以《古礼经》而为之注。后儒少有懂《仪礼》一经者，故于其中是非利弊，无从置喙。

（二）唐代的"三《礼》疏"

汉魏学者对经典的笺注，只注其难解之处，后世学者传经解经，连同经文和注文，串讲疏通经文大义，于是而有义疏之学。义疏之学起于南北朝，到了唐代，儒家各经都有若干义疏著作。如何对之加以择优整合，便成了经学发展的一个重要任务。唐太宗贞观十二年（638），孔颖达等人受诏编纂《五经注疏》（后定名《五经正义》），以官方的力量整合各经义疏。

1. 孔颖达的《礼记注疏》

《礼记注疏》是孔颖达主持的《五经注疏》（《五经正义》）之一。当时孔颖达于《仪礼》《礼记》《周礼》三部礼书中，只选择《礼记》作为五经之一。孔颖达《礼记注疏序》称：南北朝"为义疏者，南人有贺循、贺玚、庾蔚之、崔灵恩、沈重、范宣、皇侃等，北人有徐道明、李业兴、李宝鼎、侯聪、熊安（生）等，其见于世者，唯皇、熊二家而已。……以熊比皇，皇氏胜矣"。而孔颖达《礼记注疏》的修撰乃"据皇氏以为本，其有不备，以熊氏补焉"[58]。具体说，孔颖达《礼记注疏》是以皇侃《礼记讲疏》为底本，以熊安生《礼记义疏》为辅本修撰而成的。而所谓"修撰"，其实基本是抄袭前人。后世但知为孔颖达之书，而不知实乃皇侃之书。

2. 贾公彦的《仪礼注疏》

前已言之，《仪礼》一书只有郑玄一家为之注。而根据贾公彦《仪礼注疏序》所言，关于此书的义疏也只有南朝黄庆、隋朝李孟悊二家，黄庆、李孟悊各有《仪礼章疏》。贾公彦对

之加以整合、删修而成《仪礼注疏》。南宋朱熹对此书评价说：
"《仪礼疏》，说得不甚分明。"[59]

3. 贾公彦的《周礼注疏》

贾公彦《周礼注疏》乃据晋陈邵《周官礼异同评》和沈重
《周官礼义疏》而为之。陈邵、沈重二书后皆遗佚。南宋朱熹
评价贾公彦《周礼注疏》说："五经中，《周礼疏》最好。"[60]

第五节　余论

西周文化以"礼"为中心，那时"礼"所涵盖的范围极
广，几乎相当于今日"文化""文明"的概念。春秋战国时期，
社会动乱不安，文化上百家争鸣，西周以来的礼乐文明分崩离
析。而以孔子、孟子、荀子为代表的儒家学派对传统的"礼"
文化极表尊重，竭力抢救。到了汉代，虽然学者对于礼学经典
非常重视，但"礼"的概念内涵却大大萎缩，成为少数学人
书斋里的考证学问。"三《礼》之学"在经学中几乎成为"绝
学"，因为它是"绝学"，所以传承的任务更重；因为它是"绝
学"，也意味它离社会生活越来越远。

注释：

[1][7][8][23][24][25][26][31][32]〔汉〕班
固:《汉书》，北京：中华书局，1964 年，第 2410，1710，1709—
1710，1710，1711，1711，1711，3482，1709 页。

[2][3][6][13][21][22][40][58]〔汉〕郑玄注，
〔唐〕孔颖达等正义:《礼记正义》，〔清〕阮元校刻:《十三经注
疏》，北京：中华书局，2009 年，第 2905，3399，2657，2656，

3108，2660，3107，2652 页。

［4］［44］〔清〕皮锡瑞:《皮锡瑞集》,长沙:岳麓书社,2012年，第 1511，1495—1496 页。

［5］［11］［12］〔汉〕司马迁:《史记》,北京:中华书局,1959 年，第 3126，473，1357 页。

［9］〔唐〕韩愈撰,〔宋〕魏仲举集注,郝润华、王东峰整理:《五百家注韩昌黎集》,北京:中华书局,2019 年,第 709 页。

［10］〔宋〕朱熹撰,朱杰人、严佐之、刘永翔主编:《朱子全书（修订本）》第 23 册《晦庵先生朱文公文集》卷五十四,上海:上海古籍出版社;合肥:安徽教育出版社,2002 年,第 2550 页。

［14］［28］〔唐〕魏徵等:《隋书》,北京:中华书局,1973年，第 925，925 页。

［15］［16］［19］〔汉〕郑玄注,〔唐〕贾公彦疏:《周礼注疏》,〔清〕阮元校刻:《十三经注疏》,第 1371，1369，1371 页。

［17］〔汉〕荀悦:《前汉纪》,《景印文渊阁四库全书》第 303册,台北,商务印书馆,1986 年,第 430 页。

［18］［35］〔唐〕陆德明撰,黄焯汇校,黄延祖重辑:《经典释文汇校》,北京:中华书局,2006 年,第 18，18 页。

［20］［39］〔清〕陈寿祺,〔清〕皮锡瑞:《五经异义疏证·驳五经异义疏证》,北京:中华书局,2014 年,第 571，338 页。

［27］［42］［43］〔宋〕欧阳修、宋祁等:《新唐书》,北京:中华书局,1975 年,第 5693，3881，5691 页。

［29］［30］〔宋〕王应麟:《汉书艺文志考证》,《景印文渊阁四库全书》第 675 册,第 25，25—26 页。

［33］［54］［59］［60］〔宋〕黎靖德编,王星贤点校:《朱子语类》,北京:中华书局,1986 年,第 2269，2226，2195，2206 页。

［34］［41］〔汉〕毛公传,郑玄笺,〔唐〕孔颖达等正义:《毛诗正义》,〔清〕阮元校刻:《十三经注疏》,第 1129，827 页。

［36］［37］〔元〕吴澄:《吴文正集》,《景印文渊阁四库全书》第1197册,第11,11页。

［38］〔清〕陈寿祺:《左海经辨》,《左海文集》卷四上,清刻本,第78页。

［45］［50］〔宋〕卫湜:《礼记集说》,《景印文渊阁四库全书》第117册,第8,5页。

［46］［47］［49］［51］［55］［56］［57］〔清〕朱彝尊原著,林庆彰等编审,侯美珍等点校:《点校补正经义考》第4册,台北:"中央研究院"中国文哲研究所筹备处,1997年,第767,763,768,766,269,777,778页。

［48］〔宋〕程颢、程颐著,王孝鱼点校:《二程集》,北京:中华书局,2004年,第411页。

［52］〔清〕黄以周著,詹亚园、韩伟表主编:《黄以周全集》第9册,上海:上海古籍出版社,2014年,第601页。

［53］〔南朝宋〕范晔撰,〔唐〕李贤等注:《后汉书》,北京:中华书局,1965年,第1207页。

第二十一章
两汉的易学

第一节　孟喜的"卦气"说

汉代易学传自田何，田何授王同、周王孙、丁宽、服生四人。四人皆曾著有《易传》。汉景帝时，丁宽为梁孝王将军，号"丁将军"，授《易》于田王孙，田王孙又授《易》于施雠、孟喜、梁丘贺。自田何而至田王孙，凡三传。所传者先秦以来象占之易学也。自孟喜以降，则有了四库馆臣所说的"機祥宗"易学，所谓"機祥"，即是通常所说的"灾变"。

经学的发展经常会表现出一种悖论。经学本以传述经义为职志，然在师弟子传承的过程中，凡信守前代经说者在历史上往往默默无闻，而"离经叛道"者反而青史留名。在易学史上，孟喜就属于这样的易学家。《汉书》卷八十八《儒林传》称：

> 孟喜字长卿，东海兰陵人也。父号孟卿，善为《礼》《春秋》，授后苍、疏广，世所传《后氏礼》《疏氏春秋》，皆出孟卿。孟卿以《礼经》多、《春秋》烦杂，乃使喜从田王孙受《易》。喜好自称誉，得《易》家候阴阳灾变书，诈言师田生且死时枕喜膝，独传喜，诸儒

以此耀之。同门梁丘贺疏通证明之，曰："田生绝于施雠
手中，时喜归东海，安得此事？"……喜举孝廉为郎，
曲台署长，病免，为丞相掾。博士缺，众人荐喜，上闻
喜改师法，遂不用喜。[1]

孟喜"得《易》家候阴阳灾变书"，改变其师田王孙所传
之学。此《易》家候阴阳灾变书"的具体内容，今已无从得
知，但从这几个字中还是可以看出一些重要信息。所谓"候"，
当指物候；"阴阳"当指阴阳家理论。其意是说有关物候的阴
阳家灾变之书。在古代，五日有一候，十五日成一气，一年
粗略以 360 天计，有七十二候，二十四气（今称二十四节气）。
物候当与律历相应，物候不与律历相应，就会形成"灾变"。
阴阳家理论在西汉学术界有很大的影响，司马谈《六家要指》
首论阴阳家："阴阳之术，大祥而众忌讳，使人拘而多所畏；
然其序四时之大顺，不可失也。"又说："夫阴阳四时、八位、
十二度、二十四节各有教令，顺之者昌，逆之者不死则亡，未
必然也，故曰'使人拘而多畏'。夫春生夏长，秋收冬藏，此
天道之大经也，弗顺则无以为天下纲纪，故曰'四时之大顺，
不可失也'。"[2]阴阳家的理论，其可取之处在于"序四时之
大顺"，"以为天下纲纪"，其不可取之处在于"众忌讳，使人
拘而多所畏"。孟喜所"得《易》家候阴阳灾变书"，应该是当
时易学的一个支派，此派吸收了阴阳家的学说，而用《周易》
结构来讲占候灾变。孟喜的易学应该也有同样的特点。但孟喜
的易学著作久已佚失，从仅存的有关他的零星思想资料中已
经看不到他讲"灾变"的内容，仅能看到他借《周易》讲"物
候"的内容。

孟喜的易学思想可以称之为"卦气说"，"卦"兼爻而言，
"气"指节气，这是一种将《周易》与律历相结合的易学思想。

唐代一行和尚是中国历史上一位杰出的历法学家，他所作的《历议》第六《卦议》中引用了孟喜的"卦气说"理论：

> 十二月卦出于《孟氏章句》……自冬至初，中孚用事，一月之策，九六、七八，是为三十。而卦以地六，候以天五，五六相乘，消息一变，十有二变而岁复初。
>
> 坎、震、离、兑，二十四气，次主一爻，其初则二至、二分也。坎以阴包阳，故自北正，微阳动于下，升而未达，极于二月，凝涸之气消，坎运终焉。春分出于震，始据万物之元，为主于内，则群阴化而从之，极于南正，而丰大之变穷，震功究焉。离以阳包阴，故自南正，微阴生于地下，积而未章，至于八月，文明之质衰，离运终焉。仲秋阴形于兑，始循万物之末，为主于内，群阳降而承之，极于北正，而天泽之施穷，兑功究焉。故阳七之静始于坎，阳九之动始于震，阴八之静始于离，阴六之动始于兑。故四象之变，皆兼六爻，而中节之应备矣。[3]

上面引文，第一段话是讲"十二月卦"，但语焉不详。第二段话是讲"四正卦"，亦欠详明。

我们先说"四正卦"。孟喜将《坎》《离》二卦作为北正和南正，当二十四节气之冬至和夏至；而将《震》《兑》二卦当二月和八月的春分和秋分，即所谓"二至""二分"。至于说"二十四气，次主一爻"，可以以理推出，即《坎》卦初爻以至上爻分别代表冬至、小寒、大寒、立春、雨水、惊蛰六个节气。《震》卦初爻以至上爻分别代表春分、清明、谷雨、立夏、小满、芒种六个节气。《离》卦初爻以至上爻分别代表夏至、小暑、大暑、立秋、处暑、白露六个节气。《兑》卦初

爻以至上爻分别代表秋分、寒露、霜降、立冬、小雪、大雪六个节气。这就是孟喜的所谓"四正卦说"。

西汉孟喜四正卦图

再说"十二月卦"。唐一行说"十二月卦出于《孟氏章句》",但没有具体说明"十二月卦"的内容。而号称五世传承孟氏学的虞翻在注解《周易·系辞》"变通配四时"说:"变通趣时,谓十二月消息也。《泰》《大壮》《夬》,配春;《乾》《姤》《遯》配夏;《否》《观》《剥》配秋;《坤》《复》《临》,配冬:谓十二月消息相变通,而周于四时也。"

十二月卦图

上面的引文中，还有"自冬至初，中孚用事"一句话，放在那一大段话中有些没头没脑，其后或有阙文。因为讲"四正卦"和"十二月卦"都不涉及《中孚》卦，只有讲"六日七分"时才会涉及《中孚》卦。但那段引文中似乎又没有谈"六日七分"的问题。

《后汉书》卷六十下《郎颛传》谓郎颛善"六日七分"，李贤注：《易稽览图》曰："甲子卦气起《中孚》，六日八十分日之七。"郑玄注云："六以候也。八十分为一日之七者，一卦六日七分也。"[4]这是说，六十四卦去掉"四正卦"之后，余六十卦，用来配合一年三百六十五又四分之一日，按古代的算法，每一卦值六又八十分之七日，（六又八十分之七日，盖置期周三百六十五日二十五刻为实，以六十卦为法除之，得六日而余五百二十五刻，以百刻乘六十得六千刻，用约分法以七十五除，其法得八十，除其实得七，故曰每卦所管六日七分。）就是所谓的"六日七分"（换算成小数为6.0875）。"六日七分说"的特点是"甲子卦起《中孚》"，是以《中孚》卦为一年之起点。唐一行所引孟喜的"卦气"理论，既有"自冬至初，中孚用事"之语，推论"六日七分说"当与孟喜有关系。四库馆臣关于汉代《易纬稽览图》所作《提要》说："其书首言'卦气起《中孚》'，而以《坎》《离》《震》《兑》为四正卦。六十卦，卦主六日七分。又以自《复》至《坤》十二卦为消息。余杂卦主公、卿、侯、大夫，候风雨寒温以为征应，盖即孟喜、京房之学所自出，汉世大儒言《易》者，悉本于此。"[5]四库馆臣谓孟喜之学袭自纬书。然孟喜当生活于西汉昭、宣之世，而谶纬之学起于哀、平之世，当晚于孟喜。

最后我们谈一下孟喜"卦气"说的意义与历史影响。孟喜将《周易》与历法相配有什么意义呢？分而言之，"四正卦"

可以视为对《周易·说卦传》的阐释，因为《说卦传》曾说："震，东方也。""离也者，水也，南方之卦也。""兑，正秋也。""坎者，水也，正北方之卦也。"[6]孟喜的"四正卦"的发展在于，他将"四正卦"与历法中的二十四节气结合起来，将《震》《离》《兑》坎的每一爻都当作一个节气。

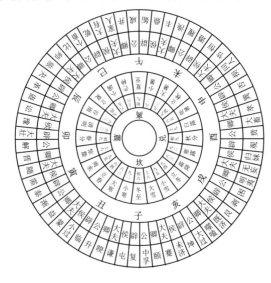

卦气图

"十二月卦"以阴、阳爻递减或递增，用以解释四时寒暑温凉的气候变化，比较直观而且合理。实际上，《周易》经传中有些内容可能与十二月卦暗合。如《复》卦《大象传》"先王以至日闭关，商旅不行，后不省方"，《复》为十一月卦，冬至即在此月。又如，《坤》卦初六爻辞"履霜，坚冰至"，《坤》卦为十月卦，十月地上露气始凝结为霜。又如，《临》卦卦辞"至于八月，有凶"，临主十二月，自临以后，凡历八月，而为观，观为临之覆卦，四阴在下，二阳在上，阴盛而阳消，故凶。

由于"六日七分"之说与历法密合无间，对后世历法的演进产生了极大的影响。中国古代历法是日月合历，以日晷测影之法取一年周期之日数（《尚书·尧典》所记一年为 366 日，而汉代则已精确到 365.25 日）；以月亮朔望周期取一月之日数（一月为 30 日）。平常一年为十二个月，由于十二个月的日数与一年周期的日数不合，而采用"闰月"的办法来补救。由于日、月历相差较大，以致三统历提出十九年闰七月，即要在十九年中多出七个月。孟喜"六日七分"之法，按卦值日，一卦值六日八十分之七，这是由 365.25 日除以 60 卦所得之精确数值，它为历法提供了一个新的参照系，即将一年的总日数分为 60 个理论单位（卦），这个理论单位对于历法而言未必有实际的价值，但它告诉人们一个这样的事实，即一年 365.25 日可以分成 60 个等份，每一等份是 6.0875 日。这样的计算对于历法的制定有一定的启发意义，因此，自汉灵帝时刘洪的《乾象历》以至元代耶律楚材的《庚午元历》，诸"历家皆主六日七分之术以推卦气"[7]。其中著名的唐代僧人一行造《大衍历》时，也借鉴了孟喜"六日七分"的治历方法。

但是，孟喜将《周易》与历法相结合也带来很大的副作用。首先，《周易》自是《周易》，历法自是历法，两者本不相干。《周易》中本没有"六日七分"之说，其后儒者以"六日七分"注释《复》卦"七日来复"，纯属牵强附会。其次，由于"六日七分"作为周天数 60 等份的精确性，使后世学者产生一种错觉，以为《周易》真有"与天地准"的真理性，误以为天文历法从《周易》而生，因而在天文历法的复杂计算中，加入了诸如《周易》"天地之数""大衍之数"的不相干数值加以运算，长期影响了天文历法的进步与发展。再次，以卦爻配日，将人们引入了以爻象、爻辞"占灾眚、验吉凶"的迷信思维。

第二节　郑玄的"爻辰"说

郑玄的"爻辰"说，是将《周易》的卦爻与"十二支"（或曰"十二辰"）、十二律、二十四节气、二十八宿等观念整合在一起的宇宙论学说。它并不完全是郑玄的独创，而是汉代一种宇宙观念的反映。

"爻辰"说的第一个层面，是将《周易》卦爻与十二支（或称"十二辰"）相匹配。其方法是将《周易》六十四卦按顺序分成三十二对，每一对共十二爻，分别与"十二支"（"十二辰"）相配。一对卦表示一岁，岁终则由下一对卦接续。郑玄以此建构一个天道左行、日月五星随地道右行的宇宙运动模式。我们来看其乾坤爻辰的匹配方法：

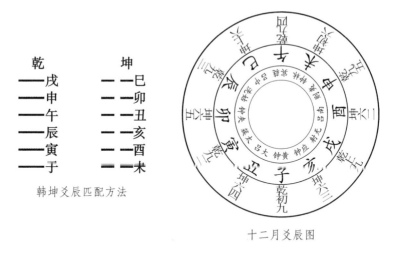

韩坤爻辰匹配方法

十二月爻辰图

《周易乾凿度》说："乾，阳也，坤，阴也，并治而交错行。乾贞于十一月子，左行阳时六。坤贞于六月未，右行阴时六，以奉顺成其岁。岁终，次从于屯、蒙。"郑玄作注说："贞，正也。初爻以此为正。次爻左右者，各从次数之。"[8]这个《十二月爻辰图》画在一个平面上，实际是上下两层，即乾之六爻（表示六阳时）在上层，坤之六爻（表示六阴时）在下层，两者交错而行。乾自子起，左行（顺时针方向行），坤自未起，右行（逆时针方向行）。

"爻辰"说的第二个层面，是将《周易》卦爻与"十二律"相匹配。

古人很早就发现了"自然音阶"的规律。这种"自然音阶"是可以用比较精确的数学关系来表现的。古人称这种"自然音阶"为"十二律"。

"十二律"为古代的定音方法，即将今日我们所习知的一个八度音程分为十二个半音。每一律有一个名称，从低到高依次为：黄钟、大吕、太簇、夹钟、姑洗、仲吕、蕤宾、林钟、夷则、南吕、无射、应钟。这十二个半音可以类比现代乐谱上所说的十二"调"：C（黄钟）、#C（大吕）、D（太簇）、#D（夹钟）、E（姑洗）、F（仲吕）、#F（蕤宾）、G（林钟）、#G（夷则）、A（南吕）、#A（无射）、B（应钟）。十二律分为阴阳两类，凡属奇数的六种律为阳律，称"律"；属偶数的六种律为阴律，称"吕"。律和吕的关系犹如现代钢琴上的白键和黑键。

古代在制作竹管乐器时，发现竹管长度与音阶之间呈现一种有规律的数学比例关系，即竹管的长度减为一半时，将会出现一个高一级的十二律关系（今习称"高八度"）。而十二律中的各律竹管所应有的长度，用"三分损益法"可以计算得出。具体的计算方法是：

首先确定"黄钟"的基准音，断竹为管，长九寸，一寸合九分[9]，得八十一分。按照"三分损益法"，先将十二律分为上下两行，前六律为上，后六律为下。这十二律之间既有"隔八生子"的规律，又有"下生""上生"的分别。细言之：

由黄钟生林钟，由大吕生夷则，由太簇生南吕，由夹钟生无射，由姑洗生应钟，由仲吕生下一轮黄钟，是谓"下生"。凡"下生"，皆损"二分之一"。由蕤宾生大吕，由林钟生太簇，由夷则生夹钟，由南吕生姑洗，由无射生仲吕，为"上生"。凡上生，皆益"三分之一"。

班《志》隔八相生图

由上述方法得出的数值，即是各律竹管所应有的长度。其具体数值以今日之数学方法表示是这样的：

黄钟 C5：81；

林钟 G2（由黄钟损三分之一而来）：$81 \times 2/3 = 54$；

太簇 D6（由林钟益三分之一而来）：$54 \times 4/3 = 72$；

南吕 A3（由太簇损三分之一而来）：$72 \times 2/3 = 48$；

姑洗 E（由南吕益三分之一而来）：$48 \times 4/3 = 64$；

应钟（由姑洗损三分之一而来）：$64 \times 2/3 = 42.6667$；

蕤宾（由应钟益三分之一而来）：$42.6667 \times 4/3 = 56.8889$；

大吕（由蕤宾益三分之一而来）：$56.8889 \times 4/3 = 75.8519$；

夷则（由大吕损三分之一而来）：$75.8519 \times 2/3 = 50.5679$；

夹钟（由夷则益三分之一而来）：$50.5679 \times 4/3 = 67.4239$；

无射（由夹钟损三分之一而来）：$67.4239 \times 2/3 = 44.9492$；

仲吕（由无射益三分之一而来）：$44.9492 \times 4/3 = 59.9323$；

清黄钟（黄钟的高八度音，由仲吕损三分之一而来）：$59.9323 \times 2/3 = 39.9549$。

由于"自然音阶"的"十二律"与一年的十二个月在数目

上相同，古人便将二者联系在一起，而相互匹配，其具体的匹配情况是这样的：

黄钟：子月，十一月，仲冬之月；

大吕：丑月，十二月，季冬之月；

太簇：寅月，正月，孟春之月；

夹钟：卯月，二月，仲春之月；

姑洗：辰月，三月，季春之月；

仲吕：巳月，四月，孟夏之月；

蕤宾：午月，五月，仲夏之月；

林钟：未月，六月，季夏之月；

夷则：申月，七月，孟秋之月；

南吕：酉月，八月，仲秋之月；

无射：戌月，九月，季秋之月；

应钟：亥月，十月，孟冬之月。

而在郑玄这里，便将《周易》卦爻与十二律相生匹配起来。郑玄于《周礼·春官·太师》注云："黄钟，初九也，下生林钟之初六；林钟又上生太簇之九二，太簇又下生南吕之六二，南吕又上生姑洗之九三，姑洗又下生应钟之六三，应钟又上生蕤宾之九四，蕤宾又上生大吕之六四，大吕又下生夷则之九五，夷则又上生夹钟之六五，夹钟又下生无射之上九，无射又上生中吕之上六。"[10]

韦昭注《国语·周语》云："十一月，黄钟，乾初九也。十二月，大吕，坤六四也。正月，太簇，乾九二也。二月，夹钟，坤六五也。三月，姑洗，乾九三也。四月，中吕，坤上六也。五月，蕤宾，乾九四也。六月，林钟，坤初六也。七月，夷则，乾九五也。八月，南吕，坤六二也。九月，无射，乾上九也。十月，应钟，坤六三也。"[11]

郑玄《乾坤爻辰图》

"爻辰"说的第三个层面，是将《周易》卦爻与二十四节气、二十八星宿相匹配。

十二辰配二十四节气，一辰配两个节气。

二十四节气：冬至、小寒、大寒、立春、雨水、惊蛰、春分、清明、谷雨、立夏、小满、芒种、夏至、小暑、大暑、立秋、处暑、白露、秋分、寒露、霜降、立冬、小雪、大雪。

如乾初九配冬至、小寒；乾九二配雨水、惊蛰等。比较好理解。

这里我们重点谈十二辰配二十八宿：

古人于圆穹之天用四象二十八宿来标识方位，四象：东方苍龙，北方玄武，西方白虎，南方朱雀。二十八宿分在四方四象中，各有七宿。按照日躔顺序：

东方苍龙：角、亢、氐、房、心、尾、箕；

北方玄武：斗、牛、女、虚、危、室、壁；

西方白虎：奎、娄、胃、昴、毕、觜、参；

南方朱雀：井、鬼、柳、星、张、翼、轸。

古人以地之四方一定不易，而天之四象二十八宿随天而运，本无定方。这种四方星位是以仲春之月（此时昼夜长短基本相等）来确定的。

按照"浑天说"的理论，天覆地之如覆弹丸，其旋绕如转毂，天半覆地上，半包地下，二十八宿亦半隐半见，随天而旋。二十八宿为定星（恒星），相对关系不变，然其视运动围绕北极随天西转。随着四时推移，各星宿将依次见于南方。观测者会于初昏之时观测在南方正午位置出现的星宿，而尤以七宿的中星为观测的主要对象，中星每历三月而移方。天文家以此作为日、月以及金、木、水、火、土五星运行的天文观测参考系，并以此审核历法之差否。这是一种相对科学的天文观测体系。因而汉代郑玄说：

> 二十八宿环列于四方，随天而西转，四方虽有定星，而星无定居，各以时见于南方。天形北倾，故北极居天之中，而常在人北。二十八宿常半隐半见，日东行历二十八宿，故隐见各有时，必于南方考之。惟仲春之月，四方之星，各居其位，故星火在东，星鸟在南，星昴在西，星虚在北。至仲夏则鸟转而西，火转而南，虚转而东，昴转而北。至仲秋则火转而西，虚转而南，昴转而东，鸟转而北，至仲冬则虚转而西，昴转而南，鸟转而东，火转而北。来岁仲春则鸟又转而南矣。循环无穷。[12]

乾坤爻辰所值二十八宿图

我们来看郑玄的《乾坤爻辰所值二十八宿图》，子月（十一月）冬至，一阳来复，为《乾》卦之初爻。所对应的是二十八宿中的虚星。但这只是一种理论上的对应，由于岁差的原因，冬至昏刻人们未必能从南方正午位置看到虚星。[13]

黄道十二宫宿度图

以二十八宿标示天之方位，因各星间距阔狭不同，而不能有较精确的记述。因而古人分天度以为"十二次"，则每次三十度有余，十二次之度三百六十五有余。以此作为日月五星运行位置的参考系。"十二次"以"十二支"标示天之方位，以二十八宿诸星标示位置和度数。具体而言，寅为析木，自尾十度至斗十度二百三十五分，凡三十度。卯为大火，自氐五度至尾九度，凡三十度。辰为寿星，自轸十二度至氐四度，凡三十一度。巳为鹑尾，自张十八度至轸十一度，凡三十度。午为鹑火，自柳九度至张十七度，凡三十度。未为鹑首，自井十六度至柳八度，凡三十一度。申为实沈，自毕十二度至东井十五度，凡三十一度。酉为大梁，自胃七度至毕十一度，凡三十度。戌为降娄，自奎五度至胃六度，凡三十度。亥为娵訾，自危十七度至奎四度，凡三十度。子为玄枵，自女八度至危十六度，凡三十一度。丑为星纪，自斗十一度至女七度，凡三十一度。二十八宿合一百八十二星。东方苍龙：三十二星，占七十五度。北方玄武：三十五星，占九十八度四分度之一。西方白虎：五十一星，占八十度。南方朱鸟：六十四星，占百一十二度。

需要说明的是，《乾坤爻辰所值二十八宿图》中的"十二地支"所指为十二次之方位，而《乾坤爻辰图》中的"十二地支"是指"斗建"之方位。两者并不是一回事。所谓"斗建"，是指北斗星斗柄的指向。古人以黄昏时北斗星斗柄的指向来确定时节，斗柄东指为春，南指为夏，西指为秋，北指为冬。人们进一步将地面分成十二个方位，分别以十二支表示：正北为子，东北为丑、寅，正东为卯，依次类推。夏正十一月黄昏时斗柄指北方子，十二月、正月指东北方丑、寅，二月指东方卯，此为地之十二支方位，与周天"十二次"中的"十二支"方位并不一致。[14]

郑玄讲求"爻辰"说的目的，并不是为了天象观测或修订

历法，而是为了解释《周易》卦爻辞。他将《周易》卦爻与十二地支相匹配的原理，来自纬书《周易乾凿度》。《周易乾凿度》卷下有这样一段话：

> 乾阳也，坤阴也，并治而交错行。乾贞于十一月子，左行阳时六，坤贞于六月未，右行阴时六，以奉顺成其岁。岁终次从于屯、蒙。屯蒙主岁，屯为阳，贞于十二月丑。其爻左行，以间时而治六辰。蒙为阴，贞于正月寅，其爻右行，亦间时而治六辰。岁终则从其次卦。……阴卦与阳卦同位者，退一辰以为贞。

郑玄注："贞，正也。初爻以此为正。次爻左右者，各从次数之。一岁终则从其次，屯、蒙、需、讼也。阴卦与阳卦其位同，谓与同日若在冲也。阴则退一辰者，为左右交错相避。"[15]

《周易乾凿度》将六十四卦按其原有的卦序（乾坤、屯蒙、需讼之序）分作三十二对卦，每一对卦中的十二爻用以纪一岁。一对卦中，前卦为阳，后卦为阴。阳卦左行（顺时针方向），阴卦右行（逆时针方向）。按照十二月卦的原理，《乾》卦为四月卦，《坤》卦为十月卦。但《周易乾凿度》并不以《乾》卦为四月卦、《坤》卦为十月卦，而是以《乾》卦初九配十一月（子月），《乾》卦六爻各"间时（亦即隔一爻）而治六辰"，《坤》卦六爻亦各"间时而治六辰"。《乾》卦初九既然用以配十一月（子月），那《坤》卦初六就应该配五月（午月），但如果这样，那就会与"间时而治六辰"的原理相冲突了，所以《坤》卦初六"退一辰以为贞"，与六月（未月）相匹配了。

事实上，郑玄并未完全按照《周易乾凿度》那样操作，他没有将六十四卦分作三十二对卦，以前卦为阳，后卦为阴，而是将《乾》《坤》之外的其余六十二卦的爻题都当作是《乾》《坤》爻题的化身，不论哪一卦只要爻题是"初九"，就可以将它套到《乾坤爻辰图》的"乾初九"上，只要爻题是"初六"，就可以将它套到《乾坤爻辰图》的"坤初六"上，其他爻题也是一样。郑玄是将《乾坤爻辰图》和《乾坤爻辰所值二十八宿图》当作一种理论模型，同它来解释《周易》卦爻辞。下面来看他解卦之例：

1. 郑玄本《坤·文言传》说："阴疑于阳必战，为其慊于阳。"郑玄读"慊"为"㴍"，其意为"杂"。[16]谓《文言传》此言是就《坤》卦上六爻辞"龙战于野，其血玄黄"而说的。认为《坤》卦"上六为蛇，得乾气杂似龙"，其理由是"上六在巳"，即在爻辰图中坤上六是与十二干支中的"巳"相匹配的。"巳"为蛇，故有此说。

2.《比》卦初六爻辞"有孚盈缶"之语，郑玄注说："爻辰在未，上值东井。井之水，人所汲，用缶。缶，汲器也。"[17]初六在《乾坤爻辰所值二十八宿图》与十二干支中的"未"相配，上值二十八宿中的东方井星，井之水，人所汲，用缶。"缶"为汲水之器。这样就把"有孚盈缶"解释成对星象的一种表述了。

3.《泰》卦六五爻辞："帝乙归妹，以祉元吉。"郑玄注说："五爻辰在卯，春，为阳中，万物以生。生育者，嫁娶之贵。仲春之月，嫁娶男女之礼，福禄大吉。"[18]六五在《乾坤爻辰所值二十八宿图》与十二干支中的"卯"相配，正值春分，郑玄认为这是万物生育季节，人间此时嫁娶，福禄大吉。所以《周易》系以"帝乙归妹，以祉元吉"的爻辞。

4.《坎》卦六四爻辞有"樽酒簋贰，用缶"之语。郑玄注："爻辰在丑，丑上值斗，可以斟之象。斗上有建星，建星之形似簋。贰，副也。建星上有弁星，弁星之形又如缶。"[19]

六四在《乾坤爻辰所值二十八宿图》与十二干支中的"丑"相配，上值斗星，斗可以斟，故曰"樽酒"。郑玄又注《月令》谓"建星在斗上"，而"建星之形似簋"。《石氏星经》又谓"天弁在建"，郑玄亦谓"建星上有弁星，弁星之形又如缶"。这样就把《坎》卦六四爻辞"樽酒簋贰，用缶"解释成对北斗附近星象的一种表述了。

5.《坎》卦上六爻辞："系用徽纆。"郑玄注："系，拘也。爻辰在巳，巳为蚘，蚘之蟠屈似徽纆也。"[20]徽纆为绳索。上六在《乾坤爻辰所值二十八宿图》与十二干支中的"巳"相配，"巳"为蛇，"蛇"蟠屈之形似绳索。

6.《乾》卦九二爻辞："见龙在田。"孔颖达《周易正义》说："诸儒以为九二当太蔟之月，阳气发见；则九三为建辰之月，九四为建午之月，九五为建申之月，为阴气始杀，不宜称'飞龙在天'；上九为建戌之月，群阴既盛，上九不得言'与时偕极'，于此时阳气仅存，何极之有？诸儒此说于理稍乖。此乾之阳气渐生，似圣人渐出，宜据十一月之后至建巳之月已（以）来。此九二当据建丑、建寅之间，于时地之萌芽初有出者，即是阳气发见之义。《乾》卦之象其应然也。"[21]孔颖达所批评的"诸儒"，主要是指郑玄与何妥。文中所说的"九二当太蔟之月，阳气发见；则九三为建辰之月，九四为建午之月，九五为建申之月"云云，皆就郑玄的《乾坤爻辰图》而言，孔颖达易学尊王弼，不用郑玄的"爻辰"说，故有此一批评。

上述数例，可略见郑玄以"爻辰"说解《易》之一斑。

郑玄的"爻辰"说理论来自纬书《周易乾凿度》，它是汉代一种宇宙观念的反映。天地间的许多事物是具有联系性的。但汉人夸大了这种联系，将表面有联系而实质不相联系的事物联结在一起，由此形成一种繁复冗沓的宇宙论思想。以"二十八宿"四中星测"二至二分"是古人的重要发现，它对于历法的修订有直接的帮助。"十二律"反映了古人对"自然音阶"的正确认识，它与历法并无直接的联系。将十二律与历法节气联系起来已属不当，而将《周易》卦爻与十二地支、十二律、二十四节气、二十八宿整合起来，相互匹配，更属谬误。这样做无论对于星象的观测，还是对于历法的修订皆无必要的意义。郑玄之所以这样做，一是迷信纬书的权威；二是要借助当时天文、历法、音律的科学成就，将新整合的《乾坤爻辰图》和《乾坤爻辰所值二十八宿图》作为一种理论模型，试图以此对《周易》卦爻辞作出一种"科学"的解释。然而所作出的解释牵强附会，为通人所不取。唐代李鼎祚作《周易集解》对汉以来的各种象数学观点博采兼收，却对郑玄的"爻辰"《易》解摈而不录，这也从侧面说明了"爻辰"说难以取信于人。

第三节 虞翻的"八卦纳甲"说

《易经》简古，卦爻辞的内涵一般都很难懂，更有某些卦爻辞特别难懂，汉儒为了解通《易经》，发明和采用许多象数学的方法。例如《周易》中一些孤立讲方位和时间概念的卦爻辞，如"西南得朋，东北丧朋""先甲三日，后甲三日"之类的卦爻辞就很让人摸不到头脑。东汉末的虞翻为了使这类卦爻辞有一种统一性的解释，便采用了"八卦纳甲"法，试图利用当时的天文学的月相知识来解释这类卦爻辞。有关月相的"八卦纳甲"法，最初由虞翻的同乡朋友魏伯阳所创造，其方法是将八卦与十个天干数相匹配，因为天干数以"甲"为首，故称"纳甲"，以甲赅括余数。

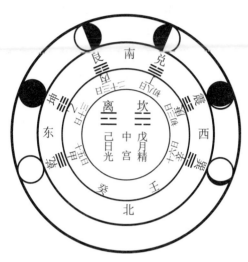

月体纳甲图

古代历法（今称农历）以月相标示一月中的时段，其中有两个重要概念，一为"明"，谓月之有光处。一为"魄"（或"霸"），谓月之无光处。一月之中，以五天为一个时段，可分为六个时段。观月相，前三个时段观于昏暮，后三个时段观于平旦。初一至初五为第一时段：初一为朔日，初二为"旁死魄"，初三为"死魄"，魄死明始生，亦即《尚书·牧誓》所说的"哉生明"（哉，始也），又称"朏"，新月如钩，昏见于西方，初三为第一时段之中。初六至初十为第二时段，初八上弦月，昏见于南方，为第二时段之中。十一至十五为第三时段，十五为满月，古称"望"，昏见于东方，十五为第三时段之终。十六至二十为第四时段，十六魄始生，即《尚书》中《康诰》和《顾命》所说的"哉生魄"，平旦没于西方，十六为第四时段之始。二十一至二十五为第五时段，二十三为下弦月，平旦没于南方，二十三为第五时段之中。二十六至三十为第六时段，三十为晦，月体伏而不见，三十为第六时段之终。晦后又朔，为新一月的开始。

魏伯阳的《八卦纳甲图》就是根据月相变化规律造出的。或者说它就是一个月相规律图，只是使用《周易》八卦和天干十数这些符号标示出来而已。

第一步是以《周易》八卦符号表月相。魄为月之体，以阴象之。明为日之光，以阳象之。初三，月始生明，如《震》之初阳；初八上弦月，明处增多，如《兑》之二阳；十五，月盈满，如《乾》之三阳；十六，月始生魄，如《巽》之初阴；二十三，下弦月，魄处增多，如《艮》之二阴；三十，月体伏而不见，如《坤》之纯阴。平心而论，以《周易》八卦符号表月相，是"八卦纳甲"说的巧妙之处。虞翻以及后世学人迷信"八卦纳甲"说，甚至把它当作"金科玉律"，其原因多半是有鉴于"八卦纳甲"说之合乎自然。以为凡合乎自然规律的，便是圣人在《周易》中所要表达的。

第二步，以《周易》八卦配天干十数定方位。东方，八卦《乾》配甲（东偏北）、八卦《坤》配乙（东偏南）；南方，八卦《艮》配丙（南偏东）、八卦《兑》配丁（南偏西）；中，八卦《坎》配戊以表月、八卦《离》配己以表日。西方，八卦《震》配庚（西偏南）、八卦《巽》配辛（西偏北）；北方，只有壬癸，无八卦相配。

魏伯阳《周易参同契》所讲之"八卦纳甲"理论，本用来说明月亮的昏旦出没规律，并非言六卦之方位，更非为明《易》而设，但虞翻却用它来解释《周易》经传。下面我们来看虞翻是如何用"八卦纳甲"理论来解释《周易》经传的。

1.《周易·系辞上》说："县象著明，莫大乎日月。"虞翻即用魏伯阳《八卦纳甲图》的理论对之加以注释说："谓日月悬天，成八卦象。三日暮，震象月出庚；八日兑象月见丁；十五日乾象月盈甲壬；十六日旦巽象月退辛；二十三日艮象月消丙；三十日坤象月灭乙。"[22]

这是说，初三，新月出于西，卦象为震，方位在庚；过五日，即初八，上弦月出于南，卦象为兑，方位在丁；过七日，即十五日，满月出于东，卦象为乾，方位在甲及壬；过一日，即十六日，月没于西，卦象为巽，方位在辛；过七日，即二十三日，下弦月没于南，卦象为艮，方位为丙；过七日，即三十日，月相灭而不见，卦象为坤。

2.《周易·系辞下》说："八卦成列，象在其中矣。"虞翻说："象谓三才成八卦之象，乾坤列东（甲乙），艮兑列南（丙丁），震巽列西（庚辛），坎离在中（戊己）。"[23]

这里虞翻是用"八卦纳甲"说来定八卦方位的，"八卦纳甲"说所反映的是月相变化的规律。它与《周易·说卦传》所说的八卦方位显然是有矛盾的。《周易·说卦传》谓："万物出乎震，震，东方也；齐乎巽，巽，东南也。……离也者，明也，万物皆相见，南方之卦也。……坤也者，地也，万物皆致养焉，故曰致役乎坤。兑，正秋也。……乾，西北之卦也。……坎者，水也，正北方之卦也。……艮，东北之卦也。"《说卦传》所说的八卦方位与"八卦纳甲"相比较，除了离为南方卦一条相一致外，其余多不相同。因此，虞翻对此加以驳正说："出，生也。震初不见东，故不称东方卦也。""巽阳隐初，又不见东南，亦不称东南卦，与震同义。""兑象不见西，故不言西方之卦。"[24]如此等等。

3.《周易·坤》卦卦辞说："西南得朋，东北丧朋。"虞翻解释说："此指说易道阴阳消息之大要也。谓阳月三日，变而成震出庚；至月八日，成兑见丁，庚西丁南，故'西南得朋'。谓二阳为朋……二十九日，消乙入坤，灭藏于癸，乙东癸北，故'东北丧朋'。谓之以坤灭乾，坤为丧故也。"[25]

这是用"八卦纳甲"说来解释《坤》卦卦辞"西南得朋，

东北丧朋"之语及其《象传》，认为这句话讲的是天道，而不是人事。"西南得朋"是说初三日昏暮月出于西方，为震在庚位，震只有初爻为阳爻，而至初八昏暮月出于南方，为兑在丁位，兑中下两爻为阳爻。震在西而兑在南，故称"西南"；由一阳爻而变两阳爻，是为"得朋"。"东北丧朋"是说至二十九日，月体伏藏于坤，位在乙癸，乙在东，癸在北，故称"东北"；坤纯阴无阳，是为"丧朋"。

4.《周易·蹇》卦卦辞说："蹇，利西南，不利东北。"《象传》称赞："蹇之时用大矣哉！"虞翻解释说："谓坎月生西南，而终东北，震象出庚，兑象见丁，乾象盈甲；巽象退辛，艮象消丙，坤象穷乙，丧灭于癸。终则复始，以生万物，故用大矣。"[26]

这是把"八卦纳甲"说的原理概述了一遍，所述即是一月之中月相变化的规律。虞翻认为《蹇》卦卦辞"利西南，不利东北"隐含了月相变化的自然规律，所以《象传》才称赞"蹇之时用大矣哉"！

5.《周易·归妹》卦象辞说："归妹，人之终始也。"虞翻说："人始生乾而终于坤，故'人之终始'。《杂卦》曰：'归妹，女之终也。'谓阴终坤癸，则乾始震庚也。"[27]

这是用"八卦纳甲"说来解释天道，谓月阴终于坤癸，而乾阳始于震庚，他所谓的"乾阳"是指月所受日之光而言。并且他把这个月相变化的自然规律，看作天地间一切事物发展的必然规律，人之道也不外乎此。

虞翻在阐发《周易》的一些天道、人道的抽象原理时，采用"八卦纳甲"说加以说解。所作出的解答至少可备一说，但在对《周易》一些具体卦爻辞的解释上，由于对"八卦纳甲"说的崇奉，以及对卦变说的滥用，不免牵强附会，削足适履。请看虞翻以下几个用"八卦纳甲"说解经例子：

6.《周易·蛊》卦卦辞:"先甲三日,后甲三日。"虞翻曰:"谓初变成乾,乾为甲,至二成离,离为日,谓乾三爻在前,故'先甲三日',贲时也。变二至四,体离,至五成乾,乾三爻在后,故'后甲三日',无妄时也。"[28]

《蛊》卦☶巽下艮上,若初爻变,下体巽变为乾。按"八卦纳甲"法,乾为"甲",此解"甲"字之义。若初爻与二爻互换,则巽体变为"离",同样按"八卦纳甲"法,离为"日"。此解"日"字之义。而全卦则变成《贲》卦☲。下体乾三爻在前,故称"先甲三日"。接着,卦变继续进行,《贲》卦若三爻与四爻互换,则上体为离,离为日。五爻亦变,则上体为乾,乾为甲。此时全卦则变成《无妄》卦☶。上体乾三爻在后,故称"后甲三日"。

7. 再如,《巽》卦九五爻辞:"先庚三日,后庚三日。"虞翻曰:"谓变初,至二成离,至三成震,震主庚,离为日,震三爻在前,故先庚三日,谓益时也,动四至五成离,终上成震,震三爻在后,故后庚三日也。"[29]

《巽》卦巽下巽上。《巽》卦初爻与二爻互换,下体变为离,离为日。三爻亦变,则下体成震,全卦变为《益》卦☳。按"八卦纳甲"法,震为"庚"。下体震三爻在前,故称"先庚三日"。四爻、五爻变则成离,离为日,上爻亦变,则上体成震,震为庚,故称"后庚三日"。

8. 再如,《革》卦卦辞:"巳日乃孚。"虞翻曰:"离为日。孚谓坎。四动体离,五在坎中,故巳日乃孚,以成既济。"[30]

《革》卦☲离下兑上,离为日。孚义为信,《坎》卦有此象。但《革》卦无坎象,故变四爻,则三四五互离,上体变为坎。故称"巳日乃孚"。而全卦变成《既济》卦☲。

以上是虞翻采用"八卦纳甲"说解经之例。他为了将《易经》一些讲时间过程的卦爻辞附会到"八卦纳甲"说,滥用卦变方法，几乎到了随心所欲的程度，这不仅显得烦琐，而且不合逻辑。但在当时的文化氛围中也不难理解。因为在虞翻之前曾有焦延寿著《易林》，"以一卦变六十四，六十四卦之变，共四千九十有六"[31]。

虞翻在不用"八卦纳甲"说解释卦爻辞时，也有这种滥用卦变的特点。虞翻在解释《周易》卦爻辞时，字皆求象，甚至一个动作所构成的要素也要求出它的完整的象，比如《坤》卦六四爻辞："括囊，无咎，无誉。""括囊"之意是用绳子扎住口袋。这本来是一句比喻，是说人处险恶的政治环境中应慎默谨言，如结扎囊口。这句爻辞本是由六四的"四多惧"（近君之位）的特殊爻位引发的，本不需通过卦象来解释，但是虞翻却要求出"括囊"动作的手、绳、囊等要素的卦象来。他说："括，结也。谓泰反成否。坤为囊，艮为手，巽为绳，故括囊。"[32]但《坤》卦中本无"括囊"之象，虞翻认为，《乾》息《坤》成《泰》，此为一转，但《泰》卦中仍无"括囊"之象；虞翻又提出《泰》反成《否》，是为二转，《否》卦二三四爻互体艮，艮有手象，三四五爻互体巽，巽有绳象，而坤有囊象，以手用绳结扎囊口，故曰"括囊"。为此，前人批评虞翻"穿凿附会，象外生象"。如顾炎武《日知录》卷一"卦爻外无别象"条谓："圣人设卦观象而系之辞，若文王、周公是已。夫子作传，传中更无别象。……荀爽、虞翻之徒，穿凿附会，象外生象，……岂知圣人立言取譬，固与后之文人同其体例，何尝屑屑于象哉！"[33]

注释：

[1]〔汉〕班固：《汉书》，北京：中华书局，1964年，第3599页。

〔2〕〔汉〕司马迁:《史记》,北京:中华书局,1959 年,第 3289—3290 页。

〔3〕〔宋〕欧阳修、宋祁等:《新唐书》,北京:中华书局,1975 年,第 598—599 页。

〔4〕〔南朝宋〕范晔撰,〔唐〕李贤等注:《后汉书》,北京:中华书局,1965 年,第 1053 页。

〔5〕〔31〕〔清〕永瑢等撰:《四库全书总目》,北京:中华书局,1965 年,第 46,923 页。

〔6〕〔21〕〔魏〕王弼、〔晋〕韩康伯注,〔唐〕孔颖达等正义:《周易正义》,〔清〕阮元校刻:《十三经注疏》,北京:中华书局,2009 年,第 197,22 页。按:本章所引《周易》经传原文均出于此,不再标注页码,注与疏则出页码。

〔7〕〔明〕朱载堉:《律历融通》,《景印文渊阁四库全书》第 786 册,台北:商务印书馆,1986 年,第 612 页。

〔8〕〔15〕〔汉〕郑玄注:《周易乾凿度》,《景印文渊阁四库全书》第 53 册,第 876,876 页。

〔9〕历史上度量衡不断发生变化。关于当时"九寸"的绝对长度,今已难考定。但当时有一个参照的标准是竹管内可装中等黍粒 1200 粒。然对于研究十二律吕关系而言,竹管"九寸"的绝对长度已不是关键要解决的问题,关键要解决的问题是律吕之间的数学比例关系。

〔10〕〔11〕〔16〕〔清〕惠栋:《易汉学》,《景印文渊阁四库全书》第 52 册,第 355,355—356,356 页。

〔12〕〔宋〕王应麟撰:《六经天文编》,《景印文渊阁四库全书》第 786 册,第 152—153 页。

〔13〕分至点是受到岁差影响的。岁差造成分至点的移动速度每隔大约 71.6 年向西移动 1 度,每隔 2148 年左右移动 30 度。

〔14〕《后汉书·郡国志》引皇甫谧《帝王世记》:"自斗十一

度至婺女七度，一名须女，曰星纪之次，于辰在丑，谓之赤奋若，于律为黄钟，斗建在子，今吴、越分野。"其所谓"于辰在丑"，即指"十二次"中之"十二支"；而"斗建在子"，即指地面方位中之"十二支"。而"十二律"只和地面方位中之"十二支"相匹配，不与十二次中的"十二支"相匹配。（参见〔南朝宋〕范晔撰，〔唐〕李贤等注：《后汉书》，北京：中华书局，1965 年，3385 页。）

[17][18][19][20]〔汉〕郑玄撰，〔宋〕王应麟编：《周易郑康成注》，《景印文渊阁四库全书》第 7 册，第 132，132，135—136，136 页。

[22]〔元〕胡一桂：《周易启蒙翼传》，《景印文渊阁四库全书》第 22 册，第 351 页。

[23][24][25][26][27][28][29][30][32]〔唐〕李鼎祚撰，王丰先点校：《周易集解》，北京：中华书局，2016 年，第 446，508—509，33，241，330—331，132，352，301，37 页。

[33]〔清〕顾炎武著，黄汝成集释，栾保群、吕宗力校点：《日知录集释（上）》，上海：上海古籍出版社，2013 年，第 10 页。

第二十二章
郑玄《论语注》敦煌吐鲁番残卷探析

郑玄（127—200），北海高密（今属山东）人，字康成，东汉末年经学大师，也是中国经学史上最受尊重的人物之一。他突破西汉以来经学家师法、家法的藩篱，以古文经学为主，兼采今文经学之说，遍注群经，为汉代经学的集大成者，在当时号称"经神"，具有崇高的学术地位。唐代元行冲曾说，那时的学者迷信郑玄，"宁道孔圣误，讳言郑、服非"[1]。皮锡瑞《经学历史》称，由于郑玄权威的树立，使得经学进入了一个"小统一的时代"。

虽然如此，魏晋时代的一些经学家对郑玄之学却并不完全认可，"王肃议礼必反郑玄"[2]；王弼作《周易注》以反郑玄乃至整个汉儒的易学；何晏作《论语集解》以反郑玄的《论语注》。其后又有杜预作《春秋经传集解》以反《春秋左传》服氏注（服氏注也属郑学）等。在各家传注的实际较量中，郑玄经注最后流传于后世的只有《三礼注》和《毛诗笺》等少数注本。

一方面，郑玄曾受到极度崇拜；另一方面，他的许多经注因在学术竞争中落败而失传，其间的原因如同清代学者凌廷堪所说，乃因学界人云亦云、随声附和的风气所导致。凌廷堪说："目前侈谈康成（郑玄），高言叔重（许慎）者，皆风气使然"[3]"浮慕之者，袭其名而忘其实，得其似而遗其真。"[4]
所以，若要了解一个真实的郑玄，那就要拿出他的经注，与其
他经注进行比较，才能对其学术成就有一个比较准确的了解。

郑玄的《论语注》大约于五代时期失传，以是，宋以后诸
大儒于此书皆未曾寓目。然而20世纪于敦煌、吐鲁番陆续发
现《论语郑氏注》若干残卷，加起来有半部《论语》的篇幅，
此书与当时各家《论语》注的比较研究由此可以进行。

学者对《论语郑氏注》残卷加以研究和整理，形成两部重
要专著，一部是日本学者金谷治教授的《唐抄本郑氏注论语
集成》（平凡社，昭和五十三年（1978）出版）；一部是中国学者王素的
《唐写本论语郑氏注及其研究》（文物出版社1991年版）。后者在金
氏本的基础上，所收集整理的残卷更为全面。本章撰写所依据
的便是王素本所提供的资料。

第一节　《论语》郑注与何晏所集各家注之比较

古来流传至今的《论语》注本，以何晏《论语集解》为最
早，此书集孔安国、包咸、周氏、马融、郑玄、王肃、陈群、
周生烈八家之注。而于《论语》经文下，每句只选一家之注；
若皆不惬，则出以己意。何晏《论语集解序》说："今集诸家之
善，记其姓名。有不安者，颇为改易。名曰《论语集解》。"[5]
八家之中，应以郑玄的《论语注》影响最大。何晏之所以要做
这部《论语集解》，想来一是要抗衡和抵消郑玄《论语注》的
影响；二是众家传注纷纭异说，读者无所适从，何晏《论语集
解》于每句经文下只取一家之注，应有统一歧见异说的意图。
何晏《论语集解》通行之后，诸家《论语》注本陆续亡伕，各
家注本之间之是非异同本已无从比较。但自敦煌、吐鲁番《论

语郑氏注》残卷发现之后，至少郑玄《论语注》可与诸家之注相互比较了。这里我们选择将郑玄《论语注》残卷材料，分别与孔安国、包咸、马融三家《论语》注作对比。

（一）《论语》郑玄注与孔安国注之比较

孔安国，字子国，孔子第十一代孙。汉武帝时，官谏大夫、临淮太守。汉武帝末，鲁共王坏孔府旧宅，于壁中得《古文尚书》《礼记》《论语》及《孝经》等，皆科斗文字，当时人皆不识，孔安国以今文读之，定《古文尚书》五十八篇，又著《古文孝经传》《论语训解》等书。后诸书皆佚。清人马国翰《玉函山房丛书》辑有《论语孔氏训解》。本章所引孔安国《论语训解》乃为何晏《论语集解》所采用者。

1.《论语·八佾第三》"子曰：《关雎》乐而不淫，哀而不伤"条

　　孔安国注："乐不至淫，哀不至伤，言其和也。"[6]
　　唐写本郑玄注："《关雎》诗者，国风《州（周）男（南）》之首篇。《关雎》之作，文王之教，形（刑）于寡☒以御于家邦。则乐得淑女，以为君子好求（逑），不淫其色。瘳寐☒道，不得此仁（人），不为减伤己爱也。"[7]

孔安国注称《关雎》之诗描写君子追求淑女，求而不得时，虽有哀愁，不至于伤害自己；求而得之，虽然欢乐，并未达到淫乱的程度。

郑玄注残卷整理用了两个阙文符号"☒"，"☒"表示所阙不只一字。第一句阙文根据《诗经·大雅·思齐》可补"妻，至于兄弟"五字；第二句阙文，根据皇侃《论语集解义疏》卷

二注可补"思之，哀世失夫妇之"八字。郑玄此注甚长，解释《关雎》为《国风·周南》首篇，所述为文王之教。称文王为国民树立典范，追求淑女，非贪其美色。郑汪又将"伤"释为"减少"。即使尚未求得淑女，也不减少对其爱慕。郑小同《郑志》卷上也记载其祖郑玄曾有此语："哀世夫妇不得此人，不为减伤其爱。"[8]郑玄《论语注》虽然亡佚，但通过皇侃《论语集解义疏》和《郑志》等文献还可知晓郑玄对"哀而不伤"的说解。但将"伤"解释为"减少"，终嫌勉强。因而后世如二程、朱熹等，取孔安国之说，而不取郑玄之说。

经典注释有这样一个规律：就一般而言，原始的经典文本都有其语境，但当时的记录者限于书写的困难，记录得极为简略，再加上当时语法不甚严密等因素，时过境迁，后人读之，往往不明所以。这就需要经师为之注解。但即使是经师，也会发生理解上的分歧。假设一条经文可能有几种解释方案，并且可以排出优先次序的话，又假设后世经师智力相当，那显然时代靠前的经师有较大的优势，因为他可以首先选择那些排序靠前的解释方案。后世经师不愿因袭前人，为了避免雷同，只好选择次一级的方案。郑玄在时代上较孔安国、包咸、周氏、马融都晚，这应是郑玄在许多解释上不如前辈的根本原因。所以，当我们通过比较，发现他的解释不如前人时，就不应该感到奇怪。但这只是就一般情况而言，并不意味着后人的解释一定不会超过前人。

2.《论语·雍也第六》"子谓子夏曰：汝为君子儒！无为小人儒"条

孔安国注："君子为儒，将以明道；小人为儒，则矜其名。"

　　唐写本郑玄注："儒主教训，谓师也。子夏性急，教
训君子之人则可，教训小人则愠恚，故戒之。《周礼》
曰：儒以道德教人。"

　　孔安国注谓君子要成为儒，是为明道；小人要成为儒，是
为矜名。孔安国注有其根据，因为荀子曾辨儒者之异说："有
俗儒者，有雅儒者，有大儒者。"[9] 其所谓"雅儒"似君子，
其所谓"俗儒"似小人。
　　郑玄注谓"儒"指"师"。"汝为君子儒，无为小人儒"是
说要给君子做老师，不要给小人做老师。子夏性急，常教训
人。孔子告诫他：教训君子，君子会感谢你；教训小人，小人
会发怒，认为你对他不尊重。
　　两种理解，似乎皆有道理。然从语言习惯说，"汝为君子
儒"中之"儒"若是"师"之意，为何不直接说"汝为君子
师，无为小人"？若"儒"是"教训"之意，为何不说"汝
为君子教，无为小人教"？郑玄注似较牵强。后世解释多与孔
安国相近，而无类似郑玄之说者。
　　3.《论语·里仁第四》"子曰：人之过也，各于其党。观
过，斯知仁矣"条

　　　孔安国注："党，党类。小人不能为君子之行，非小
人之过，当恕而勿责之。观过，使贤愚各当其所，则为
仁矣。"
　　　唐写本郑玄注："此党渭（谓）族亲也。过后（厚）
则仁，过薄则不仁也。"

　　孔安国注释"党"为"党类"，释"过"为"过失"。皇侃
《论语集解义疏》卷二为之解释说："过，犹失也；党，党类

也。人之有失，各有党类。小人不能为君子之行，则非小人之失也。犹如耕夫不能耕，乃是其失，若不能书，则非耕夫之失也。若责之，当就其辈类责之也。"

郑玄注以"党"为"族亲"，释"过"为"过度"。一个人如对族亲特别亲厚，就是仁者；对族亲特别不厚道，则为不仁者。郑玄注虽然失传，但后世学者有与其观点相近者，如张栻说："君子之过于厚、过于爱，虽曰过也，然观其过而其心之不远者可知矣。若小人之过，则失于薄、伤于忍。夫所谓薄与忍者，是岂人之情也哉！"[10]

孔安国与郑玄这两种解释，可以说各有千秋。但何晏《论语集解》采用孔安国注，而未用郑玄注。

4.《论语·子罕第九》"子曰：吾有知乎哉？无知也。有鄙夫问于我，空空如也。我叩其两端而竭焉"条

孔安国注："有鄙夫来问于我，其意空空然，我则发事之终始两端以语之。竭尽所知，不为有爱。"

唐写本郑玄注："言我无知者，诱人也。空空，信悫貌。叩，犹动发。两端，犹本末。有鄙诞之人，问事于我，空空如，我语之，动发本末，而尽知之，况贤者之问事乎？诱人者，必卑之，渐以进之也。"

孔安国注谓有卑微之人来求教，头脑空空，好像什么知识都没有，我会就事情之终始本末两端来告诉他，不会因为他身份低微或高贵而有所偏爱。

郑玄注谓孔子说自己无知，是为了诱导别人，同他平等对话。"空空"不是空虚无知识之意，而是一种信悫貌，是说问话之人虽然身份低微，但确实是来诚恳求教。郑玄所解也有根据，他是把"空"作为"悾"的通假字来读，而"悾悾"有诚

恳、信悫之意。

不过，宋代心学一派并不认为"空空如也"是说"鄙夫"，认为是指孔子平时的"虚明"心境，如杨简《慈湖遗书》卷十一载："汲古问：'孔子云空空如也，其义当如何解？'先生曰：'孔子言吾有知乎哉？无知也。虽有鄙夫来问于我，我亦空空如也，无可为答。我不过叩问其一二端，而我已竭焉，无复可言矣。'"[11] 其弟子钱时《融堂四书管见》卷四也有相同的见解，其中说："在我实无所有，虚明变化，何厌何倦？故夫子又自曰'空空如也'。"[12]

这三种解释，对于经典文本而言，都说得通。这可以说是理解和解释的困惑。但要从语境来说，《论语》所讲的是"鄙夫"问于"圣人"，圣人无论贤愚，皆能平等施教。这里强调的不是"鄙夫"如何诚恳，也不是强调孔子心境如何"虚明"。"空空如也"应是形容"鄙夫"的无知。如果是形容孔子，则此语应该提前，作"吾有知乎哉？无知也，空空如也"。所以，比较起来，还是孔安国的注比较接近文本原意。而郑玄解释"空空"为"信悫貌"，只构成解释的一种可能性。

5.《论语·八佾第三》"祭如在，祭神如神在"条

> 孔安国注："言事死如事生。谓祭百神。"
> 唐写本郑玄注："时仁（人）所存贤圣之言也。恐时不晓'如在'之意，故为解之。"

孔安国注将两句作两事，"祭如在"是说父祖虽已去世，但对他们的孝敬还像他们生前一样，祭祀时好像亲人就在眼前。这是一事。"祭神如神在"之"神"是指山川百神，祭祀神时犹如神在。这又是一事。

郑注将两句视为一事。"祭如在"是前贤往圣之语。人们

已不知其意。孔子解释"祭如在"就是"祭神如神在"。在郑玄看来,"祭如在"不过是"祭神如神在"的缩略语。

郑玄《论语注》五代时亡佚,后世并不知道他曾有此观点。宋代如二程、朱熹等学者差不多是认同孔安国注的,朱熹《四书章句集注》卷二引录二程之语说:"'祭如在,祭神如神在。'程子曰:'祭,祭先祖也;祭神,祭外神也。祭先,主于孝;祭神,主于敬。'"[13]就是说,单讲一个"祭"字就是指祭祖先;讲"祭神"就是祭外神。虽然孔安国的意见得到了宋明理学家的附和,但若仔细揣摩,郑玄的解释也有其道理,至少可备一家之言。因为无论祭祖先或是祭百神,都属祭祀。而凡祭祀,就应该有诚敬之心,感到祭祀对象就是现实的存在,这样才能体现祭祀的本意。

6.《论语·太伯第八》"子曰:三年学,不至于谷,不易得也"条

孔安国注:"谷,善也。言人三岁学,不至于善,不可得。言必无也,所以劝人学。"

唐写本郑玄注:"谷,禄也。人学者必志于得禄。三年久矣,而心不念禄,不易得,言是人好学难得也。"

孔安国释"谷"为"善",若一人学三年还达不到善,这是不可能的。欲人求学向善。

郑玄释"谷"为"禄",即俸禄。一般人学习是为将来求得官禄。若有人于三年学习期间,求道不求禄,这种人便是难得的好学之人。

笔者按:谷,原意是粮食作物的总称,引申而为生、为养、为禄、为善。《诗经·大车》:"谷则异室,死则同穴。"谷义为生;《诗经·甫田》:"以谷我士女。"谷义为养;《诗经·天

保》："天保定尔，俾而戬穀。"戬义为福，穀义为禄；《诗经·小弁》："民莫不穀，我独于罹。"穀义为善。而在训诂学上，"穀"字训善、训禄的情况比较多。在此例中，孔安国训善，郑玄训禄。后世朱熹则将此句中之"穀"训为"禄"，其《四书章句集注》卷四谓："穀，禄也。'至'疑当作'志'。为学之久而不求禄，如此之人不易得也。"[14] 朱熹的意见与郑玄不谋而合。

关于此条，孔安国与郑玄两种解释相比较，应以后者为胜。学习为了求道而不为求禄，此种人确实不易得。相反，孔安国认为一人若学三年必进于善道，则未必。

(二)《论语》郑玄注与包咸注之比较

包咸（前7—65），字子良，会稽曲阿（今江苏丹阳）人。东汉经学家。建武年间，官至大鸿胪。著有《论语章句》，其书已佚。本章所引包咸《论语章句》乃为何晏《论语集解》所采用者。

1.《论语·颜渊第十二》"子贡问友。子曰：忠告而善道之，不可则止，毋自辱焉"条

> 包咸注："忠告，以是非告之，以善道导之，不见从则止，必言之，或见辱。"
> 唐写本郑玄注："问与朋友会居之道。朋友，义合之轻者。凡义合者有绝道，忠言以告之，不从则止也。"

此章讲子贡问交友之道，孔子做了回答。包咸注谓孔子之意是：当一个朋友做某件事时，你觉得不好，就要对他进以忠告，晓以是非，并"以善道导之"，心平气和、委曲开导。若朋友仍不听从，就不用再说。若再说下去就可能受到羞辱。

郑玄注特别指出，此处孔子所讲朋友，是指"义合之轻者"，即虽然以道义相交，但相交不深。并认为凡以道义相交者，有绝交之道，若以忠言相告而不听，则应停止交往。

两家不同点在于，包咸注并不认为朋友不听忠言劝告，便不再做朋友。郑玄注认为朋友应以道义相交，对方若不听从忠告便停止与他交往。似乎郑注更讲原则，包注更讲包容。我们认为，儒家讲交友之道，还有许多原则，如"友所以辅仁""故旧无大故，则不弃也""道不同，不相为谋""毋友不如己者"等等，这些原则，要综合来看，视具体情况而论。

2.《论语·为政第二》"子曰:《书》云:'孝乎惟孝，友于兄弟，施于有政。'是亦为政，奚其为为政？"条

> 包咸注:"孝乎惟孝，美大孝之辞。友于兄弟，善于兄弟。施，行也。所行有政道，与为政同。"
>
> 唐写本郑玄注:"孝乎者，未（美）大孝之辞。仁（人）既有孝行，则能友于□母曰孝，善兄弟曰友。《亦（易）》曰:家仁（人）为（有）严［君］□。父母为严君，则子孙为臣人（民），故孝友施为政。"

此条经文中《书》指《尚书》，"孝乎惟孝，友于兄弟，施于有政"出自真《古文尚书》，因真《古文尚书》此篇已失传，《论语》中所引这句话究竟出自《尚书》哪一篇，已无从考证。"孝乎惟孝"句式比较少见，乍看会感到奇怪。古文语法一般以"乎"作结尾词，"惟"作发语词，伪《古文尚书·君陈》篇将此句编入，觉得读不通，于是截去"孝乎"二字不用，"惟孝"二字从下读，变成"惟孝友于兄弟，施于有政"。因为作伪者未见过类似句式，将《论语》这句话破句了，这恰好留下了作伪的破绽。包咸注将"孝乎惟孝""友于兄弟""施

于有政"分为三句，认为"孝乎惟孝"是"美大孝之辞"。包咸注因而成为后世《尚书》辨伪的重要根据。[15]

郑玄注中有两个阙文符号，第一个阙文符号□，可补四字："兄弟，善父。"可以相印证的是，《周礼·大司乐》："以乐德教国子，中和祗庸孝友。"郑玄注："善父母曰孝，善兄弟曰友。"[16]关于此章的断句，郑玄将"孝乎"作一句，认为"'孝乎'者，未（美）大孝之辞"。将"惟孝"从下读。但若说"惟孝友于兄弟"就会出现一个问题：兄弟间称"友"可以，如何可以称"孝"呢？所以，我们认为此解不如包咸注好。

（三）《论语》郑玄注与马融注之比较

马融（79—166），字季长，扶风茂陵（今陕西兴平东北）人，东汉时期著名古文经学家，设帐授徒，门人常有千人之多。郑玄曾从其学。马融一生注书甚多，于《论语》《孝经》《诗经》《周易》《三礼》《尚书》等书皆有经注，其书皆佚。清人所编《玉函山房丛书》《汉学堂丛书》都有辑录。本章所引马融《论语注》乃为何晏《论语集解》所采用者。

1.《论语·八佾第三》"子曰：君子无所争。必也射乎！揖让而升，下而饮。其争也君子"条

> 马融注："多算饮少算，君子之所争。"
> 唐写本郑玄注："君子上□与仁（人）常□。射乎，□又□于是乃有争心。仁（人）唯病者不能射。射礼，史（使）不中者酒饮。不中者酒，所以养病，故仁（人）耻之。君子心争，小人力争也。"

古代射礼，实际是射箭表演和比赛。射礼进行时，射中靶子的箭要拿回摆在身边。射中多者为赢，射中少者为输，输者

罚酒，承认技不如人。

此条经文较明白，故马融注甚简略。"筭"是"算"的异体字。多算、少算应是计算射中靶子之数。

郑玄注文字较多，但因郑玄《论语注》残卷于此章前段缺字较多，已难知其意。后段的意思是：射箭是健康男子的应有技能，有病的男子不能射。射礼不胜者罚酒，比之病人，"酒，所以养病，故人耻之"。这或许是郑玄的推想，无甚根据。儒家经典讲射礼材料很多，并无此说。相比而言，马注文字虽少，却更准确一些。

2.《论语·子罕第九》"巽与之言，能无说乎？绎之为贵"条

　　马融注："巽，恭也。谓恭逊谨敬之言，闻之无不说者。能寻绎行之，乃为贵。"

　　唐写本郑玄注："选，读为诠，诠，言之善者。绎，陈也。人心有所达，发善言以告之，无不解说者，能必陈而行之，乃为贵也。"

此条经文，马融注甚确。"巽与之言"，"巽""逊"古为通假字，所以马融注"巽，恭也"。一位谦逊谨敬之人相告语，闻听者无不喜悦，但闻之喜悦未足为贵，必能寻绎其言行之，乃为贵。

"巽"在上海博物馆藏战国楚竹书《孔子诗论》中也出现过，学者将其解释成"馔""選""撰"等其他字。笔者曾经指出，"巽""逊"古为通假字，不应为"巽"加偏旁，而应按同音通假来读。马融此注可印证笔者的意见。

郑玄本经文是"选与之言"，他把"选"解作"诠"，再将"诠"解释成"言之善者"，经过几次转折；"绎"则解释成

"陈"。"人心有所达，发善言以告之，无不解说者，能必陈而行之，乃为贵也"。此一解释迂曲词费，显然不如马融注好。

3.《论语·八佾第三》"孔子谓季氏，八佾舞于庭，是可忍也，孰不可忍也"条

　　马融注："孰，谁也。佾，列也。天子八佾，诸侯六，卿大夫四，士二。八人为列，八八六十四人。鲁以周公故，受王者礼乐，有八佾之舞。季桓子僭，于其家庙舞之，故孔子讥之。"

　　唐写本郑玄注："☐☐初僭用天子之礼乐，自季平子逐☐后，世用鲁礼乐，祭☐家庙。今倍（陪）臣而舞天子八佾之［乐]，☐［不］可忍之甚☐。"

马融注谓"天子八佾"是"八八六十四人"，祭祀时用六十四人舞蹈，是天子规格。"鲁以周公故，受王者礼乐，有八佾之舞"。关于周公是否享用天子礼乐，后世学者有两说，一说周公曾享受天子礼乐，有八佾之舞；另一说周公不是天子，不该用八佾之舞，也未曾用八佾之舞。马注采取了前说。但即使周公有八佾之舞，也只有鲁国后继国君才有资格享用。季桓子是卿大夫，在家庙中祭祀祖先时用八佾之舞，于礼为僭越行为，故遭孔子谴责，以为不可容忍。

郑玄注残卷于此条缺文较多，"☐☐初僭用天子之礼乐"，既说"僭用"，缺字部分应指鲁国国君，传统上有一种说法认为自鲁僖公开始僭用天子礼乐。后面所说"自季平子逐☐后，世用鲁礼乐，祭☐家庙"，此句缺字，应指逐鲁昭公。"今倍（陪）臣而舞天子八佾之［乐]"，是指季平子之后的季桓子，他是鲁国卿大夫，对天子而言只是陪臣，陪臣舞天子之乐，更是不能容忍。注文虽然有缺字，但大体可以看出，郑玄不认为

周公曾享用八佾之舞，而是认为鲁君（僖公）僭越在先，卿大夫（季桓子）僭越在后。历史上，关于周公是否享受天子礼乐形成两派意见。马融注与郑玄注分别代表了两派意见。宋以后学者的意见几乎一面倒倾向后一派，即不认为周公曾享受天子礼乐，如二程说："周公之功固大矣，然臣子之分所当为也，安得独用天子礼乎？"[17]

4.《论语·雍也第六》"子华使于齐，冉子为其母请粟。子曰：'与之釜。'请益。曰：'与之庾。'冉子与之粟五秉"条

> 马融注："子华，弟子公西华，赤之字。六斗四升曰釜。十六斛曰秉，五秉合为八十斛。"

> 唐写本郑玄注："子华，孔子弟子公西华，赤之字。为孔子使，其母居家而粮乏，冉子以为人有事者，必当食之，犹仕有禄，故为赤母求粟于孔子。是时孔子仕鲁。六斗四升曰斧（釜）也。庾，《周礼》作臾。庾（庾），凡器名，实容二觳，厚半寸，唇厚一寸。子华为师使，义也，与仕者异，少与之者，抑冉有之[言]。以为孔子与之少，[更]□□十六斗曰□秉，五秉合为八十斛也。"

此条经文背景是：孔子仕鲁时，弟子公西华为孔子出使，其母居家缺粮，冉有为之请粟于孔子。孔子答应给予一"釜"。冉有嫌少，请求增加，孔子又增加一"庾"。最后冉有实际给五"秉"。这里需要交代的是，公西华并非鲁国官员，受孔子委托出使齐国。孔子身在官位，出于防嫌，刻意压低应给公西华的待遇。冉有出于同门友的义气，有意要照顾好公西华之母。孔子实际承诺给多少粮粟，而冉有实际给了多少粮粟，需要换算注出。

马融注"六斗四升曰釜",未注"庾"是多少。故不知孔子最后承诺是多少。又注"十六斛曰秉,五秉合为八十斛",而未注"斛"是多少,故也不知冉有实际给了多少。

郑玄注清楚地交代了事件背景。补充了"庾(庾),凡器名,实容二觳",觳即斛,但也未注一"觳"(斛)是多少。关于"觳"(斛)是多少,本有争议。一种常见的说法是:一觳(斛)为一斗二升。一庾"容二觳",即二斗四升。孔子实际承诺是一釜加一庾,共合八斗八升。冉有实际给予五秉合为八十斛,即九十六斗。今查有关资料,先秦时期一斗粟的重量为今 1844.99 克[18]。孔子承诺给的八斗八升约合 16 千克,是一人一个月的口粮;冉有实际给的是九十六斗约 177 千克,是一人一年的口粮。

当然,无论马融注和郑玄注皆未做到如此清晰。相比之下,郑玄注虽然也有所欠缺,但显然要比马融注清楚得多。

第二节　郑玄《论语注》因袭前人问题

我们将郑玄《论语注》与何晏《论语集解》做对比研究,发现郑玄《论语注》与其前辈学者如孔安国、包咸、周氏、马融有众多相同之处。这也就是说,这些前辈学者为《论语》所作的注释被郑玄搬入到他的《论语注》而并没有注明这些注释的原创者。何晏编撰《论语集解》时,无疑看到了这些问题,他知道这些注并不是郑玄本人首创,而是前人所作。所以,何晏的《论语集解》在将这些注释收入《论语集解》时,恢复了原作者的名字,去掉了郑玄之名。

中国先秦时期没有鲜明的著作权观念,以致许多著作的作者不知究竟是谁。到了汉代,学者之间相互转抄而不注明资料来源，仍是一个相当普遍的现象。比如，班固《汉书》有相当大的篇幅抄袭了司马迁的《史记》，这在当时以及后世并没有被看作是一个严重的问题。然而这并不意味着古人鼓励抄袭行为。《礼记·曲礼上》说："毋勦说，毋雷同。"郑玄注"毋勦说"云："勦，犹擥（揽）也，谓取人之说以为己说。"[19] 勦同抄，"勦说"即文字"抄袭"。郑玄解为"取人之说以为己说"，显然是反对学术抄袭的。但从郑玄《论语注》看，其中许多注文不免涉嫌抄袭。不过这是否算作抄袭，以及如何来看待这种抄袭，我们且放到后面加以讨论。现在先看事实材料：

（一）抄袭孔安国之例

1.《论语·八佾第三》"天将以夫子为木铎"条

孔安国注："木铎，施政教时所振也。言天将命孔子制作法度，以号令于天下。"

唐写本郑玄注："木铎，施政教时所振。言□□命夫子史（使）制作法度，以号令于天下下。"

笔者按：郑玄与孔安国的文字基本是一致的，多抄一个"下"字，或是传抄者之误。

2.《论语·里仁第四》"子曰：父母之年，不可不知也。一则以喜，一则以惧"条

孔安国注："见其寿考则喜，见其衰老则惧。"

唐写本郑玄注："见其寿考则喜，见其衰老则惧。"

3.《论语·述而第七》"子曰：奢则不孙，俭则固。与其不孙也，宁固"条

　　孔安国注："俱失之。奢不如俭，奢则僭上，俭则不及礼。固，陋也。"

　　唐写本郑玄注："俱失之。奢不如俭，奢则僭上，俭则不及礼。"

笔者按：郑玄注基本上因袭了孔安国注，只删"固，陋也"一句。

4.《论语·太伯第八》"《诗》云：战战兢兢，如临深渊，如履薄冰"条

　　孔安国注："言此诗者，喻己常戒慎，恐有所毁伤。"

　　唐写本郑玄注："言此诗者，喻己常戒慎，恐有所毁伤。"

5.《论语·子罕第九》"子曰：凤鸟不至，河不出图，吾已矣夫"条

　　孔安国注："圣人受命，则凤鸟至、河出图。今天无此瑞。吾已矣夫者，伤不得见也。河图，八卦是也。"

　　唐写本郑玄注："有圣人受命，则凤鸟至，河出图。今天无此瑞。吾已矣者，伤不得见用也。"

笔者按：郑玄注整段话基本抄袭孔安国注，只在"圣人受命"前加一"有"字；"吾已矣"后漏一"夫"字；"伤不得见

也"，"见"字后加一"用"字。

6.《论语·颜渊第十二》"曰：二，吾犹不足，如之何其彻也"条

孔安国注："二，谓什二而税。孰，谁也。"

唐写本郑玄注："二，谓十二而税。熟（孰），谁。"

笔者按：郑玄《论语注》"十"的写法与孔安国不同，但意思无别。这一条虽然是郑玄因袭了孔安国，但也别无他法，因为"十二而税"是个固定说法，不能作他说。这种情况可以不算作因袭。但是我们还是要指出其雷同之处。

7.《论语·颜渊第十二》"季康子患盗，问于孔子。孔子对曰：苟子之不欲，虽赏之不窃"条

孔安国注："欲，多情欲。言民化于上，不从其令，从其所好。"

唐写本郑玄注："患，忧也。[苟]，比且也。窃，小盗。且使子☐嗜欲，人虽赏之使盗，犹不为之。人化于上，不从其令，从其所好也。"

笔者按：郑玄注中因袭了孔安国"言民化于上，不从其令，从其所好"这一句话。

8.《论语·颜渊第十二》"孔子对曰：子为政，焉用杀？子欲善而民善矣。君子之德风，小人之德草，草上之风，必偃"条

　　孔安国注："亦欲令康子先自正。偃，仆也。加草以
风，无不仆者，犹民之化于上。"
　　唐写本郑玄注："亦欲使康子先自正也。偃，仆
也。草上加之以风，无不☐仆也。犹人（民）之化于
上也。"

笔者按："犹人之化于上也"，改"民"作"人"，当是唐
代抄手避唐太宗李世民名讳。

9.《论语·颜渊第十二》"以友辅仁"条

　　孔安国注："友相切磋之道，所以辅成己之仁。"
　　唐写本郑玄注："辅仁，辅成己之仁也。"

笔者按：孔安国解释"辅仁"就是"辅成己之仁"，郑玄
注同，虽有因袭之嫌，但因它不可能注成别的意思。像这种情
况，如果是少量的，并不足以为病。

（二）抄袭包咸之例

1.《论语·八佾第三》"子入太庙"条

　　包咸注："太庙，周公庙。孔子仕鲁，鲁祭周公而助
祭也。"
　　唐写本郑玄注："太庙，州（周）公之庙。孔子土
（仕）鲁，鲁祭周公而助祭焉。"

笔者按：郑玄《论语注》抄袭了包咸之注，只改了一个尾
助词。其中"周"误写成"州"、"仕"误写作"土"，应是唐
代抄手所为。

2. 《论语·里仁第四》"子曰：不患莫己知，求为可知也"条

包咸注："求善道而学行之，则人知己。"

唐写本郑玄注："求善道而学行之，则仁（人）知之也。"

3. 《论语·里仁第四》"子曰：古者言之不出，耻躬之不逮也"条

包咸注："古人之言，不妄出口，为身行之将不及。"

唐写本郑玄注："古仁（人）之言，不忘（妄）出口，为身行将不及也。"

4. 《论语·公冶长第五》"子曰：臧文仲居蔡，山节藻棁"条

包咸注："臧文仲，鲁大夫臧孙辰。文，谥也。蔡，国君之守龟，出蔡地，因以为名焉，长尺有二寸。居蔡，僭也。节者，栭也，刻镂为山。棁者，梁上楹，画为藻文。言其奢侈。"

唐写本郑玄注："臧文仲，鲁大夫臧孔孙辰。蔡，位（谓）国君之守龟，☒困（因）名焉。节，朱栭也，刻之为山文。棁，梁上☒之文。文仲奢侈。"

笔者按：臧孙辰，臧孙为氏，辰为名。郑玄注"鲁大夫臧孔孙辰"，"孔"字疑为衍文。余略同。

486

5.《论语·雍也第六》"子曰：齐一变，至于鲁；鲁一变，至于道"条

　　包咸注："言齐鲁有太公、周公之余化。太公大贤，周公圣人，今其政教虽衰，若有明君兴之，齐可使如鲁，鲁可使如大道行之时。"
　　唐写本郑玄注："言齐、鲁俱有周公、〔太〕公之余化。太公大贤，周公圣人。今其政教虽衰，若有明君兴之，齐可使如鲁，鲁可使如大道行之时也。"

笔者按：郑玄注比包咸注仅多一"俱"字。

6.《论语·述而第七》"子曰：仁远乎哉？我欲仁，斯仁至矣"条

　　包咸注："仁道不远，行之即是。"
　　唐写本郑玄注："人（仁）道不远，行时则是。"

笔者按：郑玄注常以"人"通"仁"字。其"行时则是"与包咸注"行之即是"虽差两字，但意思相近，还是因袭了包咸。

7.《论语·泰伯第八》"犯而不校"条

　　包咸注："校，报也。言见侵犯不报。"
　　唐写本郑玄注："效，报也。言人见侵犯不报。"

笔者按：包咸注中经文是"犯而不校"，郑玄本经文是"犯而不效"。郑玄的解释多一"人"字，意思是一样的。明显因袭包咸。

8.《论语·泰伯第八》"曾子曰：士不可以不弘毅"条

包咸注："弘，大也。毅，强而能断也。"

唐写本郑玄注："弘，大也。殺（"毅"之讹写），强而能断也。"

9.《论语·泰伯第八》"子曰：……危邦不入，乱邦不居"条

包咸注："危邦不入，始欲往。乱邦不居，今欲去。乱谓臣弑君、子弑父。危者，将乱之兆。"

唐写本郑玄注："危邦不入，始欲往也。乱邦不居，今欲去。"

10.《论语·泰伯第八》"卑宫室，而尽力乎沟洫"条

包咸注："方里为井，井间有沟，沟广深四尺。十里为成，成间有洫，洫广深八尺。"

唐写本郑玄注："方里为井，井间有沟，沟广四尺，深四尺。十里为城，城闲（间）有洫，洫广八尺，深八尺也。"

笔者按："成"与"城"是通假字，郑玄直接写"城"为好。全句虽然因袭包咸，但因制度如此，不能作他解，故此条也可不算抄袭。

11.《论语·颜渊第十二》"子张问崇德辨惑。子曰：主忠信，徙义，崇德也。爱之欲其生，恶之欲其死。既欲其生，又欲其死，是惑也"条

包咸注："徙义，见义则徙意而从之。爱恶当有常，一欲生之，一欲死之，是心惑也。"

唐写本郑玄注："崇，犹曾（尊）。辨，犹别。徙义，见义事，徙意而从之。爱恶当有常，于一人之身，一欲生之，一欲死之，是惑。"

笔者按：郑玄注增加了对"崇"的解释，"崇"即尊敬。下文与包咸注略同。只是多加"于一人之身"一句。从整体看，是因袭了包咸。

（三）抄袭周氏之例[20]

1.《论语·泰伯第八》"而今而后，吾知免夫！小子"条

周氏注："乃今日后，我自知免于患难矣。小子，弟子也。呼之者欲使听识其言。"

唐写本郑玄注："今日面（而）后，我自知勉（免）于患难矣。言小子者，呼之，欲使听识其言也。"

2.《论语·乡党第十》"祭于公，不宿肉"条

周氏注："助祭于君，所得牲体，归则班赐，不留神惠。"

唐写本郑玄注："助祭施（于）君，所得牲体，归即班赐，不留神惠。"

笔者按：郑玄因袭周氏，"归则班赐"改为"归即班赐"。

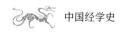

3.《论语·乡党第十》"翔而后集"条

周氏注："回翔审观，而后下止。"

唐写本郑玄注："回翔审观，而后下止也。"

（四）抄袭马融之例

1.《论语·八佾第三》"季氏旅于泰山。子谓冉有曰：'女弗能救与？'"条

马融注："旅，祭名也。礼，诸侯祭山川在其封内者。今陪臣祭泰山，非礼也。冉有，弟子冉求，时仕于季氏。救，犹止也。"

唐写本郑玄注："旅，祭名。礼，诸侯祭山川☒，倍（陪）臣而祭太山，非礼。冉有，☒，时事（仕）于季氏。救，犹止。"

笔者按：这一条郑玄注中有缺字，但从残存的注文看，基本是抄袭了马融。

2.《论语·公冶长第五》"子曰：'道不行，乘桴浮于海，从我者，其由与！'"条

马融注："桴，编竹木。大者曰栰，小者曰桴。"

唐写本郑玄注："编竹木，浮之于水上，大曰柢（栰），小曰浮（桴）。"

笔者按：郑玄注与马融注相比较，多"浮之于水上"一句，其他内容基本一致。

3.《论语·泰伯第八》"菲饮食而致孝乎鬼神"条

> 马融注:"菲,薄也。致孝鬼神,祭祀丰洁。"
> 唐写本郑玄注:"菲,薄也。致孝乎鬼神,祭祀丰洁。"

唐写本《论语郑氏注》是残本,篇幅约略《论语郑氏注》全本的一半。然而,正如前面所述,郑玄抄袭前人的例证已有数十条之多。相信在郑玄《论语注》全本中会有更多的例证。当然,我们也可以用一个稍微和缓的字眼,称之为"因袭"或"雷同"。但是,无论怎样变换概念,抄袭已是事实,不容无视和掩饰。

(五)如何看待郑玄的抄袭

通过上面列举例证,郑玄《论语注》因袭前贤之注应属事实。问题是我们应如何看待郑玄的这种因袭行为?

在郑玄之前,有过班固《汉书》抄袭司马迁《史记》的案例,曾遭到后世学人的批评,如唐代著名史学家刘知幾批评:"班固《汉书》,则全同太史,……擅名千载。"[21]宋代著名学者郑樵说:"班固者,浮华之士也。全无学术,专事剽窃。"[22]但也有为班固辩护者,如清人赵翼称《汉书》于"武帝以前纪传,多用《史记》文,而即以为己作,未尝自言引用史迁云云。所引《过秦论》及《战国策》、陆贾《新语》之文,亦即以为己作,未尝自言引用某人。盖古人著述,往往如此,不以钞窃为嫌也"[23]。

现代学者张舜徽先生说:"著书、作义,不自署名的风气,一直到秦汉时期的学术界,还盛行着。"[24]这意思是说秦汉以前的学者以学术为天下之公器,并不强调个人的著作权。也因

此网罗诸家，以成己说，也在情理之中。

鉴于秦汉之前的学术界缺乏著作权意识，班固《汉书》抄袭《史记》可以谅解。那在他之后一百年的郑玄抄袭前人的情况似乎也可以谅解。

不过在郑玄之后，有过郭象（252—312）抄袭向秀《庄子注》的案例，郭象便不像班固那样幸运有人替他辩护了。

刘义庆《世说新语·文学》谓："初，注《庄子》者数十家，莫能究其旨要。向秀于旧注外为《解义》，妙析奇致，大畅玄风。惟《秋水》《至乐》二篇未竟，而秀卒。秀子幼，《义》遂零落，然犹有别本。郭象者，为人薄行，有俊才，见秀《义》不传于世，遂窃以为己注，乃自注《秋水》《至乐》二篇，又易《马蹄》一篇，其余众篇或点定文句而已。后秀《义》别本出，故今有向、郭二《庄》，其义一也。"[25]《晋书》卷五十《郭象传》篇幅不长，却整段收入此语。向秀《庄子注》今已不传，我们无从验证此说是否真确。但无论此事是否真确，此类抄袭行为受到学人谴责，则是众口一词。

回过头来再说郑玄。郑玄的时代正好在班固和郭象之间。此时已经重视发明权的观念，但又不像后世那样严格。首先，郑玄本人是反对抄袭的。他在注解《礼记·曲礼》"毋剿袭"时，将"剿袭"解释为"取人之说以为己说"。郑玄的《周礼注》极为频繁地引用杜子春（约前30—58）、郑兴（生卒年不详）、郑众（？—83）诸人之书，说明郑玄遵守学术规范，并不掠人之美。又，据《世说新语·文学》载：

> 郑玄欲注《春秋传》，尚未成时，行与服子慎遇宿客舍，先未相识，服在外车上与人说己注《传》意，玄听之良久，多与己同。玄就车与语曰："吾久欲注，尚未了。听君向言，多与吾同。今当尽以所注与君。"遂为

《服氏注》。[26]

这一材料又说明郑玄能舍己耘人，成人之美，品德高尚。那为什么郑玄《论语注》援引他家之说而不注明作者呢？唐代刘知幾曾撰有《孝经老子注易传议》一文，其中引述郑玄《自序》说：

> 遭党锢之事，逃难注《礼》；党锢事解，注《古文尚书》《毛诗》《论语》；为袁谭所逼，来至元城，乃注《周易》。[27]

我们推想，郑玄生于汉末乱世，颠沛流离，不遑宁处；《论语注》是他晚年的作品。在郑玄之前，关于《论语》至少已有孔安国、包咸、周氏、马融诸家之注。这些人除周氏不知为何人之外，其他三人皆为当时大儒。《论语》文本虽然有很大的解释空间，但其中一定有些章节意义比较明确，而这些大儒的注解也一定有许多不刊之论。他们注书在先，有其优势；郑玄注书在后，处于劣势，自不免因袭前贤。但如何处理这个问题，郑玄不应该全无考虑。他或许考虑将《周礼注》与《论语注》作为两种体裁来处理，前者体现"集众家之长"，后者体现"成一家之言"。但若使《论语注》成一家之言，他面临一个困难，即前贤有些精到注文，他一时无法改变和超越，于是照抄下来。《论语注》应该只是郑玄初稿，其中与前贤雷同之处，或有待修改，或有待加注。总之，郑玄尚未来得及最后定稿，而已流传世上。不久，郑玄辞世，自然失去了修改定稿的机会。

后起的何晏当然发现了郑玄《论语注》这些问题。他首创"集解"体裁的用意之一，想必是要改变诸家之注"剿说雷同"、发明权不清的现状。何晏《论语集解》成为一个分水岭。如果说郑玄《论语注》的体裁是要"成一家之言",不适合引述他人注释之语的话,那么何晏《论语集解》的体裁则可以很好地解决这个问题。清儒陈澧已经注意到了这一点,他说:

> 何平叔《集解》叙云:"今集诸家之善,记其姓名,有不安者,颇为改易,名曰《论语集解》。"邢疏云"示无剿说"……澧谓:何平叔《集解》,真所谓"无剿说"者。[28]

何晏不埋没他人功绩,将所引他家注之作者一一注明。他这种强烈的著作权意识,也许与魏晋时期士人张扬主体性有直接的关系。

注释:

[1]〔宋〕欧阳修、宋祁等:《新唐书》,北京:中华书局,1975年,第5693页。

[2]〔宋〕黎靖德编,王星贤点校:《朱子语类》,北京:中华书局,1986年,第2226页。

[3][4]〔清〕凌廷堪撰:《与胡敬仲书》,《凌廷堪全集》第3册,合肥:黄山书社,2009年,第194,197页。

[5]〔魏〕何晏等注,〔宋〕邢昺疏:《论语注疏》,〔清〕阮元:《十三经注疏》,北京:中华书局,2009年,第5334页。

[6]元盱郡覆宋本《论语集解》,《天禄琳琅丛书》第一集,故宫博物院影印,1931年。按,本章所引孔安国注、包咸注、马融注、周氏注均据此版本。

[7] 王素:《唐写本论语郑氏注及其研究》,北京:文物出版社,1991年,第21页。按,本章所引唐写本郑玄注均据此版本。

[8]〔魏〕郑小同:《郑志》,《景印文渊阁四库全书》第182册,台北:商务印书馆,1986年,第332页。

[9]〔清〕王先谦撰,沈啸寰、王星贤点校:《荀子集解》,北京:中华书局,1988年,第18页。

[10]〔宋〕张栻:《癸巳论语解》,《景印文渊阁四库全书》第199册,第210页。

[11]〔宋〕杨简:《慈湖遗书》,《景印文渊阁四库全书》第1156册,第808页。

[12]〔宋〕钱时:《融堂四书管见》,《景印文渊阁四库全书》第183册,第607页。

[13][14]〔宋〕朱熹:《四书章句集注》,北京:中华书局,1983年,第64,106页。

[15]〔清〕阎若璩:《尚书古文疏证》卷一:"《书》有句读本宜如是,而一旦为晚出《古文》所割裂,遂改以从之者,《论语》'《书》云:孝乎惟孝,友于兄弟,施于有政'三句是也。何晏《集解》引汉包咸注云'孝乎惟孝,美大孝之辞',是以'书云'为一句,'孝乎惟孝'为一句,'友于兄弟'为一句……伪作《君陈》篇者,竟将'孝乎'二字读属上,为孔子之言,历览载籍所引《诗》《书》之文,从无此等句法。然则载籍中亦有'孝乎惟孝'句法耶?余曰:有之。《仲尼燕居》'子贡曰:敢问将何以为此中者也?子曰:礼乎礼!夫礼所以制中也。''礼乎礼',非此等句法耶?伪作《古文》者不又于句读间现露一破绽耶?"(参见:〔清〕阎若璩撰,黄怀信、吕翊欣校点:《尚书古文疏证》,上海:上海古籍出版社,2010年,第38页。)

[16]〔汉〕郑玄注,〔唐〕贾公彦疏:《周礼注疏》,〔清〕阮元校刻:《十三经注疏》,第1700页。

［17］〔宋〕程颢、程颐著，王孝鱼点校：《二程集》，北京：中华书局，2004年，第71页。

［18］杨兆荣：《"0.6折合法"在先秦、秦汉农业生产中计量的应用》，载《云南大学学报（社会科学版）》，2003年第6期，第71—75页。

［19］〔汉〕郑玄注，〔唐〕孔颖达等正义：《礼记正义》，〔清〕阮元校刻：《十三经注疏》，第2684页。

［20］周氏，东汉人，著有《论语章句》，在郑玄之前。可能何晏当时即不知其名。邢昺《论语集解注疏》云："不言名而言氏者，盖为章句之时，义在谦退，不欲显题其名，但欲传之私族，故直云氏而已。"梁皇侃《论语集解义疏》将东汉之"周氏"当作曹魏初年的周生烈，不确。周生烈在郑玄之后，今见何晏《论语集解》所引"周氏"注文凡与郑玄相同者，皆注"周曰"而非"郑曰"，是知此"周"乃是郑玄之前的"周氏"，而非郑玄之后的周生烈。本章所引周氏《论语章句》乃为何晏《论语集解》所采用者。

［21］〔唐〕刘知幾撰，〔清〕浦起龙释：《史通通释》，上海：上海古籍出版社，1978年，第115页。

［22］〔宋〕郑樵撰，王树民点校：《通志二十略》，北京：中华书局，1995年，第2页。

［23］〔清〕赵翼：《廿二史札记》，北京：中华书局，1984年，第13页。

［24］张舜徽：《中国古代史籍校读法》，昆明：云南人民出版社，2004年，第167页。

［25］［26］〔南朝宋〕刘义庆著，〔南朝梁〕刘孝标注，余嘉锡笺疏：《世说新语笺疏》，北京：中华书局，2007年，第243—244，227页。

［27］周绍良主编：《全唐文新编》第2部第1册，长春：吉林

文史出版社，2000年，第3111页。

　　［28］〔清〕陈澧著，杨志刚编校：《东塾读书记》，上海：中西书局，2012年，第18页。

第二十三章
魏王肃《孔子家语》注本作伪新证

　　王肃是经学史上一位颇具争议的学者，他的学问极好，甚至可以与有"经神"之称的郑玄匹敌。郑玄之学在当时具有崇高的权威，也正因为如此，王肃成为曹魏时期敢于向权威学术挑战的人物。我们以为，学术乃天下之公器，自由竞争是其应有之义。王肃在许多问题上的观点本有超胜之处，但他所采用的方式不对，即他在与论敌辩论时采用了不正当的手段——"增加"、改编《孔子家语》，以作为其重要的理论根据。笔者这样说，可能会引起一些时贤的不快，因为近年来学界颇多为王肃鸣冤的呼声。笔者不久前也觉得这可能是一桩历史冤案。但细读案卷，则改变了看法，反而觉得此前学者说他"作伪"，并没有明白提出他作伪的确凿证据。因此笔者想通过这篇文章来重理这桩历史公案。

　　关于古代文献辨伪，清代阎若璩的《尚书古文疏证》最为成功，堪称典范。之所以如此，是因为阎若璩有这样两个特点：一是注重考辨方法，即根据考辨对象的不同，寻找而"得大关键处"。阎若璩在《尚书古文疏证》第八卷第一一三条中说："天下事由根柢而之枝节也易，由枝节而返根柢也难。窃以考据之学亦尔。予之辨伪古文，吃紧在孔壁原有真古文。"[1]二是敏锐的问题捕捉力和洞察力。一个人做学问只有勤奋，而没有问题捕捉力和洞察力，学问水平难免平庸。只有那些勤奋好学深思，对问题有很强捕捉力和洞察力的人才能做出出色的成绩。而阎若璩就是这样的人，正如戴震所说："阎百诗善读书。百诗读一句书，能识其正面、背面。"[2]

我们考辨王肃是否在《孔子家语》上作伪，也要借鉴阎若璩的治学精神和方法。

首先，就考辨对象而言，《孔子家语》与《古文尚书》有所不同。那《孔子家语》的"大关键处"在哪里？《孔子家语》曾有两种版本：一是《汉书·艺文志》所录《孔子家语》二十七卷本，这是原始的《孔子家语》，被《汉书·艺文志》归入《论语》类；二是王肃所注、所引《孔子家语》四十四卷本，被《四库全书》归为子部之书，意谓此书并不具有经典的地位。但《孔子家语》又是孔子家族内部所传之书，据称所记多是孔子之语，即"圣人之言"，因此又具有至上的权威性。王肃在与郑玄一派论辩时多引《孔子家语》作为立论根据。王肃与郑玄两个学派相互论辩的情况，都收在王肃所编《圣证论》一书中。《圣证论》的取名，就在于"取证于圣人之言"。在郑玄、王肃两个学派激烈交锋、难分上下的情况下，王肃一派最后的根据就是"取证于圣人之言"，亦即取证于《孔子家语》一书。

那么，《孔子家语》四十四卷本是由王肃"增加"和改编的吗？要直接证明《孔子家语》四十四篇是在西汉《孔子家语》二十七篇基础上"增加"和改编的，有很大的难度。而要论证王肃所援引的《孔子家语》内容是否由他自己"增加"和改编，因为大大缩小了考证范围，则显得相对容易。这也就是说，我们要论证王肃《孔子家语》是否"作伪"，第一步，不是从王肃《孔子家语》直接入手，那样会治丝益棼；而应从王肃所撰《圣证论》入手。《圣证论》其书早已遗佚，清人马国翰《玉函山房辑佚书》辑录了 38 条，这 38 条材料便是考辨《孔子家语》是否作伪的"大关键处"。以上就是本章考辨《孔子家语》是否"作伪"的主要方法。

其次，考察古人在《孔子家语》辨伪上的成绩，其中最重要的成果就是清代孙志祖所撰《家语疏证》。按一般的研究次序，应该是先看此书及其他研究成果，然后再做进一步研究。但为了避免先入为主、受前人成见影响。笔者采取先作独立研究，然后再去对比前人的研究成果。这样的好处是：因为自己已经具备了相关知识，并有了较为深入的思考，因而起码在阅读孙志祖《家语疏证》这部书上，可以做到"读一句书，能识其正面、背面"，了解其意涵和贡献。

第一节　王肃政治学术生涯简述

在谈正题之前，我们先来简要介绍一下王肃的生平。

王肃生于东汉兴平二年（195），出身于世族书香之家，是曹魏司徒王朗之子。司徒在当时属"三公"之一，是朝廷重臣。

魏文帝曹丕黄初元年（220），时王肃 26 岁，出仕为散骑黄门侍郎，属于皇帝身边的近侍之官，职责是备顾问、规谏过失、传达诏令等。

魏明帝曹睿太和二年（228），时王肃 34 岁，这一年其父王朗去世，王肃嗣父爵位。次年拜散骑常侍。后以常侍领秘书监，兼崇文馆祭酒，主掌文化教育之职。此时王肃已是文臣之翘楚。

太和五年（231），王肃 37 岁，这一年他与司马懿联姻，将女儿王元姬嫁给司马昭。司马懿时年 53 岁，为魏明帝四位辅政大臣之一，任大将军之职，为武臣之最；司马昭此年21岁。应该说这是一种"门当户对"的政治联姻，也因此王肃自然地加入了司马氏政治集团。

景初三年（239），魏明帝去世。曹芳即位，时年8岁。这一年王肃45岁。王肃一直得到魏明帝的欣赏与重用。自魏明帝去世后，大将军曹爽逐渐专权，司马氏集团暂时失势，王肃也受到排挤。

正始十年（249），司马懿发动政变，一举铲除曹爽集团。两年后，司马懿病故。其子司马师接掌朝廷大权。

嘉平六年（254），司马师将曹芳废为齐王，改立高贵乡公曹髦为帝。

正元二年（255），司马师卒，其弟司马昭接掌朝廷大权。王肃此年61岁，为中领军，加散骑常侍，官职相当于大内总管。

甘露元年（256），王肃卒，享年62岁。

《新唐书》卷二〇〇《元行冲传》载有元行冲这样一段话："王肃规郑玄数千百条，郑学马昭诋劾肃短，诏遣博士张融按经问诘，融推处是非，而肃酬对疲于岁时。"[3]这个背景未见他书记载，元行冲所言当有所本。高贵乡公虽然年轻，但好学深思，才气过人。他对司马氏集团专权心存不满，也因此对王肃学问表示质疑。甘露元年四月他来到太学与学者讨论经书，曾两次质疑王肃的注解。

一边是曹氏集团与司马氏集团的政治斗争，一边是郑玄学派与王肃学派的学术斗争，这两种"斗争"并非互不相干，而且是密切相关的。而此时差不多已是司马氏集团夺权的前夜。名义上高贵乡公作为天子，尚能勉强掌控政治局面。在这一点上，司马氏集团成员再如何专横跋扈，也还要顾忌君臣名分。

大约正是在高贵乡公执政之初，郑学之徒马昭在高贵乡公面前"诋劾肃短"，高贵乡公于是下诏，命博士张融"按经问诘"，要求王肃答辩。当时的情形大概是这样的："为郑学者"与"为王学者"分成两个阵营。前者以博士马昭、王基为代表，后者以博士孔晁为代表。两派引经据典，相互诘难，而最后由博士张融作出仲裁，评判是非。

由皇帝下诏，组织这样一场唇枪舌剑的大辩论，对身为朝廷高官、一向自视甚高的王肃而言，无论怎么说都是很难堪的。同情王肃的唐代学者元行冲称王肃"酬对疲于岁时"。而王肃正是卒于此后不久，不知是否与这场特殊的辩论使他心力交瘁有关。王肃正是在他去世之前撰成了《圣证论》，宣示王肃学派光荣的胜利。正是这一部《圣证论》，开启了后来学人对于王肃所注《孔子家语》的怀疑和辨伪。

王肃死后不久，中国政治上又发生了以下重大事件：

甘露五年（260），高贵乡公被弑，曹奂立为皇帝，史称魏元帝，实为司马氏之傀儡。

咸熙二年（265），司马昭死，其子司马炎篡夺曹魏政权，建立晋朝，是为晋武帝。

晋武帝为王肃之外孙。此后，王肃之学一度大显于世。

王肃先后为《尚书》《诗经》《论语》《三礼》《左传》等经典作注，又整理其父王朗所作《易传》，皆列于学官。后其书大多广佚。今人李振兴撰《王肃之经学》[4]，搜罗大备，极有研究价值。

第二节　《圣证论》与《孔子家语》

王肃出生后的第六年，大经学家郑玄去世。当时郑玄弟子遍天下，其学已成为显学。元行冲形容当时学者对郑玄的尊崇态度是"宁道孔圣误，讳言郑、服非"[5]。其实郑玄之学本身有许多问题，学界这种一味迷信的态度已经妨碍了正常的学术讨论。从这一角度而言，王肃后来挑战郑学的权威，对于学术的发展应该具有积极的意义。

王肃《孔子家语·序》称："自肃成童，始志于学，而学郑氏学矣。然寻文责实，考其上下，义理不安，违错者多，是以夺而易之。……是以撰经礼申明其义，及朝论制度，皆据所见而言。孔子二十二世孙有孔猛者，家有其先人之书，昔相从学，顷还家，方取已来，与予所论，有若重规叠矩。"[6]王肃非难郑玄的见解，汇集成《圣证论》，《圣证论》的重要根据就是由孔子二十二世孙孔猛所提供的《孔子家语》。

《孔子家语》最早著录于《汉书·艺文志》："《孔子家语》二十七卷。"唐代颜师古注："非今所有《家语》。"[7]其意是说，《汉书·艺文志》所著录的"《孔子家语》二十七卷"与孔猛提供的《孔子家语》不同。宋代王应麟作《汉艺文志考证》于此条下引魏马昭之言："今《家语》，王肃增加，非郑玄所见。"然后又加小注说："肃私定以难玄。"[8]从这些记载中，我们也许可以作出这样一些推论：

第一，由《汉书·艺文志》的记载可以确定汉代曾有《孔子家语》其书，但令人不解的是，以郑玄之博通，在其所著书中，却无一处引用或提及《孔子家语》，这至少说明郑玄之时，此书并没有在民间流行。

第二，《汉书·艺文志》所著录的《孔子家语》是二十七卷，当时书籍大多以竹简的形式流传，通常的情况是：卷即是篇。而后来王肃注解的《孔子家语》是十卷四十四篇。卷篇数难以吻合，所以颜师古注："非今所有《家语》。"其实颜师古也不曾见到二十七卷本的《孔子家语》。

第三，此书既称"孔子家语"，其意不是说孔子在家中所说的话，而是孔子家族所搜集整理的有关其祖先孔子的文献，这些文献基本是通行的《论语》以外的资料。因为它是家族之书，由此我们也可以理解，在汉王朝长期鼓励民间献书的背景下，孔家一直藏其书而不献。并且此书很有可能一直在增编修订过程中。《孔子家语》中有许多内容与《荀子》《礼记》《大戴礼记》《韩诗外传》等书内容相重复，应该是《孔子家语》吸收了这些书中的内容，而不是相反。

第四，孔子二十二世孙孔猛将四十四篇本《孔子家语》面世，而孔猛又是王肃的学生。当郑学与王学论战之时，郑学学者不禁要怀疑这部一直没有面世的《孔子家语》，是否塞进了王肃的私货，或者说是否有王肃（或孔猛）"增加"和"私定"的内容。马昭与王肃是同朝之臣，马昭公然称"今《家语》，王肃增加，非郑玄所见"，这至少表明"增加"的内容不仅是郑玄、马昭所未见，也是群儒所未闻的，否则群儒是会站出来驳斥马昭的。

这里我们所要集中讨论的是，这部四十四篇本的《孔子家语》是否有王肃"增加"和"私定"的内容。

清人马国翰《玉函山房辑佚书》所辑王肃著《圣证论》38条佚文，大体可分为两大类：一类是郑玄或王肃论诗谈礼，各凭己意推理，并不引经据典；另一类是辩论双方皆引经据典，都想凭经典的权威来压制对手。而王肃最频繁引证的便是《孔子家语》。据笔者初步统计，这38条中，竟有12条援引《孔子家语》。而这12条中又分两类：一类是在同一条中除了引用《孔子家语》作根据外，还广泛征引其他典籍作根据；另一类是只引《孔子家语》作根据，而这一类竟有5条之多。这就出现了一个问题：为什么不利于郑玄学派的资料都集中在《孔子家语》中，而这种"犀利"的武器只掌握在王肃学派的手中，郑玄学派并没有此种资料的"优势"，以致郑玄学派的马昭说：

《家语》之言，固所未信。"[9]

虽然从逻辑上说，不利于郑玄学派的资料大都集中在《孔子家语》，有土肃（或孔猛）"增加"和"私定"之嫌，而时隔一千七百多年，若让今日学者指认《孔子家语》哪条为王肃（或孔猛）"增加"和"私定"，那似乎是完全不可能的。但幸运的是，我们真的发现了重大的线索。

第三节　伪造《孔子家语·郊问》篇

在西周，礼有严格的等级之分，最高者为天子之礼。天子之礼中，最重要的是郊祭，即祭天之礼，在周都南郊设泰坛圜丘（如后世之天坛）以祭天；诸侯以下不能举行郊祭，否则即是僭越。鲁国曾有郊礼，对此学者有两种解释，一是认为鲁国为周公的封国，周成王曾授予其可以举行郊礼的特权；二是认为周成王并未授予鲁国举行郊礼的特权，鲁国举行郊礼乃是鲁僖公的僭越行为。东周以后，王室日益衰微，天子之礼废坠。因为怕落下僭越的大罪名，诸侯不敢行此礼，学人不敢传此礼，到了西汉，关于西周的天子之礼便无人能知了。所留下的《仪礼》十七篇又称为《士礼》，并无天子之礼，学人只能据士礼以推天子之礼。这期间，由于鲁国曾进行郊礼，并保留了有关郊祭的文献，如《礼记·郊特牲》篇等。然在郑玄看来，《礼记·郊特牲》篇所载仍是"推鲁礼以言周事"，并非西周本来的郊礼。他说："周衰礼废，儒者见周礼尽在鲁，因推鲁礼以言周事。"[10]而王肃则认为《礼记·郊特牲》所反映的就是西周的郊礼。但《礼记·郊特牲》本身并不能证明此篇所载就是西周的郊礼。怎么办？王肃将《礼记·郊特牲》所讲郊礼部分，加以改编，通过鲁定公与孔子对话的形式，并反复强调所讨论的并非鲁礼，而是"天子之礼"，改编后的文章题名《郊问》放在《孔子家语》中。如《孔子家语·郊问》开篇即言鲁定公问孔子："古之帝王，必郊祀其祖以配天，何也？"[11]"帝王"即"天子"，这是要印证《礼记·郊特牲》所讲的郊礼，不是鲁礼，而是周礼。此篇又言"此二者天子之礼也""天子之郊""臣闻天子卜郊"等等，反复强调《孔子家语·郊问》所言是西周天子的郊礼。这是王肃学派与郑玄学派在郊礼问题上的主要争论点。在郊礼问题上，王肃学派与郑玄学派还有许多次要的争论，如郊礼与圜丘礼是一是二？郊礼在何时举行？行郊礼时所用礼器、牺牲是怎样的？郊祭时天子是服大裘，还是服冠冕？等等。在这些问题上，王肃通过《孔子家语·郊问》篇假借孔子之言作了有利于王肃学派的回答。而这正是王肃伪造《郊问》篇的目的。好在《孔子家语·郊问》篇不甚长，今录之于下并加间注，以复原王肃的造伪过程：

　　　　　　　《孔子家语·郊问》篇
　　定公问于孔子曰："古之帝王，必郊祀其祖以配天，何也？"孔子对曰（以上二十五字，为王肃增加，假托为鲁定公与孔子第一段问对）："万物本于天，人本乎祖。郊之祭也，大报本反始也。（以上十九字，取自《礼记·郊特牲》第一节）故以配上帝（以上五字，为王肃所增加）。天垂象，圣人则之，郊所以明天道也。（以上十四字，取自《礼记·郊特牲》第一节）"
　　公曰："寡人闻郊而莫同，何也？"孔子曰（以上十四字，为王肃增加，假托为鲁定公与孔子第二段问对）："郊之祭也，迎长日之至也。大报天而主日（以上十六字，取自《礼记·郊特牲》第一节），配以月（《礼记·祭义》"郊之祭，大报天而主日，配以月"与上引《礼记·郊特牲》大致相同，但多"配以月"

507

三字，故移补于此），故周之始郊其月以日至，其日用上辛（以上十五字，取自《礼记·郊特牲》第一节，文字稍改）。至于启蛰之月，则又（以上八字，为王肃插入之文）祈谷于卜帝（以上五字，取自《礼记·月令》）。此二者，天子之礼也。鲁无冬至大郊之事，降杀于天子，是以不同也（以上二十六字，为王肃增加）。"

公曰："其言郊何也？"孔子曰（以上十字，为王肃增加，假托为鲁定公与孔子第三段问对）："兆丘于南，所以就阳位也。于郊，故谓之郊焉。（以上十七字，取自《礼记·郊特牲》第一节，而变改文句顺序）"

曰："其牲器何如？"孔子曰（以上九字，为王肃增加，假托为鲁定公与孔子第四段问对）："上帝之牛（以上四字，由《礼记·郊特牲》"帝牛"增益），角茧栗（以上三字，取自《礼记·王制》"祭天地之牛，角茧栗"，意谓所用祭牛为牛犊，其角方生，如蚕茧和栗子一般大。用犊，所以贵诚），必在涤三月。后稷之牛唯具，所以别事天神与人鬼也。牲用骍，尚赤也；用犊，贵诚也。扫地而祭，于其质也。器用陶匏，以象天地之性也（以上五十一字，取自《礼记·郊特牲》第一节，而变改文句顺序）。万物无可以称之者，故因其自然之体也（以上十六字，为王肃增加）。"

公曰："天子之郊，其礼仪可得闻乎？"孔子对曰（以上十七字，为王肃增加，假托为鲁定公与孔子第五段问对）："臣闻天子（以上四字，王肃所加）卜郊，则受命于祖庙，而作龟于祢宫。尊祖亲考之义也。卜之日，王亲立于泽宫，以听誓命，受教谏之义也。既卜，献命库门之内，所以戒百官也；将郊，则供天子皮弁以听报，示民严上也。郊之日，丧者不敢哭，凶服者不敢入国门，泛扫清路，行者毕止。弗命而民听（以上九十九字，取自《礼记·郊特牲》第一节，而变改文句顺序），敬之至也（以上四字，王肃所加）。天子大裘以黼之，被衮象天，乘素车，贵其质也。旂十有二旒，龙章，而设以日月（以上三十字，取自《礼记·郊特牲》第一节，文字稍改），所以法天也（以上五字，王肃所加）。既至泰坛，王脱裘矣，服衮以临，燔柴，戴冕，璪十有二旒，则天数也（以上二十五字，乃脱胎于《礼记·祭法》"燔柴于泰坛，祭天也"和《礼记·郊特牲》"祭之日王被衮以象天，戴冕璪十有二旒，则天数也"）。臣闻之（由《礼记·礼器》"孔子曰"三字而改）：诵诗三百，不足以一献。一献之礼，不足以大飨。大飨之礼，不足以大旅。大旅具矣，不足以飨帝（以上三十六字，取自《礼记·礼器》）。是以君子无敢轻议于礼者也（由《礼记·礼器》"毋轻议礼"四字增益）。"

《礼记·郊特牲》一篇文献甚长，其中可分为九大节：一记"郊祭天神之义"；二记"社祭地神之义"；三记"蜡祭百神之义"；四记"祭礼所用器物"；五记"祭礼贵诚贱物等义"；六记"祭礼贵气贱味等义"；七记"祭礼有乐无乐等义"；八记"祭礼之僭等义"；九记"祭礼之失等义"。

王肃注《孔子家语·郊问》是对《礼记·郊特牲》第一大节的改写。改写方法：一、《礼记·郊特牲》全篇并未被说成是孔子遗文，《孔子家语》则将之设计成鲁定公与孔子对话的形式，往复问答，层层深入。二、一是变改文句顺序，以服从于王肃驳斥郑玄的理论逻辑；二是杂采《礼记》中的《月令》《王制》《礼器》《祭义》等篇。

郑玄曾认为《礼记·郊特牲》是"推鲁礼以言周事"。王肃则认为《孔子家语·郊问》乃至《礼记·郊特牲》所言，并不是鲁国的郊礼，而是周天子的郊礼。因而故意造出鲁定公发

问："天子之郊，其礼仪可得闻乎？"而在孔子的答语中，则强调周天子之郊礼在冬至日，又特别强调鲁礼与周礼有所不同："周之始郊，其月以日至，其日用上辛，……鲁无冬至大郊之事，降杀于天子，是以不同也。"[12]

第四节　改编《大戴礼记·本命》篇

王肃学派与郑玄学派的另一个重要争论，是关于上古男女婚龄和婚嫁时节的争论。

郑玄学派提出：按古礼，男子三十而娶，女子二十而嫁。古书如《周礼》《尚书大传》《穀梁传》《礼记·曲礼》等皆有明文支持这一论点。王肃学派认为，男子三十而娶，女子二十而嫁，这是指极限婚龄。其实男二十、女十五即进入婚龄，可以嫁娶。但王肃学派很难找出经典的依据，于是搬出《孔子家语·本命解》来作为理论根据。但《孔子家语·本命解》明显有改编《大戴礼记·本命》篇的痕迹。从篇名而言，应先有《大戴礼记》的《本命》篇，而后才有《孔子家语》的《本命解》。前者1046字，后者869字。后者乃在前者基础上增删而成。

《大戴礼记·本命》并没有说是谁的言论，更没有人物对白。《孔子家语·本命解》却将相同的内容安排成鲁哀公与孔子的两大段问对。

《孔子家语·本命解》第一大段中，"鲁哀公问于孔子曰：人之命与性何谓也？"[13]孔子答语讲的是男女不同的生理规律，所答内容取自《大戴礼记·本命》篇。其中主要不同者，《大戴礼记·本命》篇讲男子"二八十六，然后情通，然后其施行"[14]，而《孔子家语·本命解》讲男子"十有六而精通，然后能化"[15]，将"情"字改成"精"字，意谓男子十六岁即可施精生育。此段问对为下面王肃主张男子二十而娶的观点作一个铺垫。

《孔子家语·本命解》第二大段问对：

> （鲁哀）公曰："男子十六精通，女子十四而化，是则可以生民矣，而《礼》男必三十而有室、女必二十而有夫也，岂不晚哉？"孔子曰："夫《礼》言其极，不是过也。男子二十而冠，有为人父之端，女子十五许嫁，有适人之道，于此而往，则自婚矣。"[16]

整个这段话在《大戴礼记·本命》是没有的，而是王肃学派出于辩论的目的改编《大戴礼记·本命》而"增加"进去的。这段话通过孔子之口以一种直接的、无可置疑的方式申述王肃的男子二十可娶，女子十五可嫁的主张。

《大戴礼记·本命》原来有这样一段话："中古男三十而娶，女二十而嫁，合于五也（男女年龄相加合于五十），中节也。太古男五十而室，女三十而嫁，备于三五，合于八十也（男女年龄相加合于八十）。"[17]这是说太古时期未必有婚姻之事，即使有，年龄应当很大。中古时期，正是"男三十而娶，女二十而嫁"，这一段话本来对郑玄一派的观点有利，王肃改编此篇并收入《孔子家语》时，却将这一段话删掉了。

在《孔子家语·本命解》第二大段问对中，还提到男女婚娶时节的问题。经学家在解释《诗经》诸诗时，对待古礼婚嫁时节出现了两种意见，比如《邶风》有"士如归妻，迨冰未泮"之句，毛公主要根据《荀子》"霜降逆（迎）女，冰泮杀内"[18]的说法，认为婚嫁在秋冬时节。霜降为农历九月，"冰泮"为农历二月，从霜降到冰泮基本为农闲时节，适宜办婚礼。郑玄则根据《周礼》"仲春之月会男女之无夫家者"的说法，认为婚嫁在仲春之月，以为《诗经》所言"归妻"，是请期之时，不是嫁娶之月。这两种意见，当以毛说为胜。王肃是赞同毛公意见的，然而为了推翻郑玄之说，王肃又在《孔子家语·本命解》中"增加"了这样一段话："霜降而妇功成，嫁娶者行焉；冰泮而农桑起，婚礼而杀于此。"[19]前文已言，《孔子家语·本命解》乃由《大戴礼记·本命》增删而成，《大戴礼记·本命》原来没有这段话，是王肃根据《荀子》"霜降逆（迎）女，冰泮杀内"演绎出来的。

如上所说，《孔子家语·本命解》乃改编《大戴礼记·本命》而成，其中有"增加"，也有删略。"增加"的是对王肃学派直接有利的材料，"删略"的是对郑玄学派直接有利的材料。《大戴礼记·本命》的资料并没有讲是谁说的。王肃将之设计成鲁哀公与孔子的对话，凡是对王肃学派直接有利的材料都变成了孔子的话。两相比较，显然是《孔子家语》抄袭、改编《大戴礼记》，而不是相反。因为若是《大戴礼记》抄袭、改编《孔子家语》，为什么将鲁哀公与孔子的对话场景删去，并且故意抹杀孔子的话呢？

以上王肃"增加"、改编《孔子家语》的例子，都是在已有的文献上进行简单加工，谈不上什么技巧。马昭说"今《家语》，王肃增加"，不仅"事出有因"，而且"查有实据"。

第五节　清代孙志祖的《家语疏证》

本章初稿写成，已经得出上面的结论，但并未觉得这一考证工作已经最后完成。因为清人孙志祖《家语疏证》未曾寓目，推想本文的考证或许前人已经作出。随后，找来孙志祖《家语疏证》阅读，发现古人早已先得吾心。

孙志祖《家语疏证》是关于王肃《孔子家语》的辨伪专书。其书名及辨伪方法乃参酌阎若璩的《尚书古文疏证》，所不同的，一是此书并不一味贬抑王肃，凡王肃批评郑玄对的地方，他也表示赞同，如《孔子家语》卷四《郊问第二十九》"郊之祭也，迎长日之至也"，王肃注："周人始以日至之月，冬日至而日长。"[20]孙志祖加按语说："案：郑注《礼记》以'迎长日之至'为夏正建寅之月，其说非是。盖误分郊、丘为二，因以冬至圜丘之郊，为孟春启蛰之郊也。王肃此注驳之良是。"[21]意思是说，关于周礼郊祭"迎长日之至"的时间，郑玄认为在"夏正建寅之月"，即阴历正月，而王肃认为是在阴历十一月"冬至日"。孙志祖以王肃之说为是，因而表彰之。二是此书评析语言采取"点到为止"的方式，极为简略，盖写给慧眼人看，而非写给眼浊人看的。

关于王肃《孔子家语》的辨伪，孙志祖《家语疏证》采用的方法是列举《孔子家语》与其他古文献雷同之处，认为《孔子家语》乃是拼凑其他文献资料而成书。关于古书之间的雷同有两种情况：一种是常见的雷同，秦汉时期不同文献之间，同文互见，往往而有。研究者对此一般不太在意和计较。另一种情况就是古书作伪抄撮，这种情况往往是利用原始的资料，掺杂自己的私货，真真假假，令人难以识别。东晋梅赜所上伪《古文尚书》属于后一种情况，王肃所注《孔子家语》四十四篇也属于后一种情况。《孔子家语》原本二十七篇，这二十七篇混在《孔子家语》四十四篇增改本中，后人已不知何者为真本，何者为伪作。

孙志祖《家语疏证》主要篇幅在于列举《孔子家语》与其他古文献雷同之处。这种方法过于简单。若以此种方法来判断《孔子家语》是伪作，恐怕会玉石俱焚，很难使人心服。但孙志祖《家语疏证》却有一些画龙点睛之笔，作者未曾特别强调，读者又轻易看过，所以没有引起人们格外的关注。如，孙志祖《家语疏证》卷四《郊问第二十九》，孙志祖加按语说："此篇王肃所造，杂采《礼记》诸文，以驳郑康成，而假为定公、孔子问对之词。"[22]孙志祖认为《孔子家语·郊问》整篇是王肃"杂采《礼记》诸文"伪造的，当然是准确的。

又如，孙志祖《家语疏证》卷三《本命解第二十六》录《孔子家语》原文："男子二十而冠，有为人父之端；女子十五许嫁，有适人之道。于此而往，则自婚矣。"孙志祖于此后加按语说："案：此数语乃王肃所造。马昭历引《大戴礼》《尚书大传》《榖梁传》《曲礼》以驳之，见《周礼·媒氏》疏。"[23]孙志祖的评论是准确的。

陈鳣为孙志祖《家语疏证》作序说："今世所传《家语》十卷，凡四十四篇，王肃注。昔人多疑之而未有专书。同郡孙颐谷侍御作《疏证》六卷，断为王肃伪撰。余读而叹曰：详哉言乎！是犹盗者之获得真臧矣。"[24]此说获得了王国维的认同。王国维在《今本竹书纪年疏证自序》中说："昔元和惠定宇徵君作《古文尚书考》，始取伪《古文尚书》之事实文句，一一疏其所出，而梅书之伪益明。仁和孙颐谷侍御复用其法作《家语疏证》，吾乡陈仲鱼孝廉叙之曰：'是犹捕盗者之获得真赃。'……乃复用惠、孙二家之法一一求其所出，始知今本所载，殆无一不袭他书。"[25]

注释：

[1]〔清〕阎若璩撰，黄怀信、吕翊欣校点：《尚书古文疏证》上海：上海古籍出版社，2010年，第601页。

[2]〔清〕戴震撰；杨应芹，许伟奇主编：《戴震全书》修订本第7册，合肥：黄山书社，2010年，第187页。

[3][5]〔宋〕欧阳修、宋祁等：《新唐书》，北京：中华书局，

1975 年，第 5692，5693 页。

［4］李振兴撰：《王肃之经学》，上海：华东师范大学出版社，2012 年。

［6］［11］［12］［13］［15］［16］［19］［20］〔魏〕王肃注：《孔子家语》，《景印文渊阁四库全书》第 695 册，台北：商务印书馆，1986 年，第 3，67，67—68，61，61，62，62，67 页。

［7］〔汉〕班固：《汉书》，北京：中华书局，1962 年，第 1716—1717 页。

［8］〔宋〕王应麟：《汉艺文志考证》，《景印文渊阁四库全书》第 675 册，第 40 页。

［9］〔唐〕杜佑撰，王文锦点校：《通典》，北京：中华书局，1988 年，第 2496 页。

［10］〔汉〕郑玄注，〔唐〕孔颖达等正义：《礼记正义》，〔清〕阮元校刻：《十三经注疏》，北京：中华书局，2009 年，第 3129 页。

［14］［17］〔清〕王聘珍撰，王文锦点校：《大戴礼记解诂》，北京：中华书局，1983 年，第 251，251 页。

［18］〔清〕王先谦撰，沈啸寰、王星贤点校：《荀子集解》，北京：中华书局，1988 年，第 496 页。

［21］［22］［23］［24］〔清〕孙志祖：《家语疏证》，《续修四库全书》第 931 册，上海：上海古籍出版社，2002 年，第 228，228，225，193 页。

［25］〔清〕朱右曾辑，王国维校补，黄永年校点：《古本竹书纪年辑校》，沈阳：辽宁教育出版社，1997 年，第 37 页。

第二十四章
魏何晏的《论语集解》
——从《论语》传本到《论语集解》的编撰

第一节 关于《论语》经文的几个传本

《论语》或由孔子弟子及其再传弟子集结而成，其成书当在战国初期，最初应该只有一个版本。由于它直接与孔子的言行相关，所以特别为孔子后学所珍视。在秦始皇焚书之后，这部书并没有像《尚书》那样，遭到几乎毁灭的摧残。这可能是由于《论语》多格言警句，便于记忆和口耳相传的缘故。但毕竟是断而复续，在传承过程中便出现了版本的差异。

（一）关于《论语》三个原始传本

1.《齐论语》和《鲁论语》的较早出现
班固《汉书·艺文志》记载：

> 《论语》者，孔子应答弟子、时人，及弟子相与言而接闻于夫子之语也。当时弟子各有所记。夫子既卒，门人相与辑而论纂，故谓之《论语》。汉兴，有齐、鲁之说。[1]

史家以"汉兴"作为起语，常用以区别于前代。它可以指汉朝建立之初，如司马迁《史记·孝文本纪》称"汉兴，至孝文四十有余载，德至盛也"[2]，即是其例；它也可以指汉朝建立后的一段时间，如《史记·周本纪》称"秦灭周。汉兴九十有余载，天子将封泰山"[3]，即是其例。《汉书·艺文志》叙述《论语》版本流传，称"汉兴，有齐、鲁之说"[4]，是说汉朝初期在齐地和鲁地各有《论语》的传授。可能由于口耳相传的缘故，两地所传《论语》有所差异，因而有《齐论语》和《鲁论语》两种传本。

《汉书·艺文志》称："《鲁》二十篇，《传》十九篇。"[5]颜师古注云："解释《论语》意者。"[6]说明《鲁论语》在当时不仅有经典文本，而且还有基本对应的传注。

同书又称："《齐》二十二篇。多《问王》《知道》。"[7]后世学者对这两篇的篇名及其内容有较多的猜测。清儒朱彝尊怀疑"问王"应作"问玉"。清儒宋翔凤在《师法表》中提出《问王》之"王"当为《春秋》所称之"素王"。刘宝楠批评其为"曲说"。[8]

2.《古论语》的随后出现

在汉景帝末年[9]，又出现了《论语》的第三种版本：《古论语》。《汉书·艺文志》记载说："《论语》古二十一篇。出孔子壁中，两《子张》。"[10]孔壁指曲阜的孔子旧宅屋壁。当时，汉景帝之子鲁恭王刘余要扩建自己的王宫，下令拆除与王宫毗邻的孔子旧宅，拆墙时发现屋壁夹层中有一批古文经传，其中有一部《古论语》。[11]内容大致与《鲁论语》相同，只是多出一篇。多出的一篇，乃是将《尧曰》篇分为两篇，即将"子张问于孔子曰：何如斯可以以从政矣"以下部分作为另一篇，此篇名为《子张》，因前面已有《子张》篇，故全书有两《子张》篇名。

《古论语》是用古文写的，《齐论语》和《鲁论语》是用今文（汉代流行的隶书）写的。《汉书·艺文志》最早记录了《论语》三种传本的差异和传承情况。何晏《论语集解序》对三种《论语》传本在篇名及篇数上的区别有明确的记录：

> 《鲁论语》二十篇，……《齐论语》二十二篇，其二十篇中章句颇多于《鲁论》。……故有《鲁论》、有《齐论》……《齐论》有《问王》《知道》，多于《鲁论》二篇。《古论》亦无此二篇，分《尧曰》下章"子张问"以为一篇，有两《子张》，凡二十一篇。篇次不与齐、鲁《论》同。[12]

关于三《论》的异同，文献还有其他记载，如与班固同一时期的桓谭在《新论·正经》中指出："《古论语》二十一卷，与《齐》《鲁》文异六百四十余字。"[13]从文字字数上指出了三者的不同。班固和桓谭二人所处的时代，三《论》并没有完全失传，他们应该可以见到三《论》的文本，对三《论》的描述应该是可信的。考现《论语》共 11705 字，《古论语》与《齐论语》《鲁论语》比较，相差 640 余字，差异率为 5.47%。

（二）综合《鲁》《齐》之长的《张侯论》

汉元帝即位后，命张禹（？—前 5）做新立太子的老师，教授《论语》。这位太子就是后来的汉成帝，当时汉成帝只有七岁。为了便于教学，张禹对《齐论语》和《鲁论语》两部文本进行了对校和统一，专门编写了一部便于年幼太子学习的简明教材。《汉书·艺文志》称此书为《鲁（论语）安昌侯说》，观其书名，此书有经有说。后世简称此书为《张侯论》。《汉书·张禹传》记载：

初，禹为师，以上难数对己问经，为《论语章句》献之。始，鲁扶卿及夏侯胜、王阳、萧望之、韦玄成皆说《论语》，篇第或异。禹先事王阳，后从庸生，采获所安，最后出而尊贵。诸儒为之语曰："欲为《论》，念张文。"由是学者多从张氏，余家寖微。[14]

隋末唐初的陆德明（约 550—630）《经典释文》说：

安昌侯张禹受《鲁论》于夏侯建，又从庸生、王吉受《齐论》，择善而从，号曰《张侯论》，最后而行于汉世。禹以《论》授成帝。[15]

唐魏徵（580—643）等撰《隋书·经籍志》称：

张禹本授《鲁论》，晚讲《齐论》，后遂合而考之，删其烦惑。除去《齐论·问王》《知道》二篇，从《鲁论》二十篇为定，号《张侯论》，当世重之。[16]

前引何晏《论语集解序》说《齐论语》"其二十篇中章句颇多于《鲁论》"，所以《经典释文》与《隋书·经籍志》特别强调《张侯论》"合而考之"，择善而从，这就是说《张侯论》是以《鲁论语》为主，兼取《齐论语》之长，从而成为第一个整合的版本，这样就消解了不同版本中的诸多分歧，再加上张禹的帝师身份，所以此书为当世所重视。

但对于此事，清代毛奇龄撰《四书剩言》又称：

当时安昌侯张禹能通《古》《齐》《鲁》三家《论语》，以授成帝。[17]

前代学者都只说张禹整合了《齐》《鲁》两个传本，而毛奇龄却说张禹整合了《齐》《鲁》《古》三个传本。按理说，张禹整合《论语》版本时，是应该连同《古论语》一起参考并整合的，但为什么前人只说他整合《齐》《鲁》两个传本呢？是有意忽略《古论语》的存在呢，还是有别的原因？

另外，还值得注意的是，前人明确说张禹以《鲁论语》二十篇为主，删除了《齐论语》中的《问王》《知道》两篇。为此，晁公武《郡斋读书志》说："《齐论》有《问王》《知道》两篇，详其名，当是必论内圣之道、外王之业，未必非夫子之最致意者，不知何说，而张禹独遗之？"[18]《齐论语》较《鲁论语》多出两篇，按常理说，多出之两篇弥足珍贵，不应被弃而不录。晁公武因而归咎于张禹，认为他在整合《齐论》《鲁论》时不应将之删除。然元代马端临辩驳说：

> 《齐论》多于《鲁论》二篇，曰《问王》《知道》。史称为张禹所删，以此遂无传。且夫子之言，禹何人而敢删之！然《古论语》与《古文尚书》同自孔壁出者，章句与《鲁论》不异，惟分《尧曰》"子张问"以下为一篇，共二十一篇。则《问王》《知道》二篇，亦孔壁中所无。度必后儒依仿而作，非圣经之本真。此所以不传，非禹所能删也。[19]

清儒蓝鼎元《鹿洲初集》卷十四也说：

> 后世以《问王》《知道》二篇不见为憾，然圣经岂禹所能删，必二篇出汉儒之伪作，故不传也。[20]

马端临、蓝鼎元两家之说是有道理的。一则《鲁论语》与

521

孔壁《古论语》基本相合，二则《问王》《知道》二篇可能有明显的作伪痕迹，故为张禹删而不取。

（三）郑玄对《论语》经文不同传本的再度整合

郑玄是东汉大经学家，他在当时及后世具有极高的学术威望，他的经学研究成果因而具有一定的权威性。何晏《论语集解序》说："郑玄就《鲁论》张，包、周之篇章，考之《齐》《古》，为之注焉。"[21] 这句话有两层意思：一、"郑玄就《鲁论》张、包、周之篇章，考之《齐》《古》"，是就经文部分说的；二、"为之注焉"，是就注文部分说的。此处我们只讨论郑玄关于《论语》经文部分的处理。

这里何晏指出，郑玄采用了《鲁论语》经文的篇章结构，但在字句内容方面则用《齐论语》和《古论语》经文对之加以校对，并在此基础上提供了一个新的《论语》经文整合本。隋末唐初的《经典释文》对何晏之说加以补充着："郑玄就《鲁论》张、包、周之篇章，考之《齐》《古》，为之注焉。"[22] 这个说法增多了"张、包、周"三字，这就意味着，郑玄不仅用到了《鲁》《齐》《古》三个原始的经文本，也用到了综合《鲁论语》和《齐论语》的《张侯论》。并且也参考了包咸和周氏的两个注本。何晏与陆德明都曾考察、研究过郑玄本的来源，似乎陆德明考察研究得更为细致。陆德明《经典释文》卷二十四《论语·学而》"传不"字下注曰："郑注云：《鲁》读'传'为'专'，今从《古》。案：郑校周之本，以《齐》《古》读正，凡五十事。"[23] 这是说郑玄是以《张侯论》一系的周氏《论语章句》为底本，用《齐论语》和《古论语》加以校正的。而稍后的《隋书·经籍志》则称："梁有《古文论语》十卷，郑玄注。"[24] 这是把郑玄的《论语注》归为孔安国、马融的《古文论语》一系了。近代王国维从《经典释文》钩稽出

"二十四事"，得出如下结论："郑氏所据本固为自《鲁论》出之《张侯论》，及以《古论》校之，则篇章虽仍《鲁》旧，而字句全从古文。"他在《书〈论语郑氏注〉残卷后》中说：

> 郑氏所据本固为自《鲁论》出之《张侯论》，及以《古论》校之，则篇章虽仍《鲁》旧，而字句全从古文。《释文》虽云"郑以《齐》《古》正读，凡五十事"，然其所引廿四事及此本（指敦煌本）所存三事，皆以《古》正《鲁》，无以《齐》正《鲁》者，知郑但以《古》校《鲁》，未以《齐》校《鲁》也。
>
> 又，郑于礼经，或从古文改今文，或以今文改古文，而正《论语》读五十事中所存二十七事，皆以《古》改《鲁》，无以《鲁》改《古》者。故郑注《论语》以其篇章言，则为《鲁论》；以其字句言，实同孔本。
>
> 虽郑氏容别有以《齐》校《鲁》之本，然此本及陆氏《释文》所见者，固明明以《古》校《鲁》之本，非以《齐》《古》校《鲁》之本也。后汉以后，《张侯论》盛行，而《齐》《鲁》皆微。石经所刊《鲁论》，虽不知为谁氏之本，而其校记，但列盍、毛、包、周异同，不复云《齐》。盍、毛虽无考，然包、周则固张氏之学也。疑当时《齐论》已罕传习，何氏"考之《齐》《古》"之说，或因《古论》而牵连及之也。
>
> ……………
>
> 然则郑本文字固全从孔本，与其注他经不同。此本直题为"孔氏本"，虽篇章之次不同，固未为失实也。[25]

这样说来，郑玄的《论语注》有这样一个特点：从篇章顺序说，它同《鲁论语》（包括张、包、周）是一致的；而从字句内容说，它同《古论语》是一致的。这是就《论语》之经文说的。这也符合郑玄通学的特点。郑玄虽说打通今、古文经学，毕竟是以古文经学为主的。所以《隋书·经籍志》称"梁有《古文论语》十卷，郑玄注"，王国维认为"固未为失实"。实际上，不论郑玄经历了怎样的对校程序，从效果上说，他的《论语注》就是一种《古文论语注》，它同孔安国、马融的《古文论语注》从经文内容上说应该没有太大的不同，只是按照《鲁论语》的篇章顺序，调整了其《古文论语》的篇章顺序而已。

朱维铮先生曾说："《论语》……的结集、流传、改编、定型，经历了一个漫长的过程。……当时有《鲁论》《齐论》《古论》三种抄本流传，汉元帝时张禹编了《论语章句》（即《张侯论》），逐渐取代三家。后又经过东汉经学家们二度以至三度的改编，直到郑玄时，《论语》的结集才基本定型。"[26]这个判断大体是正确的。

第二节　何晏《论语集解》之前的注本

如上所述，《论语》本经有五个文本，这五个文本都属于"经"的范围。而对于《论语》本经加以注释，则属于"传注"的部分。那么，在何晏之前都有哪些关于《论语》的注释本呢？

（一）关于《古论语》的孔安国注、马融注

邢昺《论语注疏》记载：

《古论语》者，出自孔氏壁中，凡二十一篇，……孔

安国为传，后汉马融亦注之。[27]

这是说关于《古论语》有孔安国注，有马融注。孔安国注本名曰《古文论语训解》。孔安国，字子国，西汉武帝时期人，是孔子十二世孙。魏王肃《孔子家语后序》称："（安国）年四十为谏议大夫，迁侍中、博士。天汉中，鲁恭王坏夫子故宅，得壁中《诗》《书》，悉以归子国。子国乃考论古今文字，撰众师之义，为《古文论语训》十一篇、《孝经传》二篇、《尚书传》五十八篇，皆所得壁中科斗本也。"[28]

马融（79—166）的《论语》注本，题为《古文论语训说》。何晏《论语集解序》记载："《古论》，唯传博士孔安国，为之《训解》，而世不传。至顺帝时，南郡太守马融亦为之《训说》。"[29]

（二）关于《张侯论》的包咸注、周氏注

何晏《论语集解序》说：

> 安昌侯张禹本受《鲁论》，兼讲《齐》说，善者从之，号曰《张侯论》，为世所贵。包氏、周氏章句出焉。[30]

这是说关于《张侯论》有包氏（咸）的注本，有周氏的注本。包、周皆为东汉学者，包咸的注本，题为《论语章句》。清人马国翰称包咸的《论语章句》"盖用禹说，而敷畅其旨，度其义例"[31]。

周氏著有《论语章句》。至于周氏其人，可能何晏当时即不知其名。皇侃《论语集解义疏》云"不悉其名"；邢昺《论语集解注疏》云："不言名而言氏者，盖为章句之时，义在谦

退，不欲显题其名，但欲传之私族，故直云氏而已。"[32]此情况或与《左氏春秋》相仿，《左氏春秋》只题氏而不题名，后人推测为与孔子同时的左丘明所作，然却有战国初中期的记事。元代黄泽因而认为是左丘明及其后世子孙所作。因为是"私族"作品，故只题氏而不题名。

（三）郑玄的《论语注》

《后汉书·郑玄传》称郑玄"经传洽孰（熟），称为纯儒，齐鲁间宗之"[33]。郑玄曾遍注群经，建立了一个以三《礼》注为核心的经学思想体系。三《礼》牵涉三代礼制，学者罕能通晓。郑玄独能通之，以是为学林所重，其三《礼》经注在后世一直有确立不拔的地位。郑玄又以礼制注解他经，此是其优点，或许也是其缺点。盖他经之文，未必皆与礼制有关也。郑玄有《周易注》，后来被王弼《周易注》所挤压；郑玄有《尚书注》，后来被伪孔安国《尚书传》所挤压；郑玄有《论语注》，后来被何晏《论语集解》所挤压。但这种"挤压"实有一个长期并立、竞争的过程，如郑玄的《论语注》在南北朝隋唐时期仍颇为盛行，至五代时始渐趋散佚。自南宋王应麟以至清儒惠栋、马国翰等，曾有许多种郑玄《论语注》的辑佚本，然所辑内容仍寥寥无几。20世纪以来，敦煌、吐鲁番地区先后出土了多件唐写本《论语郑氏注》残卷，为今日研究郑玄《论语注》提供了颇多有价值的史料。

以上孔安国、包咸、周氏、马融、郑玄皆为汉代人。

（四）曹魏时期陈群、王肃、周生烈的《论语》注

陈群、王肃、周生烈与何晏为同时代人。陈群在魏明帝时官至司空，著有《论语解》。王肃在高贵乡公时官至太常，著有《论语注》。周生烈官至博士、侍中，著有《论语注》。以上

三书，后皆遗佚。

何晏《论语集解》，所集正是以上八家之说。然在何晏之时，注解《论语》者，并非只有此八家，应该还有东汉沛王刘辅的《论语传》、何休的《论语注训》、郑众的《论语传》、麻达的《论语注》以及魏王弼的《论语释疑》、吴虞翻的《论语注》、蜀谯周的《论语注》等。由于我们所不知道的原因，何晏并没有加以采择。

第三节　何晏《论语集解》的编撰

何晏《论语集解序》说：

> 汉中垒校尉刘向言《鲁论语》二十篇，皆孔子弟子记诸善言也。……《齐论语》二十二篇，其二十篇中章句颇多于《鲁论》。……故有《鲁论》，有《齐论》。鲁共王时，尝欲以孔子宅为宫，坏，得《古文论语》。《齐论》有《问王》《知道》，多于《鲁论》二篇。《古论》亦无此二篇，分《尧曰》下章"子张问"以为一篇，有两《子张》，凡二十一篇。篇次不与齐、鲁《论》同。
>
> 安昌侯张禹本受《鲁论》，兼讲齐说，善者从之，号曰《张侯论》，为世所贵。包氏、周氏章句出焉。
>
> 《古论》唯博士孔安国为之训解，而世不传。至顺帝时，南郡太守马融亦为之训说。汉末大司农郑玄就《鲁论》篇章考之《齐》《古》为之注。
>
> 近故司空陈群、太常王肃、博士周生烈皆为义说。
>
> 前世传授师说虽有异同，不为训解。中间为之训解。至于今多矣。所见不同，互有得失。今集诸家之

善，记其姓名。有不安者，颇为改易。名曰《论语集解》。[34]

这段引文稍长，但它对说明《论语集解》的编撰过程而言，又是写得简明扼要的。从这段引文可以看出，汉代《论语》版本的演变经历了一个较长的阶段，这期间，《鲁论语》《齐论语》《古论语》三个传本至少在汉代经历了张禹与郑玄的两度整合。

何晏《论语集解序》关于《论语集解》的编撰依据和编撰过程，只是笼统地说了一句："今集诸家之善，记其姓名。有不安者，颇为改易。"语焉不详，并没有直接交代以何本作为经文部分的底本，以何本作为注文部分的底本。但仔细阅读序文，我们可以发现，它对《张侯论》和郑玄《论语注》的评论皆是持肯定态度的，并没有指出二者有什么不当之处。我们因此认为，所谓"集诸家之善"，已包括了集《张侯论》和《郑玄注》之善。这也就是说，何晏的《论语集解》是建筑在从《张侯论》到郑玄《论语注》的演进过程的基础之上的，即《论语集解》是以《张侯论》的篇章的结构为顺序，而以孔安国《古文论语》的字句为内容，将之作为《论语集解》经文部分的底本的。至于《论语集解序》说"郑玄就《鲁论》篇章，考之《齐》《古》为之注"，似乎强调郑玄是"就《鲁论》篇章"，而非"就《张侯论》篇章"。事实上《鲁论》篇章、《张侯论》篇章，以及包、周《章句》的篇章顺序都是一致的，属于一个系统。

按照古籍整理的一般程序，在若干种版本一起对校的情况下，总会有一个底本。在通常的情况下，经和传的底本是合一的。从前边的研究看，我们大体可以知道，何晏《论语集解》经文部分的底本与郑玄《论语注》的经文部分应该是一致的。

问题在于，郑玄已经有了一个《论语注》，以郑玄的经学权威身份，似乎何晏已经没有必要再撰写一部新的《论语》注释本。但是郑玄的《论语注》的著述目标是"成一家之言"。郑玄在著述过程中有己见则注之，无己见则可以不注，未必要引用包咸、周氏或孔安国、马融的注释。而何晏《论语集解》的著述目标是"集诸家之善"，因而何晏有必要将前人对于《论语》的"善解"做一种"集大成"的工作。因此在注释部分他不仅吸收了郑玄注释的内容，也同时吸收了郑玄之前诸家（如孔安国、马融、包咸、周氏）之说，同时还吸收了郑玄以后诸家（如陈群、王肃、周生烈）之说。在这八家注之中也必然有一个注释方面的底本。这个注释的底本是哪一家呢？据唐明贵教授统计，《论语集解》共征引孔安国注 473 条，包咸注 194 条，马融注 133 条，郑玄注 111 条，王肃注 36 条，周生烈注 13 条，陈群注 3 条，另存'一曰'之说 5 条，合计达 968 条，约占《论语集解》总注条目的 88%。而何晏等人新注 133 条，约占总注条目的 12%"[35]。

胡鸣《〈论语〉定型本之再认识》一文指出："何晏本引注的特征，即魏人少，汉人多；今文经学家少，古文经学家多。这种特征由'集善'所致，其集善原则为：若诸家注相合，则以早出注者为先；诸家注不合，则从'善'；再有不安者，则下己注。故同为《古论》训解的孔注、马注，孔注比包注早出，则引注多，马注比包注晚出，则引注少。"[36]胡鸣所言符合古籍整理之通例，无疑是正确的。正是由于采用这一原则，西汉时期的孔安国因为时代最早而采用的注文最多。而古籍整理底本选用的原则，通常选用时代最早、采用注文最多的版本做底本。这样不仅更具有权威性，而且也是一种更为经济、方便的做法，它至少可以减轻誊抄的工作。

因此，我们的结论是：何晏的《论语集解》在经文方面是以郑玄的《论语注》为底本的，而在注文方面是以孔安国的

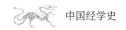

《论语注》为底本的。综言之，何晏的《论语集解》在经的方面和注的方面的底本是不同的。

第四节　关于《论语集解》的编撰人

（一）古今关于《论语集解》编撰人的分歧意见

关于《论语集解》的编撰人，学界历来有不同看法，何晏《论语集解序》称编撰人有"光禄大夫关内侯臣孙邕、光禄大夫臣郑冲、散骑常侍中领军安乡亭侯臣曹羲、侍中臣荀颙、尚书驸马都尉关内侯臣何晏等上"[37]之语。根据这篇序言，《论语集解》的编撰人主要是孙邕、郑冲、曹羲、荀颙、何晏五人。而南朝梁皇侃则认为《论语集解》的集撰者只提何晏一人，其《论语集解义疏·叙》曰：

> 魏末，吏部尚书南阳何晏，字平叔，因《鲁论》集季长等七家，又采《古论》孔注，又自下己意。即世所重者。今日所讲，即是《鲁论》，为张侯所学，何晏所集者也。[38]

皇侃这部专门为《论语集解》作义疏的皇皇巨著，在其自作序言中谈到《论语集解》作者时居然只提何晏一人之名，而不提排在何晏之前的四人之名，这不免令人大为惊讶！而皇侃在为何晏《论语集解序》作注时，于"光禄大夫关内侯臣孙邕、光禄大夫臣郑冲、散骑常侍中领军安乡亭侯臣曹羲、侍中臣荀颙、尚书驸马都尉关内侯臣何晏等上"后注曰："此记孙邕等四人同于何晏共上此集解之《论》也。"[39]这似乎意味此四人乃是共同上书的署名，而不是同为作者的署名。

皇侃之后的很多经典文献当述及《论语集解》的作者时，也多题为何晏所作，如：《隋书·经籍志》著录："《集解论语》十卷，何晏集。"[40]《旧唐书·经籍志》著录："《论语》十卷，何晏集。"[41]《新唐书·艺文志》著录："何晏《集解》十卷。"[42]唐陆德明《经典释文·序录·注解传述人》亦曰："魏吏部尚书何晏集孔安国、包咸、周氏、马融、郑玄、陈群、王肃、周生烈之说，并下己意，为《集解》。"[43]北宋邢昺《论语注疏》采用《经典释文·序录》的说法，并就《论语集解序》注云："《序》者，何晏次序传授、训说之人，乃己集解之意。序为《论语》而作，故曰《论语序》。"[44]这几句话表明，邢昺对于何晏为《论语集解》编撰人之说，完全深信不疑。清代江藩《汉学师承记》："《古论语》出孔壁中……郑元（玄）就《鲁论》张、包、周之篇章，考之齐、古，为之注焉，魏何晏又为《集解》。"[45]

有这么多史料记载《论语集解》只提何晏所集，而不提其他四人，那么，《论语集解》是否只是何晏一人所作呢？到了清代中期，关于《论语集解》主要编撰者的见解出现了较大分歧。有观点甚至认为何晏不是《论语集解》的主要编撰人，或不是唯一的主撰者。清末丁国钧认为《论语集解》的主撰者为郑冲，在《补晋书艺文志》中云："《论语集解》，郑冲，见本书冲传。是书，冲与孙邕、曹羲、荀颢、何晏等共集。"[46]这句话与前人的观点不一致。何晏在叙述参撰者时，首先提到孙邕，然后是郑冲，丁国钧改变这种排列顺序，把郑冲排在首位，突出郑冲的地位和作用，显然是要推翻旧说。常州今文学派名家宋翔凤也明确提出《论语集解》定出自郑冲之手，他对前人只提何晏一人为《论语集解》撰集者提出了批评：

《魏志》言何晏作《道德论》及诸文赋，著述凡数十篇，不言注《论语》。而冲在高贵乡公时，讲《尚书》，执经亲授，与侍中郑小同俱被赏赐，是冲本经生，《论语集解》之成，当定自冲手。今使平叔专其姓氏者，盖上《论语集解》，奏列邕、冲等名，而晏在最后，著录家见奏末称"臣何晏等上"，遂以《集解》为晏一人所撰，相沿至今也。[47]

宋翔凤认为前人误读了《论语集解序》，并不客观。《论语集解序》明言孙邕等五人献上，前人读书怎么会如此粗心，只看到奏末何晏之名呢？此说自然为多数学者所反对。如刘毓崧《通义堂笔记》曰：

> 唐、宋时，臣下上表，结衔皆尊者居后。此序末列衔，亦是由下逆数。盖平叔官最显要，故最居后，专《集解》之名也。考《通典》二十二言："尚书，至后汉则为优重，出纳王命，敷奏万幾。盖政事之所由宣，选举之所由定，罪赏之所由正，斯乃文昌天府，众务渊薮，内外所折衷，远近所禀仰。"故李固云："陛下之有尚书，犹天之有北斗。斗为天之喉舌，尚书亦为陛下之喉舌。斗斟酌元气，运平四时；尚书出纳王命，赋政四海。"据此，则尚书之权甚重。吏部专掌选举。又晏以国戚尚主，贵莫与比，故晏居首。
>
> 《汉表》言侍中得入禁中。《通典》二十一云："侍中，汉代为亲近之职，魏、晋选用，稍增华重，而大意不异。"自注："晋任恺为侍中，万机大小，多管综之。"是侍中职亦甚重，故荀颛居次。
>
> 中领军则掌三营兵，故曹羲又居次。
>
> 其光禄大夫皆是加官，同于闲散，故郑冲、孙邕又

居次。

　　何晏、曹羲、孙邕没于魏世，惟荀颙、郑冲皆仕晋，故《晋书》有传。《冲传》居前，故详言与孙邕等共为《集解》之事。《荀颙传》居后，自不复述。今宋氏据《冲传》所言，以为《集解》定自冲手，恐非。[48]

　　笔者按：刘毓崧之论虽甚雄辩，但似有断章取义之嫌。刘氏所引为后汉时之情况，《通典》二十二于上段引文之后明言："魏置中书省，有监令，遂掌机衡之任，而尚书之权渐减矣。"[49]从封爵看，《通典》卷十九："魏：王、公、侯、伯、子、男，次县侯，次乡侯，次亭侯，次关内侯，凡九等。"[50]何晏之爵位列最后一等，散骑常侍、中领军、安乡亭侯曹羲的爵位应该比关内侯何晏的爵位高。所以，何晏之地位是否就比曹羲的地位高呢？有待进一步考证。而且，刘毓崧所言"唐、宋时，臣下上表，结衔皆尊者居后"，这是否也是曹魏时的通例呢？也有待进一步考证。

　　在笔者看来，五人当中实际权力最大的应当是专权者大将军曹爽之弟——曹羲，曹羲为中领军，掌管皇宫禁卫军大权，相当于后世的大内总管，权力之大可想而知。

　　笔者还认为，讨论五人排名顺序，不一定从权力大小来排定，因为这里有很复杂的情形。中国自古就有"挂名主编"，如吕不韦之《吕氏春秋》、刘安之《淮南子》即是。《论语集解》有无挂名主编与实际主编联署的情形呢？如果有，那挂名在前面的未必位置就低。

　　虽然有上述讨论，清代学者的主流意见仍然认同《论语集解》的主撰者为何晏。《四库全书总目·论语义疏》提要所云："是独题晏名，其来久矣，殆晏以亲贵总领其事欤？"[51]《四库全书总目》称《论语集解》为"魏何晏注"。阮元在《论语注疏校勘记》中称《论语集解》为"何晏本"。

从前面的分析可以得出，关于《论语集解》的作者主要有两种情况：一种观点为何晏所独撰；另一种观点为多人共撰，何晏是其中的主要撰集者。现在的研究者多认同第二种观点。理由主要是：《论语集解序》为当事人所作，当事人已言为五人所作，后人没有理由去掉四人。至于后人单署何晏之名，应是认为何晏在其中起到了主导作用。而何晏之所以起到主导作用，一是因为地位高，如《四库全书总目·序录》说何晏"以亲贵总领其事"。何晏为曹操养子，并娶金乡公主为妻，是当朝驸马，又是吏部尚书，地位尊贵。二是因为学识高。参撰五人皆为当时名人，但相对他人来讲，何晏有更大的学术成就。据明何良俊《何氏语林》卷七载："曹爽尝集诸名德，使何尚书谈理，时少长莫不预会。中领军（曹羲）闻之叹曰：'妙哉！何平叔之论道，尽其理矣！'"[52] 可见何晏在当时的学术界颇有声望。

（二）关于《论语集解》编撰人的新推测

笔者的观点与时贤有所不同，我们认为，《论语集解》很有可能是何晏一人独著而署共同上书者五人之名，与前述皇侃为《论语集解序》作注所陈意见相近。这里，详陈我们的理由，以就正于方家。

1. 何晏的政治危机感

何晏，字平叔，东汉末年外戚何进之孙，南阳宛县人。大约生于东汉献帝兴平二年（195），卒于魏正始十年（249）。父亲何咸早卒，母亲被曹操收为小妾。年幼的何晏被曹操收为养子，极受宠爱，"见宠如公子"[53]，"每挟将游观，命与诸子长幼相次"[54]，所受教育也与诸公子无异，长大后娶曹操之女金乡公主，位列卿侯，地位显贵。

《论语集解》编撰于曹魏政权行将没落，司马氏集团逐渐崛起并控制国家政权的时代。当时两大政治集团之间的矛盾斗

争十分激烈，政治环境险恶。何晏、曹羲、郑冲、荀颛、孙邕
五人分属于两大政治集团。特别是何晏，在曹爽秉政期间权重
一时，有意无意中卷入了两大政治集团之间的尖锐斗争。

《论语集解》成书于正始六年（245）[55]，四年后，即正
始十年，司马懿即发动高平陵政变，何晏作为曹魏集团的核心
成员而遭诛杀。这也就是说，《论语集解》献书于司马懿发动
政变的前夕，以何晏之聪明、敏感，身处危机之中，常具有
无名的恐惧之感。正如《名士传》所提到的，"是时曹爽辅政，
识者虑有危机。（何）晏有重名，与魏姻戚，内虽怀忧，而无
复退也"。他在那个重要的位子上，身不由己，没有办法退下
来。所以，他作诗以言志说："鸿鹄比翼游，群飞戏太清。常
畏大网罗，忧祸一旦并。岂若集五湖，从流唼浮萍。永宁旷中
怀，何为怵惕惊。"[56]虽然何晏同曹魏王朝有姻戚关系，而且
受到大司马曹爽的器重，但他还是感觉到严重的危机。害怕哪
一天"忧"和"祸"一并发生。事实上他所担心的事恰恰来
了。笔者推测，何晏曾经做过努力，想通过编一本书来联络众
人。"岂若集五湖，从流唼浮萍"，这是不是一句隐喻呢？各人
来自五湖四海，何必相争斗呢！但他的努力还是白费了。他退
不出来，这是他的宿命。

2. 编撰者分属对立的政治集团，很难合作编书

《论语集解》所列五人，各有重要职位，特别是散骑常侍中
领军曹羲，担任着类似后世大内总管的重要职责。况且这五人分
属不同的两大政治集团，曹羲、何晏属曹爽集团，郑冲、荀颛属
司马氏集团。他们都是高官，政见不合，貌合神离，如何能坐在
一起来编一部著作呢？对于八家注，何晏尚且讲"若有不合，则
出以己注"。就《论语集注》众多编纂者而言，每个人都可能偏
向某一家注。若何晏与其余四人意见不合，那又怎么办呢？事实
上，何晏与其他四人的关系未必都很投缘。《晋书》卷三十九《荀

颐传》载:"时曹爽专权,何晏等欲害太常傅嘏,颐营救得免。"[57]所以,何晏与其他四人合编一书之事,实属可疑。

3. 从《论语集解》各篇章八家注分布图看,编撰者分工是不可能的

我们来看,《论语集解》八家注分布图:

注家 篇章句	孔安国	包咸	周氏	马融	郑玄	陈群	王肃	周生烈
1. 学而	2、7、8、9、11、13、14、15	1、3、5、	/	1、4、5、6、12	8、10、14、15	/	1、16	
2. 为政	2、3、4、5、7、9、10、13、14、17、20、22、23、24	1,2,3,7、8、12、15、18、19、20、21、22、	/	3、4、6、8、23	1、4、5、18、24	/	/	
3. 八佾	7、8、10、11、12、13、14、15、18、19、20、21、24、25	2,3,4,5、6、8、9、11、12、15、17、21、22、24、	/	1、2、6、7、8、16	4、8、9、17、22、24	/	7	
4. 里仁	2、3、4、5、6、7、11、12、15、16、21、23	2、11、13、14、17、18、22、24	/	5	1、10、19、20	/	2	
5. 公冶长	1、3、4、5、6、7、8、9、10、11、12、14、15、16、18、19、21、22、23、24、25、26	3、4、9、10、11、18、27	17	5、7、12、21	6、7、20	/	2、10	16

续表1

篇章句 ＼ 注家	孔安国	包咸	周氏	马融	郑玄	陈群	王肃	周生烈
6. 雍也	2、5、8、9、10、11、12、13、14、15、16、17、22、26、28、30	1、2、4、5、8、10、14、18、19、20、22、23、24、26	/	4、10、15、19、25、26	2、4、5、23、27	/	2、21、22	
7. 述而	3、5、7、11、12、13、15、16、18、19、26、27、28、29、31、33、34、35、36	1、23、24、28、30、25	14、35	4、34	1、2、8、12、15、16、18、20、29、37	/	14、21	13、34
8. 泰伯	3、6、7、11、12、14、16、19、20、21	2、4、5、7、8、10、13、16、19、20、21	3	2、4、5、20、21	3、4、15	/	1	3
9. 子罕	3、5、6、8、9、11、12、22、24、26、27、29	5、6、10、12、13、17、19、21、29	/	5、12、13、14、16、19、24、27	2、6、7、12、15	/	3	
10. 乡党	2、3、4、6、7、8、11、13、14、15、16、18、22、23、24、25	3、4、5、16、19、24	9、25、26、27	2、8、27	1、3、5、6、8、9、17、18、20、25	/	1、6	6、18、19、20

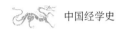

续表2

篇章句 \ 注家	孔安国	包咸	周氏	马融	郑玄	陈群	王肃	周生烈
11.先进	1、4、6、8、10、13、16、17、18、20、22、23、24、25、26	9、22、23、25、26	26	10、11、15、18、26	2、13、14、17、18、22、26	5、12	14	24
12.颜渊	1、2、3、4、7、8、9、11、12、18、19、21、22、24	1、2、4、5、10、13、21、22、23	/	1、6、20	1、3、5、6、8、9、10、15、17、20	/	1、13、14	
13.子路	1、2、3、4、9、10、11、12、15、17、18、20、22、24、25	3、4、7、19、21、22、29	14、18	3、4、14、28、30	17、20、22	/	2、3、8、11、15、27	14、17
14.宪问	1、5、6、7、8、9、11、12、13、14、16、18、21、22、24、25、26、29、31、35、36、37、40、42、43	1、3、32、37、38、39、44	12	1、5、8、9、12、13、15、17、20、21、35、36、37、40、43、44	15、16、33、36	25	17、30	12

续表3

篇章句 \ 注家	孔安国	包咸	周氏	马融	郑玄	陈群	王肃	周生烈
15.卫灵公	1、2、3、6、7、9、10、11、14、15、16、22、27、36、37、38、41、42	6、7、11、19、22、23、25、26、33	/	11、25、35、39、42	1、6、17、18、32	/	4、12、23、29、33、34	
16.季氏	1、2、3、5、6、7、9、11、12、13、14	1	6	1、2、4、12、13	1、3、4、6	/	5、12	5
17.阳货	1、2、3、4、5、6、7、8、9、12、15、16、18、21、24	9、16、18、24	13	1、10、11、14、16、21、22、24	9、11、15、26	/	17	12
18.微子	2、3、4、5、6、7、8、9、10	5、7、8、9、11	/	1、6、8	6、7、8、11	/	/	
19.子张	1、2、3、5、6、8、11、12、14、20、21、22、25	3、4、7、12、15、19、23	/	12、13、17、18、19、22、23	9、10、15、16	/	10	
20.尧曰	1、2、3	1	/	2、3	/	/	2	

我们假设这部书是合作编撰的，合作编撰可能有几种形式：

第一是参与编撰，分工合作。怎么分工呢？也有不同的形式，一是将《论语》二十篇分成五个部分，五人各领一部分；但由于各人的偏好，就会有不同的观点和风格。这样就很难形成一个统一的风格。再有就是按《论语》八家注分工，由他们五人去遴选哪一家的优胜，然后编在一起。这种方法也很难实施，因为你没有将八家注一同作比较，又如何知道哪一家优胜呢？即使编撰者五人都看了八家注，那所选的也一定会不同。

第二是一人主撰，其余四人只是提出修改或参考意见，这种情况可署名，也可不署名。署名只是表示尊重而已。在我们看来，若是这种情况，不应视为编撰者。正像我们今日之审稿人不是共同的编撰者一样。

从上面所列的《集解》八家注分布图看，在《论语》二十篇中，几乎每一篇所选最多的都是孔安国，其次是包咸，然后是其他人，这种规律性的呈现，不正表明编撰者有一以贯之的偏好吗？这显然是一人所编的。

还有，在《论语》二十篇中，几乎每一篇都有八家注穿插其中，有时一章之中分成若干段，每段选用不同的注家。这又说明什么呢？说明那一定是一人所集，若为众家所集，那编撰分工岂不是太过琐细了？

4. 从包咸之避讳看，《论语集解》乃一家之注

如上所引，《论语集解》共收集了汉魏时期孔安国、包咸、周氏、马融、郑玄、陈群、王肃、周生烈八家注释，《论语集解》对其余几位均直呼姓名（"周氏"或因当时就已不知其名，是个例外），唯独包咸只称包氏。究其原因就在于何晏之父名曰何咸，因避家讳而不言。而包咸注选用量很大，《论语》二十篇几乎每篇都有，每次提到都只提"苞（包）氏"而不提"苞（包）咸"，这说明这二十篇都是何晏一人所作。

5. 从引入王肃《论语注》看，何晏有投合司马氏集团的政治用意

从另一个角度看，《论语集注》所集八家注中，有王肃的《论语注》。王肃是同时代人，比何晏大约小两岁。王肃是司马懿的亲家、司马昭的岳父，也是朝中高官，在当时政治地位也很高。

在笔者看来，何晏做这本书的本身，有拉近与司马氏集团关系的目的。首先，何晏拉拢曹爽的弟弟曹羲，固然有巩固自己在曹爽集团政治地位的目的。而郑冲和荀颢属司马氏一派，拉拢他们，有为自己留后路的目的。更为明显的是，何晏《论语集解》选用了王肃的 36 条注解。更明显地表明他有意与司马氏集团拉近关系的目的。

学者或许会说，"学术乃天下之公器"，王肃是与何晏同时代的著名学者，且著有《论语注》的专书，贤者之论不当埋没，何晏引用其书是很自然的。我们要说：王弼也是同时代的著名学者，且著有《论语释疑》的专书，又为何晏的好友，为什么何晏只字不引其书，而要后来的皇侃《论语集解义疏》大段大段地补录呢？这不能不说何晏著此书之用意，不无政治的考量。

综上所述，实际上只有一种可能，即《论语集解》系由何晏一人所编，而安了其他四人的名义，是为了讨好他人，通过这样一件事来建立个人的人脉关系。"常畏大网罗，忧祸一旦并。岂若集五湖，从流唼浮萍。"这是不是夫子自道呢？

注释：

[1][4][5][6][7][10][14]〔汉〕班固:《汉书》，北京：中华书局，1962 年，第 1717，1717，1716，1717，1716，1716，3352 页。

[2][3]〔汉〕司马迁:《史记》，北京：中华书局，1959 年，第 437，170 页。

［8］〔清〕刘宝楠:《论语正义》附《何晏论语序正义》,北京:中华书局,1998年,第778页。

［9］《汉书·艺文志》记其事为"武帝末",误。鲁恭王刘余在汉武帝初年即已去世。

［11］事见《汉书·景十三王传·鲁恭王传》。

［12］［21］［27］［29］［30］［32］［34］［37］［44］〔魏〕何晏等注,〔宋〕邢昺疏:《论语注疏》,〔清〕阮元校刻:《十三经注疏》,北京:中华书局,2009年,第5332—5333,5334,5332,5333,5333,5333,5332—5334,5334,5332页。

［13］〔汉〕桓谭:《新论》,上海:上海人民出版社,1977年,第35页。

［15］［22］［23］［43］〔唐〕陆德明撰,黄焯汇校,黄延祖重辑:《经典释文汇校》,北京:中华书局,2006年,第25,26,695,26页。

［16］［24］［40］〔唐〕魏徵等:《隋书》,北京:中华书局,1973年,第939,935,935页。

［17］〔清〕毛奇龄:《四书剩言》,《景印文渊阁四库全书》第210册,台北:商务印书馆,1986年,第209页。

［18］〔宋〕晁公武撰,孙猛校证:《郡斋读书志校证》,上海:上海古籍出版社,1990年,第130页。

［19］〔元〕马端临著,《文献通考·经籍考》,北京:中华书局,2011年,第5418页。

［20］〔清〕蓝鼎元:《鹿洲初集》,《景印文渊阁四库全书》第1327册,第797页。

［25］王国维:《书〈论语郑氏注〉残卷后》,《王国维手定观堂集林》,杭州:浙江教育出版社,2014年,第84—87页。

［26］朱维铮:《〈论语〉结集脞说》,载《孔子研究》1986年第1期,第40页。

［28〕〔清〕范家相:《孔子家语证伪》,《续修四库全书》第931 册,上海:上海古籍出版社,2002 年,第185 页。按:此说中"天汉后"有误,天汉为汉武帝第八个年号（前100—前97）,此时,鲁恭王刘余已卒多年。

［31〕〔清〕马国翰:《玉函山房辑佚书》卷二,上海:上海古籍出版社,1990 年,第1625 页。

［33〕〔南朝宋〕范晔撰、〔唐〕李贤等注:《后汉书》,北京:中华书局,1965 年,第1212 页。

［35〕唐明贵:《〈论语〉学的形成、发展与中衰——汉魏六朝隋唐〈论语〉学研究》,天津:南开大学博士论文,2004 年。

［36〕胡鸣:《〈论语〉定型本之再认识》,《福建师大福清分校学报》2006 年第6 期。

［38〕［39〕〔南朝梁〕皇侃:《论语集解义疏》,四部要籍注疏丛刊本,北京:中华书局,1998 年,第157,157 页。

［41〕〔后晋〕刘昫等:《旧唐书》,北京:中华书局,1975 年,第1981 页。

［42〕〔宋〕欧阳修、宋祁等:《新唐书》,北京:中华书局,1975 年,第1443 页。

［45〕〔清〕江藩:《汉学师承记·宋学渊源记》,北京:中华书局,1983 年,第146 页。

［46〕丁国钧:《补晋书艺文志》,《二十五史补编》第3 册,北京:中华书局,1998 年,第3660 页。

［47〕〔清〕宋翔凤:《师法表》,引自〔清〕刘宝楠《论语正义》,北京:中华书局,1998 年,第789—790 页。

［48〕〔清〕刘毓崧:《通义堂笔记》,引自〔清〕刘宝楠《论语正义》,北京:中华书局,1998 年,第790 页。

［49〕［50〕〔唐〕杜佑撰、王文锦等点校:《通典》,北京:中华书局,1988 年,第588,487 页。

［51］〔清〕永瑢等撰：《四库全书总目》，北京：中华书局，1965 年，第 290 页。

［52］〔明〕何良俊：《何氏语林》，《景印文渊阁四库全书》第 1041 册，第 538 页。

［53］〔晋〕陈寿撰，〔南朝宋〕裴松之注：《三国志·魏书·桓范》引《魏略》，北京：中华书局，1982 年，第 292 页。

［54］〔宋〕李昉等撰：《太平御览》卷 393，《景印文渊阁四库全书》第 896 册，第 566 页。

［55］有关《论语集解》的完成时间，参见王晓毅《何晏、王弼生平著述考》，台北：《孔孟学报》，第 70 期，1995 年。

［56］〔南朝宋〕刘义庆著，〔南朝梁〕刘孝标注，余嘉锡笺疏：《世说新语笺疏》，北京：中华书局，2007 年，第 654 页。

［57］〔唐〕房玄龄等：《晋书》，北京：中华书局，1974 年，第 1150 页。

第二十五章
王弼易学的除旧创新

　　王弼（226—249）字辅嗣，幼而察慧，天才卓出。年未满二十，见何晏。何晏时为吏部尚书，他极其欣赏王弼的才辩，曾说："仲尼称后生可畏，若斯人者，可与言天人之际乎？"[1]王弼二十四岁去世，所作《老子注》《周易注》《周易略例》等皆为不朽的著作。以周易学而言，他不仅开创了义理派易学，而且就《周易》卦爻辞的解释而言，也确立了基本的解释向度。后世义理派解《易》虽然说法各不相同，但大体不出其范围。

　　两汉易学界有许多大家，如孟喜、焦赣、京房、郑玄、虞翻等，各自建立了宏大的《周易》象数学体系，但自王弼义理派易学崛起之后，那些象数学体系便轰然倒塌。这些易学大师竟然输给一位年轻学子，这不能不说是学术界的一个奇迹。究其原因，应该说王弼找到了《易经》诠释的正确方向。

　　唐代孔颖达说："传《易》者，西都（西汉）则有丁、孟、京、田，东都（东汉）则有荀、刘、马、郑，大体更相祖述，非有绝伦。唯魏世王辅嗣之注，独冠古今，所以江左诸儒并传其学，河北学者罕能及之。"[2]

　　宋儒章如愚说："易以理传。三《易》同祖伏羲，而文王之《易》独以理传；五家同传《周易》，而费氏之学独以理传；

马、王诸儒同释《易》之学，而王弼之注独以理传。然则明《易》之要，在理而已矣。"[3]

诸家之说，颇中肯綮。从中可见王弼易学除旧创新之功。

第一节　王弼易学的方法论

王弼是一位玄学家，有很强的思维穿透力，他擅长从哲理的高度来思考《易经》的许多问题，也善于总结和发现《易经》中的义例，其所著《周易略例》，可以视为他进入易学殿宇"登堂入室"的便捷路径。下面让我们来看看王弼在《周易略例》中提出了哪些解《易》的方法。

（一）"得意忘象"论

宋代陈振孙曾经指出："自汉以来言《易》者多溺于象占之学，至弼始一切扫去，畅以义理，于是天下后世宗之，余家尽废。"[4]宋王炎也曾指出："焦延寿、京房、孟喜之徒，遁入于小数曲学，无足深诮，而郑玄、虞翻之流，穿凿附会，象既支离，理滋晦蚀。王弼承其后，遽弃象不论，后人乐其说之简且便也，故汉儒之学尽废，而弼之注释独行于今。"[5]

这是说王弼有"扫象"之功，即不再采用象数学的方法来解释《易经》。那么，王弼提出什么理由来反对以"象"解《易》呢？

王弼《周易略例》有《明象》一篇，可以视为义理派易学的总纲，概括言之，就是"得意忘象"论。

王弼说："夫象者，出意者也。言者，明象者也。尽意莫若象，尽象莫若言。"[6]这里有"象"与"意"的关系，又有"言"与"象"的关系，其中"象"是中间项。其排列顺序是：

意—象—言。在《周易》的语境中，"意"是指卦意或圣人设卦之意，它是本质；"象"是指卦、爻象，它是表象；"言"是指对此卦、爻象的语言表述。

《周易》这部经典的特点是"托象以明义，因小以喻大"[7]。世界上万事万理，皆托象以明，古人发明八卦符号，用以代表自然界中一些最大的物象和事象，当人们观照它时，在人们的心中会产生某种意象；而当两种物象和事象相配合时，会产生一种新的意象。古人便通过类比、象征、联想性的意象思维来认识和解释世界的万事万理。

对于"象"而言，它所包含的意思可能是宽泛、模糊、不具体的，也正因为这样，它也便有多种可解释性。一卦之意（或圣人设卦之意）寓于卦象之中，因而卦意乃由卦象所从出，不应舍卦象而空言卦意。但卦象不能总是宽泛、模糊的，它必须通过卦爻辞的"言"加以阐明，以呈现圣人设卦之深意。因此，要了解卦意（圣人设卦之意）最好通过卦象，而要了解卦象，最好通过卦爻辞。

王弼又说："言生于象，故可寻言以观象。象生于意，故可寻象以观意。"[8]因而解释一卦之意，或圣人设卦之意，便需采取倒推的方法：言—象—意，即"寻言以观象""寻象以观意"。

汉代象数派以发明卦象、爻象为能事毕，不知"象"乃是解《易》的手段，而非目的。解《易》的目的在于理解圣人设卦之意。如果你能理解圣人设卦之意，便可"得意而忘象"。所以王弼又说："意以象尽，象以言著。故言者所以明象，得象而忘言；象者所以存意，得意而忘象。犹蹄者所以在兔，得兔而忘蹄；筌者所以在鱼，得鱼而忘筌也。"[9]

"象"总不能脱离某事某物的具体形象，而圣人不过是"托象以名义"，例如托马以言刚健之义，托牛以言柔顺之义。如果你理解了圣人所要讲的只是刚健、柔顺之义，那么马和牛的具体形象就必须要忘掉。所以，王弼又说："忘象者，乃得意者也。忘言者，乃得象者也。得意在忘象，得象在忘言。……义苟在健，何必马乎？类苟在顺，何必牛乎？"[10]

王弼因而批评象数派执着于卦爻之象："案文责卦，有马无乾，则伪说滋漫，难可纪矣。互体不足，遂及卦变，变又不足，推致五行，一失其原，巧愈弥甚。从复或值，而义无所取，盖存象忘意之由也。"[11]许多时候，象数派象外言象，汗漫无归。即使可备一说，而义无所取。

王弼的结论是：解《易》当以义理为主，采用"得意忘象"的方法，"忘象以求其意，义斯见矣"。这可以说是义理派易学的大纲领。

（二）"卦者，时也"的时运论

王弼易学的一个重要贡献，是将《周易》看作处世智慧之书，而不是将《周易》看作象占之书。"象占"是句古语，犹今言占卦、算命。如果将《周易》看作象占之书，那就大大贬低了《周易》作为中华元典的价值。所以，王弼就要首先回答一个问题：六十四卦的"卦"究竟是什么？这就必须突破世俗以"卦"为占验之辞的理解。

王弼说："卦者，时也。爻者，适时之变者也。夫时有否泰，故用有行藏。卦有小大，故辞有险易。"[12]对此，宋代李纲有一个很好的理解，他说："卦者，时也；爻者，人也。所遇之时，所处之人既不同，则吉凶、悔吝、得失、忧虞、是非、利害，其象亦随而变焉。"[13]卦，表示时运，六十四卦就是六十四种时运。一卦六爻，各居其位，代表社会上不同位置的人。《周易》教导人们，在不同的时运下，居于不同位置的人应该怎样适应时运的变化，以此教人处世的智慧。

从时运说，有否塞之运，有泰通之运。人逢否塞之运，应当藏其用世之志；逢泰通之运，应当行其用世之志。所谓"卦有小大，故辞有险易"。君子道长曰大，君子道消曰小。趋于泰运则卦辞平易，趋于否运则卦辞凶险。

王弼又说："故名其卦，则吉凶从其类，存其时，则动静应其用。寻名以观其吉凶，举时以观其动静。"[14]一卦之时运，往往从卦名上可见，如名《谦》卦、《比》卦，则吉从其类；名《蹇》卦、《剥》卦，则凶从其类。《震》卦表动，则动以应其用；《艮》卦表止，则静以应其用。故从卦名上即可观其吉凶动静。

在王弼看来，一卦即表一世之运。如称《屯》卦为"屯难之世"，称《否》卦为"居否之世"，称《大有》卦为"丰富之世"，称《谦》卦为"居谦之世"，称《颐》卦为"居养贤之世"，称《大过》卦为"处栋桡之世"，如此等等。后世推而广之，遍称各卦为某某之世，如称《讼》卦为"争竞之世"，称《遯》卦为"潜遯之世"，称《蹇》卦为"蹇难之世"，称《困》卦为"困厄之世"等等。然而宋代李觏则认为：

时有小大。有以一世为一时者，此其大也；有以一事为一时者，此其小也。以一世为一时者，《否》《泰》之类是也，天下之人共得之也；以一事为一时者，《讼》《师》之类是也，当事之人独得之也。借如今之世，《泰》之时也，天下所共矣。而所遇之事，人各不同。若其倥侗之质，求师辩惑，《蒙》之时也；立身向道，非礼勿行，《履》之时也；居其德义，以待施惠，《井》之时也；自远之近，观鉴朝美，《观》之时也；量能受任，各当其分，《鼎》之时也；夙夜在公，干君之事，《蛊》之时也；用其刚正，辩物之事，《讼》之时也；

断其刑罚，无有不当，《噬嗑》之时也；出军遣将，以
讨不庭，《师》之时也；险难在前，按兵观衅，《需》之
时也，民有困穷，从而养之，《颐》之时也；事有所失，
知而改之，《复》之时也；礼有过差，议而定之，《节》
之时也；逸乐之情，约之以正，《豫》之时也；文饰之
盛，反之于素，《贲》之时也；人有解慢，示之以威，
《震》之时也。夫此之类，皆以一事为一时。[15]

依李觏的说法，虽然六十四卦可表六十四种时运，但其
中有表一世之运者，如《否》卦、《泰》卦之类，此类卦不多。
我们通常说的"否极泰来"，也正是从世运说的。有表一事之
运者，如《讼》卦、《师》卦之类，此类卦甚多。换言之，一
国之人所面对的时运可谓"时之大"者，个人或局部之人所面
对的时运可谓"时之小"者。

有鉴于一卦表一时之运，吾人曾提出"境遇"说，认为
六十四卦为六十四种"境遇"[16]。境遇亦即时运也。此"境
遇"说亦可谓有据矣。

（三）"主爻"说

具体到解《易》的技术，王弼在传统的"二体"说的基础
上，提出"主爻"说。所谓"二体"说，是通过一卦中的上卦
与下卦的关系，来认识此卦之主旨。在王弼看来，在《易经》
中，有一部分卦可以不用"二体"说来解释，而应以"主爻"
说来解释。

王弼在《周易略例》中指出："凡彖者，通论一卦之体者
也。一卦之体必由一爻为主，则指明一爻之美，以统一卦之
义，大有之类是也。卦体不由乎一爻，则全以二体之义明之，
丰卦之类是也。"[17]王弼指出，《彖传》作者以两种方式解释

《易经》：第一，若一卦中有主爻，则以主爻来统一卦之义；第二，若一卦中无明显的主爻，则以上卦与下卦的关系（"二体"）来解释卦义。

"主爻"说是由王弼首先提出来的，故王弼于此着墨甚多。他说："夫众不能治众，治众者，至寡者也；夫动不能制动，制天下之动者，贞夫一者也。故众之所以得咸存者，主必致一也；动之所以得咸运者，原必无二也。物无妄然，必由其理。统之有宗，会之有元，故繁而不乱，众而不惑，故六爻相错，可举一以明也；刚柔相乘，可立主以定也。"[18]在王弼看来，卦有主爻，犹天之有道以统万物，亦犹国之有君以统众生。

所谓"主爻"，有两种情况，一是指"独爻"：独阴爻或独阳爻。独阴爻是一阴五阳之卦，独阳爻是一阳五阴之卦。王弼说：

> 夫少者，多之所贵也。寡者，众之所宗也。一卦五阳而一阴，则一阴为之主矣。五阴而一阳，则一阳为之主矣。夫阴之所求者阳也，阳之所求者阴也。阳苟一焉，五阴何得不同而归之？阴苟只焉，五阳何得不同而从之？故阴爻虽贱，而为一卦之主者，处其至少之地也。[19]

六十四卦之中，一阴五阳之卦有六卦，即《姤》《同人》《履》《小畜》《大有》《剥》。一阳五阴之卦也有六卦，即《复》《师》《谦》《豫》《比》《夬》。各卦都是以其中的"独爻"作为一卦之主的。具体来说，凡五阴一阳之卦，以阳爻为主：《复》卦初爻、《师》卦二爻、《谦》卦三爻、《豫》卦四爻、《比》卦五爻、《剥》卦上爻是也。五阳一阴之卦，以阴爻为主:《姤》卦初爻、《同人》卦二爻、《履》卦三爻、《小畜》卦四爻、《大有》卦五爻、《夬》卦上爻是也。

其中《履》卦，王弼早已指出《履》卦六三为主爻，"成卦之体在六三也"。可是后世学者解释《履》卦，多不采用"主爻"说来解释，而采上下卦"二体"来解释。为此，清代乔莱撰《易俟》一书加以争辩："莱按：履之一卦，旧说皆未确。其未确者何也？不以六三为成卦之主也。不以六三为成卦之主，则诸爻不从六三发义。不从六三发义，万语千言道不着矣。"[20]

宋代项安世撰《周易玩辞》专论"一阴一阳卦义"说：

> 一阴一阳之卦，在下者为《复》《姤》，在上者为《夬》《剥》，其义主于消长也。在二、五者，阳在二为《师》之将，在五为《比》之王；阴在二为《同人》之君子，在五为《大有》之君子。其义主于得位也。在三、四者，阳在三则以刚行柔为"劳谦"，在四则以刚制柔为"由豫"；阴在三则以柔行刚为《履》，在四则以柔制刚为《小畜》。其义主于用事也。[21]

这是一种稍嫌笼统的解释。具体而微的解释则要回到各卦的具体情境之中。本章为了避免论述支离，兹不详述。

王弼所说"主爻"的第二种情况是"中爻"。他说："杂物撰德，辩是与非，则非其中爻，莫之备矣！""古今虽殊，军国异容，中之为用，故未可远也。"[22]

"中爻"是一个有些含糊的概念。孔颖达以内卦之二爻、外卦之五爻为"中爻"，这也是我们通常所说的"中爻"。朱熹排除初、上二爻，中间之二、三、四、五爻皆谓之"中爻"。然通观王弼《周易注》，所言"中爻"多为外卦之中爻（即五爻），如：

  《讼》卦九五"处得尊位，为讼之主"；

  《观》卦九五"居于尊位，为观之主"；

  《噬嗑》卦六五"能为啮合而通，必有其主，五则是也"；

  《贲》卦六五"处得尊位，为饰之主"；

  《无妄》卦九五"居得尊位，为无妄之主"；

  《大畜》卦六五"五处得尊位，为畜之主"；

  《坎》卦九五"为坎之主而无应辅"；

  《恒》卦六五"居得尊位，为恒之主"；

  《晋》卦六五"柔得尊位，阴为明主"；

  《益》卦九五"得位履尊，为益之主者也"；

  《夬》卦九五"五为夬主，非下所侵"[23]；

  《涣》卦九五"处尊履正、居巽之中……为涣之主，唯王居之"；

  《节》卦九五"当位居中，为节之主"；

  《中孚》卦九五"居尊位以为群物之主，信何可舍"；

  《未济》卦六五"以柔居尊，处文明之盛，为未济之主"；等等。

以上十五卦，是以外卦的中爻（即五爻）为尊位，为一卦之主。

相比之下，以内卦之中爻（二爻）为主爻的例子则甚少。《师》卦虽以二爻为主爻，但它属于独爻，可以不论。除此之外，似乎就只有《遯》卦的二爻为主爻了。王弼称《遯》卦六二"居内处中，为遯之主"[24]。

由上论可知，王弼所说的"主爻"主要是指独爻或中爻

（外卦之中爻）。但《易经》的义例总有"例外"。王弼的《周易注》中包容了这种"例外"。如《屯》卦，应是以初爻为一卦之主，所以王弼说："屯难之世，阴求于阳，弱求于强，民思其主之时也。初处其首，而又下焉，爻备斯义，宜其得民也。"[25] 又如《颐》卦，王弼以上爻为一卦之主，他说："以阳处上，而履四阴，阴不能独为主，必宗于阳也，故莫不由之以得其养。故曰由颐。为众阴之主，不可渎也。"[26]《颐》卦是以上爻为一卦之主，《明夷》卦也是如此，"明夷之主，在于上六"，也是以上爻为一卦之主。

综上所述，我们可以对王弼讲的"主爻"做一个初步的统计：六十四卦中，具有主爻的卦包括独爻之卦十二卦，中爻之卦十六卦，初上爻之卦三卦，共计三十一卦。

（四）"二体"说

王弼提出，凡不由"主爻"说来解释一卦之义的，可由"二体"说来解释，他说："或有遗爻而举二体者，卦体不由乎爻也。"所谓"二体"说，如上所述，即由一卦上下二体之关系来解释此卦大义。事实上，对于《周易》的解释，原本是以"二体"说为主的。"主爻"说应该是王弼的一个发明。在他看来，当一卦之义既可用"二体"说来解释，又可用"主爻"说来解释时，"主爻"说有优先解释的权利。但六十四卦并非每一卦都有主爻，依照上面的分析，能用主爻说来解释的，最多不过三十一卦。当然，能用"主爻"说解释三十一卦，这个比例已经非常高了。而凡不能用"主爻"说来解释一卦之义的就只好用"二体"说来解释了。依照孔颖达的解释，《周易》六十四卦除《乾》《坤》两卦外，其余六十二卦皆可以上下二体的关系来说一卦之大义："总包六爻，不显上体下体，则《乾》《坤》二卦是也。"事实上，《周易·大象传》正是以"二体说"为主来说一卦之大义的。由于"二体"说是解释卦义的常法，又不是王弼自己的发明，所以王弼只是一语带过，"或有遗爻而举二体者，卦体不由乎爻也"。

第二节　王弼《周易注》与汉、宋易注之比较

大家知道，易学有两大流派：一为象数派，一为义理派。汉代易学普遍为象数派。自魏王弼义理派易学出现之后，两汉各家易说渐趋亡佚，于今只见断编残简。王弼义理派易学所显现的优势为唐孔颖达等人所推重，也为宋代理学家所重视。但王弼是玄学家，又为宋儒所忌讳。特别是王弼《周易注》为晋代韩康伯所续补者，有较多的"虚无"思想，尤为宋儒所拒斥。但学术毕竟是学术，其间虽有门户之别，前人所做出的卓越贡献不能不为后人所继承。故程颐授《易》，令人"先看王辅嗣"[27]。

本节所论，主要解决两个认知问题：一是将王弼《周易注》与汉儒易注做比较，汉儒易注以郑玄《周易注》的残篇为代表。虽然所举之例只有两条，亦可见两者的天壤之别。二是将王弼《周易注》与宋儒易注做比较，宋儒易注以胡瑗、程颐、杨万里等人的易注为代表，从中可见两者因袭与发展的关系。

（一）王弼易与郑玄易之比较

郑玄迷信纬书的权威，借助纬书《周易乾凿度》，创造了一种"爻辰"说，将由自己新整合的《乾坤爻辰图》和《乾坤爻辰所值二十八宿图》作为一种理论模型，试图以此对《周易》卦爻辞作出一种符合天象的"科学"解释。但所作出的解

释穿凿附会，为通人所不取。今举二例：

1. 对《比》卦初六爻辞"有孚盈缶"的解释。郑玄注说："爻辰在木，上值东井。井之水，人所汲，用缶。缶，汲器也。"[28] 初六在《乾坤爻辰所值二十八宿图》与十二干支中的"未"相配，上值二十八宿中的东方井星，井之水，人所汲用缶，"缶"为汲水之器。这样就把"有孚盈缶"解释成对星象的一种表述了。

作为对比，我们来看，王弼《比》卦初六爻辞"有孚盈缶"是怎样解释的。《比》卦初六爻辞："有孚，比之无咎。有孚盈缶，终来有它吉。"王弼注："处比之始，为比之首者也。夫以不信为比之首，则祸莫大焉。故必有孚盈缶，然后乃得免比之咎。故曰：'有孚，比之无咎也。'处比之首，应不在一，心无私吝，则莫不比之。著信立诚，盈溢乎质素之器，则物终来，无衰竭也。亲乎天下，著信盈缶，应者岂一道而来，故必有它吉也。"[29]

《比》卦是讲人与人的亲比关系，初爻是一卦之始，它要讲出亲比关系的首要法则——"孚信"。如果亲比关系开始就没有"孚信"，那这种亲比关系将"祸莫大焉"。那如何判断双方有无"孚信"呢？就要看他是否"有孚盈缶"。"缶"是质素之器，没有任何装饰。人的"孚信"也不需要任何装饰，而能"盈溢"在外，人见之而被感动。"应不在一，心无私吝"，是说初六一爻与其他爻并无正应关系，表示其人无偏应私爱。如果具有此种品德，那同他亲比的就非止一人，还会有其他人来同他亲比。王弼未讲爻象如何如何，只解释爻辞字义，已经将此爻辞的意思讲得很完美了。而且，他的解释有一种人文关怀的教诫意义在其中，这比上文郑玄穿凿附会地讲天象要好多了。

2. 对《坎》卦六四爻辞"樽酒簋贰，用缶"的解释。郑玄注：“爻辰在丑，丑上值斗，可以斟之象。斗上有建星，建星之形似簋。贰，副也。建星上有弁星，弁星之形又如缶。”[30] 六四在《乾坤爻辰所值二十八宿图》与十二干支中的“丑”相配，上值斗星，斗可以斟，故曰“樽酒”。郑玄又注《月令》谓“建星在斗上”，而“建星之形似簋”。《石氏星经》又谓“天弁在建”，郑玄亦谓“建星上有弁星，弁星之形又如缶”，这样就把《坎》卦六四爻辞“樽酒簋贰，用缶”解释成对北斗附近星象的一种表述了。

作为对比，我们来看王弼对《坎》卦六四爻辞“樽酒簋贰，用缶”是怎样解释的。王弼注：“处重险而履正，以柔居柔，履得其位，以承于五。五亦得位，刚柔各得其所，不相犯位，皆无余应，以相承比。明信显著，不存外饰。处坎以斯，虽复一樽之酒，二簋之食，瓦缶之器，纳此至约，自进于牖，乃可羞之于王公，荐之于宗庙，故终无咎也。”[31] 王弼此注强调了六四与九五以俭约为礼、以诚信相待的关系，但未明言两者的身份，因此注文不甚明了。虽然如此，其讲人事，而非天象，与郑玄注已然大不相同。

李鼎祚《周易集解·序》评论王弼、郑玄两家说：“王、郑相沿，颇行于代（世），郑则多参天象，王乃全释人事。”[32] 上述举例正好印证了李鼎祚这一看法。明董斯张《广博物志》卷二十六称：当年“王弼注《易》，刻木偶为郑玄象，见其所误，辄呼叱之”[33]。其实，这不仅是王弼一人对郑玄的态度。曹魏之际，王肃、何晏等人对郑玄皆持类似的态度。

（二）王弼《周易注》对宋代义理派的影响

王弼《周易注》对宋代义理派的影响是巨大而深刻的。我们无需从《周易注》拈出特别的例子来说明这一点，因为这样的例子俯拾皆是。仅以前述《比》卦初六爻辞“有孚盈缶”和

《坎》卦六四爻辞"樽酒簋贰，用缶"之例便可说明。

1.《比》卦初六爻辞"有孚盈缶"

北宋胡瑗在太学讲学，其讲稿整理成《周易口义》，在讲到《比》卦时，所讲的意思与王弼基本相同，只是说法有所不同而已。胡瑗说：

> 凡亲比之道，贵心无系应，光大其志，来者见纳，则得为比之道也。今初六处《比》卦之初，以柔顺之质而上无专应，是有由中之信，行亲比之道，自然不蹈于咎过者也。"有孚盈缶"者，"缶"即素质之器也。凡亲比之人，苟无由中之信，虽丰其礼、盛其器，以接于物，终无有信之者，今以至约之礼、至俭之器也，然此初六本有至信发之于中，以接于物，虽此质素之器，以其信而盈溢之，则合于亲比之道，所以获吉也。……"终来有它吉"者，盖此初六，本负广大之德无应之私，又以其至信盈溢于素质之器，故于终久之道，有它来比辅而得其吉也。若西汉郑当时待四方贤士，以延时髦而辅己之不逮，然奉养不过一盘餐而已，盖本以至信接物，当世贤士英杰莫不归心，以是尽所以比附之道也。[34]

程颐是胡瑗的学生，师弟二人被清代四库馆臣视为"儒理宗"的代表人物。程颐曾用近五十年的时间著成《周易程氏传》（即《伊川易传》），这期间他曾有许多思考和比较，我们看到，至少在《比》卦初六爻辞"有孚盈缶"的解释上，程颐的解释并未超出王弼和胡瑗的范围，只是表述的语言更为凝练和概括。程颐说：

　　　诚信充实于内，若物之盈满于缶中也。缶，质素
之器。言若缶之盈实其中，外不加文饰，则终能来有他
吉也。他非此也，外也。若诚实充于内，物无不信，岂
用饰外以求比乎？诚信中实，虽他外皆当感而来从。孚
信，比之本也。[35]

　　杨万里是程颐的后学，是易学"史事宗"的代表人物，其
所著《诚斋易传》每卦每爻皆配以历史故事，这是其书的特
点。而其解《易》的基本思想则近本于程颐，远祖于王弼。他
对《比》卦初六爻辞"有孚盈缶"解释说：

　　　亲在始，始在诚，诚在实，实在质。初六，亲比
之始也。"孚"言诚，"盈"言实，"缶"言质。与物相
亲之始，必在我者有至诚之心，充实而不虚，淳质而不
饰，则在彼之吉，我皆终能来而有之矣。故余、耳之交
初隙末，则如勿交；周、郑之信不由衷，则如勿信；惟
谨始故克终，惟尽此之诚，故来彼之吉。他，彼也。[36]

　　前面数句，乃是对王弼、胡瑗、程颐解释的进一步概括。
若无以上数人的解释，杨万里的概括会显得很突兀。后面举出
两个典故以证明其观点：一是楚汉之交，陈余、张耳的故事，
二人其始结为刎颈之交，其后反目成仇，以势利互相倾轧。二
是东周初年，东周王室与郑国的故事，其初周王室与郑庄公交
质立信，后又背盟相抗。他用这两个故事来证明"孚信"对于
建立亲比关系的重要性。

　　2.《坎》卦六四爻辞"樽酒簋贰，用缶"

　　如上所述，王弼虽然反对郑玄的见解，但他自己于此条注
解得也不甚明了。这主要是因为，此条乃是《易经》的难点之

一。凡此类问题，历代经学家有一个不断努力以求善解的过程。北宋胡瑗《周易口义》在讲到此条时，便在王弼《周易注》的基础上明确讲明了六四与九五的关系。九五是君，六四是臣，君臣相交，"上无猜忌之心，下无疑贰之志"，他说：

> 　　六四出于下卦，而居上卦之始，以阴居阴，是履得其正。上又近九五之君，九五又无应，故尽心而委任之。上下相交，君臣相接，故上无猜忌之心，下无疑贰之志。故其相待之物，不假外饰，虽以一樽之酒、贰簋之食，又以瓦缶质素之器，纳其至约于户牖之间，以此相待，亦终无其悔咎也。盖至诚相通，心志相交，故不假饰于外物。盖牖者，所以通幽而达明也。[37]

　　也正因为此条是《易经》的难点之一，程颐花了很大气力来注释它，于是关于此条有一个长达六百余字的详尽注释，兹节其要录之：

> 　　大臣当险难之时，唯至诚见信于君，其交固而不可间，又能开明君心，则可保无咎矣。夫欲上之笃信，唯当尽其质实而已。……所用一樽之酒，二簋之食，复以瓦缶为器，质之至也。其质实如此，又须"纳约自牖"。"纳约"谓进结于君之道。牖，开通之义。室之暗也，故设牖所以通明。"自牖"言自通明之处，以况君心所明处。……人臣以忠信善道结于君心，必自其所明处，乃能入也。……且如君心蔽于荒乐，唯其蔽也。故尔虽力诋其荒乐之非，如其不省何？必于所不蔽之事，推而及之，则能悟其心矣。自古能谏其君者，未有不因其所

明者也。故讦直强劲者率多取忤，而温厚明辩者其说
多行。且如汉祖爱戚姬，将易太子，是其所蔽也。群臣
争之者众矣。嫡庶之义，长幼之序，非不明也。如其蔽
而不察何？四老者，高祖素知其贤而重之。此其不蔽之
明心也。故因其所明而及其事，则悟之如反手。……又
如赵王太后爱其少子长安君，不肯使质于齐，此其蔽于
私爱也。大臣谏之虽强，既曰蔽矣，其能听乎？爱其子
而欲使之长久富贵者，其心之所明也。故左师触龙因其
明而导之以长久之计，故其听也如响。非惟告于君者如
此，为教者亦然，夫教必就人之所长，所长者心之所明
也。从其心之所明而入，然后推及其余，孟子所谓"成
德达才"是也。[38]

　　程颐这里的一个重要发明，是对于"自牖"二字的解释，
强调开导和说服别人，关键在于"必自其所明处，乃能入"，
他举"商山四皓"说服汉高祖的例子，又举左师触龙说服赵太
后的例子，来阐释这个道理，是比较有说服力的。

第三节　结语

　　自王弼义理派易学崛起，汉代那些宏大的《周易》象数学
体系便轰然倒塌。一个仅有二十四岁生命的青年学子，能创造
这样一种学术奇迹，乃因其找到了经典诠释的正确方向。王
弼所著《周易略例》，可以视为他进入易学殿宇"登堂入室"
的简便路径。其中提出了一些《周易》诠释的重要方法，如
（一）"得意忘象"论；（二）"卦者，时也"的时运论；（三）
"主爻"说等。将郑玄《周易注》与王弼《周易注》相比较，

可以印证李鼎祚"郑则多参天象，王乃全释人事"的判断，两家易学有天壤之别。将王弼《周易注》与宋代义理派胡瑗、程颐、杨万里等易注相比较，可以明显看到宋代义理派对王弼易学的继承与发展。

注释：

[1]〔晋〕陈寿撰，〔南朝宋〕裴松之注：《三国志》，北京：中华书局，1982 年，第 795 页。

[2]〔魏〕王弼、〔晋〕韩康伯注，〔唐〕孔颖达等正义：《周易正义》，〔清〕阮元校刻：《十三经注疏》，北京：中华书局，2009年，第 14 页。

[3]〔宋〕章如愚：《群书考索续集》，《景印文渊阁四库全书》第 938 册，台北：商务印书馆，1986 年，第 11 页。

[4]〔宋〕陈振孙：《直斋书录解题》，上海：上海古籍出版社，1987 年，第 1 页。

[5]〔宋〕王炎：《双溪类稿》，《景印文渊阁四库全书》第 1155 册，第 723 页。

[6][7][8][9][10][11][12][14][17][18][19][22][24][25][26][29][31]〔魏〕王弼撰，楼宇烈校释：《周易注（附周易略例）》，北京：中华书局，2011 年，第 414，370，414，414，415，415，409，409，421—422，395，395—396，395，181，26，149，52，160 页。

[13]〔宋〕李纲：《李纲全集》，长沙：岳麓书社，2004 年，第 1293 页。

[15]〔宋〕李觏：《李觏集》，北京：中华书局，1981 年，第 47 页。

[16]参见姜广辉《"文王演周易"新说》，《哲学研究》1997

年第 3 期。

［20］〔清〕乔莱：《易俟》，《景印文渊阁四库全书》第 42 册，第 65 页。

［21］〔宋〕项安世：《周易玩辞》，《景印文渊阁四库全书》第 14 册，第 260 页。

［23］《夬》卦是一阴五阳之卦，即为独阴之卦，当以上六谓主爻。但此主爻犹如"众矢之的"，盖五阳爻代表君子，欲共同决去上六之小人。而五阳爻中则以九五为主导，是为"夬主"。

［27］〔宋〕俞琰：《读易举要》，《景印文渊阁四库全书》第 21 册，第 459 页。

［28］［30］〔宋〕王应麟：《周易郑康成注》，《景印文渊阁四库全书》第 7 册，第 132，135—136 页。

［32］〔唐〕李鼎祚撰，王丰先点校：《周易集解》，北京：中华书局，2016 年，第 8 页。

［33］〔明〕董斯张：《广博物志》，《景印文渊阁四库全书》第 981 册，第 7 页。

［34］［37］〔宋〕胡瑗撰，〔宋〕倪天隐述：《周易口义》，《景印文渊阁四库全书》第 8 册，第 228，309 页。

［35］［38］〔宋〕程颐撰，王孝鱼点校：《周易程氏传》，北京：中华书局，2011 年，第 48，165—167 页。

［36］〔宋〕杨万里：《诚斋易传》，《景印文渊阁四库全书》第 14 册，第 546 页。

第二十六章
汉唐时期的尚书学

关于《尚书》，先秦文献皆称《书》，不称《尚书》[1]，至汉儒始称《尚书》。而关于"尚"字，纬书《春秋说题辞》说："尚者，上也，上世帝王之遗书也。"[2]刘歆认为"尚"字乃欧阳氏所加，他说："《尚书》，直言也，始欧阳氏先名之。"[3]唐代孔颖达则说："尚者，上也。言此上代以来之书，故曰《尚书》。"又说："'尚'字乃伏生所加也。自伏生言之，则于汉世，仰遵前代，自周以上皆是。……'书'是本名，'尚'是伏生所加。"[4]

《尚书》是秦始皇"焚书"政策重点打击的对象之一。它能存续下来，是值得万分庆幸的一件大事。

秦国采用法家的政策统一中国后，儒家学者试图将秦王朝引向"德治"的轨道，屡屡称引《诗》《书》，讲先王之道，结果招致秦王朝法家势力的极大反感，遂发生历史上著名的"焚书坑儒"事件。公元前214年，秦始皇接受丞相李斯的建议，颁布焚书令："非博士官所职，天下敢有藏《诗》、《书》、百家语者，悉诣守、尉杂烧之。有敢偶语《诗》《书》者，弃市。"[5]当时在儒家六经中，《周易》作为卜筮之书不在焚禁之列，其他经典如《诗经》《春秋》虽亦同遭焚禁的厄运，或因学人记诵，或因博士所藏，还是比较完整地保存下来。而《尚书》相

比其他儒家经典而言，却成了最为残缺的经典。也正因为如此，这部书在篇目、真伪、传承等方面成为两千年儒家经学史中歧见最多的一部书。正如龚自珍所说："《尚书》千载如乱丝。"[6]

第一节　《今文尚书》及其在汉代的流传

汉惠帝时，除挟书之禁，从民间搜集先秦遗书，《尚书》成为五经中最难访求的一部书。关于先秦《尚书》的遗存，司马迁《史记》记叙最早且最具权威性。《史记·儒林列传》：

> 伏生者，济南人也。故为秦博士。孝文帝时，欲求能治《尚书》者，天下无有，乃闻伏生能治，欲召之。是时伏生年九十余，老，不能行，于是乃诏太常使掌故朝错往受之。秦时焚书，伏生壁藏之。其后兵大起，流亡，汉定，伏生求其书，亡数十篇，独得二十九篇，即以教于齐鲁之间。学者由是颇能言《尚书》，诸山东大师无不涉《尚书》以教矣。[7]

在秦王朝的高压统治之下，曾经做过秦博士的济南伏生成为尚书学存亡继绝的关键人物。伏生名叫伏胜，当秦朝禁书的时候，伏生将《尚书》藏于屋壁之中。秦末发生战乱，伏生被迫流亡。等到战乱结束，新兴的汉王朝建立，伏生返家后发现先前藏于屋壁中的书，已经亡失数十篇，只剩下二十九篇。汉文帝时，欲征召能治《尚书》的儒者，其时唯有伏生能治《尚书》，而年九十余岁，不良于行，朝廷只好派太常掌故晁错（即朝错，前200—前154）往受伏生《尚书》。晁错以所录《尚书》二十九篇入秦朝廷。这二十九篇《尚书》原本是先秦古书，因在传授过程中以秦汉通行的隶书写定，故被学者称为"《今文尚书》"，以别于后来发现的用先秦六国文字书写的"《古文尚书》"。今所存《今文尚书》文献，依龚自珍等人见解，将伏生所传《尚书》二十九篇，即后世所说的"《今文尚书》"的文献列之于下：

> 《虞夏书》四篇：《尧典》《皋陶谟》《禹贡》《甘誓》；
> 《商书》五篇：《汤誓》《盘庚》《高宗肜日》《西伯戡黎》《微子》；
> 《周书》二十篇：《牧誓》《洪范》《金縢》《大诰》《康诰》《酒诰》《梓材》《召诰》《洛诰》《多士》《无逸》《君奭》《多方》《立政》《顾命》《康王之诰》《费誓》《吕刑》《文侯之命》《秦誓》。[8]

这二十九篇《今文尚书》反映尧、舜以至秦穆公大约两千年期间的重要历史资料，如果没有伏生传承《尚书》，中国的上古史中就会留下一大块空白。鉴于伏生对传承中国文化的巨大功绩，后来曾有人提议，应该用黄金为他铸造遗像。[9]

伏生尚书学的两个传人是张生和欧阳生（字和伯）。欧阳生授倪宽，倪宽授欧阳生之子，世世相传，至欧阳生曾孙欧阳高，其尚书学在汉武帝时被立于学官，此即《今文尚书》的欧阳氏学。伏生的另一门人张生传夏侯都尉，其学在夏侯氏家族内传授，传至夏侯胜而名家，此即《今文尚书》的大夏侯氏学。夏侯胜授其侄夏侯建，夏侯建又受学于欧阳派的欧阳高，其学风与人夏侯氏学有了明显的不同，因而自开学派，此即《今文尚书》的小夏侯氏学。大、小夏侯氏学在汉宣帝时也被立于学官。伏生所传《今文尚书》长期成为尚书学的大宗，重

要的原因之一是其后学的三个流派皆被立于学官。

第二节 《古文尚书》的来历和传承

（一）孔壁《古文尚书》

《古文尚书》，又称孔壁《古文尚书》。所谓"古文"，实际是秦统一全国实行"书同文"制度之前的六国文字。西汉时期，曾在孔子故居屋壁中发现一批古书，其中有《古文尚书》，较《今文尚书》多出十六篇。

> 《史记·儒林列传》："孔氏有《古文尚书》，而安国以今文读之，因以起其家，逸《书》得十余篇，盖《尚书》滋多于是矣。"[10]
>
> 《汉书·艺文志》："《古文尚书》者，出孔子壁中。武帝末，鲁共王坏孔子宅，欲以广其宫，而得《古文尚书》及《礼记》《论语》《孝经》凡数十篇，皆古字也。……孔安国者，孔子后也，悉得其书，以考二十九篇，得多十六篇。安国献之。遭巫蛊事，未列于学官。刘向以中古文校欧阳、大小夏侯三家经文，《酒诰》脱简一，《召诰》脱简二。率简二十五字者，脱亦二十五字，简二十二字者，脱亦二十二字，文字异者七百有余，脱字数十。"[11]

根据孔颖达《尚书正义》"《尧典》"题下所引马融、郑玄《书序》注，《古文尚书》所增多十六篇篇目如下：

《虞夏书》七篇:《舜典》、《汨作》、《九共》、《大禹谟》、《弃稷》(《益稷》)、《五子之歌》、《胤征》;

《商书》六篇:《汤诰》《咸有壹德》《典宝》《伊训》《肆命》《原命》;

《周书》三篇:《武成》《旅獒》《冏命》。

此十六篇《古文尚书》,是先秦《尚书》的一部分。我们以为,这是真《古文尚书》,而且是唯一的真《古文尚书》。龚自珍也认为这是唯一的真《古文尚书》,他因而怀疑《汉书·艺文志》所说的"中古文"(朝廷秘府所藏《古文尚书》)是否存在。龚自珍作《说中古文》,其文说:

成帝命刘向领校中五经秘书,但中古文之说,余所不信。秦烧天下儒书,汉因秦宫室,不应宫中独藏《尚书》,一也;萧何收秦图籍,乃地图之属,不闻收《易》与《书》,二也;假使中秘有《尚书》,何必遣晁错往伏生所受二十九篇,三也;假使中秘有《尚书》,不应安国献孔壁书,始知增多十六篇,四也;假使中秘有《尚书》,以武、宣之为君,诸大儒之为臣,百余年间,无言之者,不应刘向始知校《召诰》《酒诰》,始知与博士本异文七百,五也;此中秘书既是古文,外廷所献古文,遭巫蛊不立,古文亦不亡,假使有之,则是烧书者,更始之火、赤眉之火,而非秦火矣,六也;中秘既是古文,外廷自博士以汔民间,应奉为定本,斠若画一,不应听其古文家、今文家,纷纷异家法,七也;中秘有书,应是孔门百篇全经,不但《舜典》《九共》之文,终西汉世具在,而且孔安国之所无者,亦在其中,孔壁之文,又何足贵?今试考其情事,然邪不邪,八也;秦火后千古儒者，独刘向、歆父子见全经，而平生不曾于二十九篇外，引用一句，表章一事，九也；亦不传授一人，斯谓空前，斯谓绝后，此古义者，迹过如扫矣，异哉！异至于此，十也；假使中秘书并无百篇，则向作《七略》，当载明是何等篇，其不存者亡于何时，其存者又何所受也，而皆无原委，千古但闻有中古文之名，十一也；中秘既有五经，独《易》《书》著，其三经何以蔑闻，十二也。[12]

针对龚氏之说，皮锡瑞指出："《汉·志》所云中古文，似即孔壁古文之藏中秘者，非必别有一书。而此中秘书不复见于东汉以后，则亦如龚氏所云，毁于更始、赤眉之火矣。"[13]

皮锡瑞所言甚是。司马迁《史记》明言"孔氏有《古文尚书》，……《尚书》滋多于是矣"，是明言孔壁《古文尚书》发现之前，无论朝廷和民间，并没有其他的文本（包括中秘本）。班固《汉书·艺文志》在谈及孔安国献书，"遭巫蛊事，未列于学官"之后，笔锋一转即谈"刘向以中古文校欧阳、大小夏侯三家经文"，"中古文"的字面意思是禁中秘府所藏之古文旧书，此处所言"中古文"实际专指孔安国所献《古文尚书》，之所以不再称孔壁《古文尚书》，而称"中古文"者，是因为此书一经献上，便成为皇家中秘之物，不宜沿其旧称，此点关乎国家体统，史家深明于此。因此刘向用以校欧阳、大小夏侯三家经文的"中古文"，其来源即是孔壁《古文尚书》，当无疑义。

我们还以为，孔安国所献孔壁《古文尚书》在东汉仍然流传，并未毁于更始、赤眉之火，例如东汉许慎《说文解字》称其所附古文的根据之一即是"《书》孔氏"，并在《说文解字》中引用《古文尚书》百余条，有的内容已超出伏生所传

《今文尚书》。

关于孔壁《古文尚书》的传承谱系，是值得仔细研究的一个问题。《汉书·儒林传》说，孔安国传《古文尚书》于都尉朝，此后形成了一个几代传授的谱系，至王莽时代，其五传弟子王璜（字平中）、涂恽（字子真）博取了较高的政治地位。根据《汉书·儒林传》，孔安国《古文尚书》传授谱系是这样的：

孔安国—都尉朝—庸谭—胡常（字少子）—徐敖—王璜、涂恽—桑钦（字君长）

我们再来看《后汉书·贾逵传》，其中有这样的信息：

"贾逵字景伯，扶风平陵人也。……父徽，从刘歆受《左氏春秋》，兼习《国语》《周官》，又受《古文尚书》于涂恽。……逵悉传父业，……与班固并校秘书，应对左右。"[14] 由此我们可以续写孔安国《古文尚书》的传授谱系如下：

刘歆、涂恽—贾徽—贾逵

贾逵是孔壁《古文尚书》的重要传人之一，同时他又曾为同郡杜林所得漆书《古文尚书》作训，此漆书《古文尚书》与孔壁《古文尚书》未知是一是二，但贾逵既肯为之作训，则其书为真《古文尚书》当无疑问。而许慎曾受业于贾逵，由此我们可以认定许慎《说文解字》所引"《书》孔氏"是与孔壁《古文尚书》一脉相传的。

（二）东汉初杜林所得漆书《古文尚书》

东汉初杜林（？—47），号为通儒，尤精文字之学，名望重于世，光武帝时，官至大司空。《后汉书·杜林传》载："杜林字伯山，扶风茂陵人"[15]，"林前于西州得漆书《古文尚书》一卷，常宝爱之，虽遭难困，握持不离身"[16]。杜林较刘歆稍晚，正好经历了两汉之际的王莽、赤眉之乱。杜林于流离兵乱中得漆书《古文尚书》一卷，如获至宝。后杜林传《古文尚书》于卫宏与徐巡，并说"古文虽不合时务，然愿诸生无悔所学"。卫宏有《尚书训旨》，已佚。

又，《后汉书·儒林传》说：

> 扶风杜林传《古文尚书》，林同郡贾逵为之作训，马融作传，郑玄注解，由是《古文尚书》遂显于世。[17]

据此而言，贾逵、马融、郑玄等传承了杜林的《古文尚书》。贾逵（30—101）曾作《尚书古文同异》三卷，已佚；马融（79—166）曾作《尚书注》十卷，已佚，王谟、马国翰有辑本；郑玄（127—200）曾作《尚书注》九卷，已佚，孔广森辑十卷，袁钧辑九卷。

朱彝尊《经义考》说："漆书《古文》虽不详其篇数，而马、郑所注实依是书，陆氏《释文》采马氏注甚多。然惟《今文》及《小序》有注。"[18]

翁方纲《经义考补正》引王聘珍案："杜林所得《古文尚书》，即《艺文志》所云'中古文'，刘向当日以校欧阳、大小夏侯三家经文者也。杜林之本即马、郑传注之本，亦止伏生所传二十八篇。……漆书《古文尚书》原是西汉中秘之本，经新莽之乱，散落民间，而杜林得之也。"又案："汉中秘本多是漆书，后汉有行赂求改兰台漆书以合其私文者。"[19]

皮锡瑞《经学通论》："孔壁古文罕传于世，至东汉卫、贾、马、郑，古文之学渐盛，其原出于杜林，与孔壁古文是一是二，未有明据。"[20]

我们也倾向认为，杜林所得漆书《古文尚书》，或许就是西汉中秘所藏《古文尚书》经新莽之乱而散落民间者，但《后汉书·杜林传》说杜林所得漆书《古文尚书》只有一卷，以通常情况而言，一卷书的篇数不会很多，而陆德明《经典释文》所引马融《尚书注》的内容很多，如果马融《尚书注》是以杜林漆书《古文尚书》为底本的话，那杜林的漆书《古文尚书》可能不只一卷；或者马融、郑玄等人的《尚书注》的底本另有来历。

其次，关于《逸书》十六篇亡佚的时间问题，皮锡瑞提出："《汉·志》所云'中古文'，似即孔壁古文之藏中秘者，非必别有一书。而此中秘书不复见于东汉以后，则亦如龚氏所云，毁于更始、赤眉之火矣。"[21]即认为孔壁《古文尚书》亡佚于两汉之际。朱彝尊也说："终汉之世，下及魏、西晋，莫有见之者。故赵岐注《孟子》、高诱注《吕览》、杜预释《春秋》，凡孔氏增多篇内文，皆曰'逸书'。"[22]然而这种论证也许不能成立，因为"逸书"二字，既可以理解为已逸之《书》，也可以理解为伏生所传二十九篇之外的《古文尚书》，《逸书》十六篇久佚，复出于民间，不为博士所习，孔颖达《尚书正义》"《尧典》"题下引马融《书序》说："逸十六篇，绝无师说。"[23]汉儒重师承，无师说则不敢强为之解，因此马融、郑玄等人的传注只解伏生所传之二十九篇，其外的十六篇皆无传注，所以谓之《逸书》。这里所谓《逸书》者，非逸其文，而是其说逸而无考。此即如阎若璩所说："郑注《书》有亡、有逸，亡则人间所无，逸则人间虽有，而非博士家所读。"[24]许慎《说文解字》明言引据"《书》孔氏"，则马融、郑玄亦当见此书。虽然战乱兵火是《逸书》十六篇再次亡佚的重要原因，但更主要的原因恐怕是"绝无师说"和不立学官，这样它便成为如杜林所说"不合时务"的"无用"之学，而难以为继。以我们的意见，《逸书》十六篇东汉尚存，其亡佚或在东汉之后。

第三节 关于《百篇之序》

在先秦文献中，并无述及《尚书》具体篇数的资料。司马迁《史记》说孔子"序《书传》，上纪唐虞之际，下至秦缪，编次其事"[25]；又说"汉定，伏生求其书，亡数十篇，独得二十九篇"[26]，并未确定说《尚书》本有多少篇。但司马迁当时显然见到了一种《书序》，并相信《书序》所述内容的真实性，因此其《史记》中的《五帝本纪》《夏本纪》《殷本纪》《周本纪》《秦本纪》，乃至《燕世家》《鲁世家》《晋世家》等多引《书序》(小序)，其中包括许多逸篇之名并序文内容。

汉代关于《尚书》有百篇之说，并认为有《百篇之序》，这个问题是怎么产生的呢？

在西汉末年，学界有了"《尚书》百篇"的说法。如扬雄（前53—18）《法言》卷四说："昔之说《书》者序以百。"[27]扬雄《法言》的真实性已无可置疑，这说明至少在西汉末年已确有《百篇之序》。到了东汉，"《尚书》本百篇"几乎成了学者的共识，如王充说："《尚书》本百篇，孔子以授也。"[28]班固《汉书》更提出《百篇之序》即是孔子所作："《书》之所起远矣，至孔子纂焉，上断于尧，下讫于秦，凡百篇，而为之序，言其作意。"[29]那么，扬雄等人的"《尚书》百篇"之说又来自哪里呢？

依笔者的看法，司马迁所引用的《书序》可能来自西汉孔安国，应该是司马迁"向孔安国问故"所得到的。我们这样说有什么根据呢？唐初陆德明《经典释文》卷三透露了一条重要的信息："今马、郑之徒，百篇之序，总为一卷。孔以各冠其篇首，而亡篇之序，即随其次第，居见存者之间。"[30]孔颖达甚至比较了郑玄注本与晋人所伪托的孔安国传本关于《百篇之目》的不同排序：

其百篇次第于序，孔、郑不同，孔以《汤誓》在《夏社》前，于百篇为第二十六，郑以为在《臣扈》后，第二十九；孔以《咸有一德》次《太甲》后，第四十，郑以为在《汤诰》后，第三十二；孔以《蔡仲之命》次《君奭》后，第八十三，郑以为在《费誓》前，第九十六；孔以《周官》在《立政》后，第八十八，郑以为在《立政》前，第八十六；孔以《费誓》在《文侯之命》后，第九十九，郑以为在《吕刑》前，第九十七。[31]

这说明：马融、郑玄为西汉真《古文尚书》作注，其注本中都有"总为一卷"的《百篇之序》，因为《百篇之序》本身不算是经，因而它没有被后儒计算在增多的十六篇之内。马融、郑玄的《百篇之序》中的序文与东晋人的《书序》（小序）序文是否完全一致，我们不得而知。我们推测，东晋造伪者或将马、郑《百篇之序》序文直接窃取过来，或略做改变，将其分散于各篇，冠其篇首，传之于世，这就是我们今天见到的孔传本《书序》（小序），而马融、郑玄注本中的《百篇之序》后来连同所注《古文尚书》一起遗佚了。而《史记》所引《书序》（小序）当略存孔壁《百篇之序》的梗概。

第四节　《尚书》伪经伪说的流行

《尚书》是中国最古之书，伏生所传《尚书》只有二十九篇，而另有数十篇亡佚，由是学人皆知《尚书》是残缺不全之书，因而对于其余篇章的发现，便是学术界非常重视和期待的事情。汉晋之世，统治者奖励献书，这种政策刺激了一些人造作伪经。汉世经秦焚书浩劫，古书遗存不多，当时虽有造伪经者，因可凭借之资源甚少，造伪作品低劣，易被识破。西汉末期，谶纬之学盛行，作伪者皆知造伪经难而造谶纬易，于是舍造伪经而大造纬书，利用纬书放言论经，因而有关儒经传授的伪说颇多。汉末魏晋之世，出土之古文经已成规模，古文经学蔚然成风，学林渐多通儒。此时有欲以献书邀名希宠者，其人往往学植深厚，能遍览百家之书，汇集逸书遗言，造伪书而乱真经。后世一些学人专事辨伪，兀兀穷年，颇受其累。而伪经、伪说之影响仍难完全消除。

（一）西汉中期河内女子献伪《泰誓》一篇

《泰誓》本称《大誓》，古人于大、太通用，故亦称《太誓》，泰字当是通假字，而非本字。王应麟《困学纪闻》谓：《泰誓》古文作大誓，故孔氏注云："大会以誓众。"这里我们仍按习惯称《泰誓》。伏生所传《今文尚书》本无《泰誓》一篇，《泰誓》后得。而关于《泰誓》奏献的时间，诸家说法有所差异。

西汉末刘向（约前 77—前 6）《别录》谓："武帝末，民有得《太誓》书于壁内者，献之。"[32] 东汉初王充《论衡·正说》谓："孝宣皇帝之时，河内女子发老屋，得逸《易》《礼》《尚书》各一篇，奏之。"[33] 唐陆德明《经典释文叙录》谓："汉宣帝本始中，河内女子得《太誓》一篇献之。"[34] 如果我们折中"武帝末"与"宣帝初"两种说法，其间相距不过一二十年。

东汉诸大儒将此篇《泰誓》与古籍所引《泰誓》语比对，无从印证，而皆疑其为伪作，如马融指出，《左传》《国语》《孟子》《荀子》《礼记》所引《太誓》之文，今文《太誓》皆无其语。[35] 此篇《泰誓》大约在魏晋年间便亡佚了。

（二）西汉末期张霸献伪《尚书》百两篇

西汉末期谶纬盛行，有人造纬书《尚书璇玑钤》，其中说："孔子求《书》，得黄帝玄孙帝魁之书，迄于秦穆公，凡三千二百四十篇，断远取近，定可以为世法者百二十篇，以百二篇为《尚书》，十八篇为《中候》。"[36] 纬书侈言夸诞，缪悠无凭，即俗所谓"吹牛不打草稿"之类。但当时人颇信之。在这种情势下，张霸献上伪造的《尚书》百两篇，其书浅陋拙劣，伪迹昭然，当时即被识破。《汉书·儒林传》说："世所传《百两篇》者，出东莱张霸，分析合二十九篇以为数十，又采《左氏传》《书叙》为作首尾，凡百二篇。篇或数简，文意浅陋。成帝时求其古文者，霸以能为《百两》征，以中《书》校之，非是。"[37]

虽然张霸所献《尚书》百两篇被黜不曾行世，但纬书所称孔子编定《尚书》百两篇之伪说，长期以来仍有相当大的影响。

（三）东晋梅赜所献伪《古文尚书》

《尚书》在其流传的过程中，发生过严重的伪窜变化，却长期不为学者所知。所谓伪《古文尚书》，就其实质而言，是指流传至今的《尚书》五十八篇中的二十五篇伪作。这些伪作出现在哪个时代？沿流溯源，可以寻迹于东晋元帝时期的豫章内史[38]梅赜（或作梅颐）献《古文尚书》之事。

陆德明《经典释文叙录》谓：

> 江左中兴，元帝时，豫章内史梅赜奏上孔传《古文尚书》，亡《舜典》一篇，购不能得，乃取王肃注《尧典》，从"慎徽五典"以下分为《舜典》篇以续之，学徒遂盛。[39]

《隋书·经籍志》谓：

> 晋世秘府所存，有《古文尚书》经文，今无有传者。及永嘉之乱，欧阳，大、小夏侯《尚书》并亡。……至东晋，豫章内史梅赜，始得安国之传，奏之。[40]

晋怀帝永嘉年间，石勒攻陷洛阳，怀帝被虏，晋秘府藏书尽罹于兵燹，《隋书·经籍志》说，当此之时，"欧阳，大、小夏侯《尚书》并亡"。按此说法，孔壁《古文尚书》岂有独存之理。而梅赜献所谓"孔传《古文尚书》"之时代正好与此时代相衔接。这也正是梅赜所献伪《古文尚书》得以行世的一个历史契机。但此书未必是梅赜本人所伪造。在梅赜之前，尚有一串传承者的名单。

孔颖达《尚书正义》"《虞书》"题下引《晋书》云：

> 晋太保公郑冲以古文授扶风苏愉，愉字休预。预授天水梁柳，字洪季，即（皇甫）谧之外弟也。季授城阳臧曹，字彦始。始授郡守子汝南梅赜，字仲真，又为豫章内史，遂于前晋奏上其书而施行焉。[41]

按：此条引文不见于今二十四史中的《晋书》，唐刘知幾《史通》称唐修《晋书》以前，有前后晋史十八家。[42]今众书皆亡，孔颖达所引《晋书》语究竟出自哪一家，今已无从考见。后世学者或怀疑伪《古文尚书》出自皇甫谧，或怀疑出自王肃门人，等等，然并无确据。

梅赜所献《古文尚书》五十八篇，其中有三十三篇与伏生所传《尚书》的内容相合，实际是从伏生所传二十九篇中的《尧典》分出《舜典》一篇；从《皋陶谟》分出《益稷》一篇；又将《盘庚》分为上、中、下三篇。这一部分（除去《舜典》后增篇首二十八字外）就是《今文尚书》的内容，只是个别文字参酌马融的《尚书注》和郑玄的《尚书注》而有所改易而已。

另外加入的就是伪作二十五篇，其篇目是：

> 一、《大禹谟》；二、《五子之歌》；三、《胤征》；四、《仲虺之诰》；五、《汤诰》；六、《伊训》；七、《太甲上》；八、《太甲中》；九、《太甲下》；十、《咸有一德》；十一、《说命上》；十二、《说命中》；十三、《说命下》；十四、《泰誓上》；十五、《泰誓中》；十六、《泰誓下》；十七、《武成》；十八、《旅獒》；十九、《微子之命》；二十、《蔡仲之命》；二十一、《周官》；二十二、《君陈》；二十三、《毕命》；二十四、《君牙》；二十五、《冏命》。

伪《古文尚书》作伪有其巧妙之处，其五十八篇的篇数与马融《尚书注》和郑玄《尚书注》的篇数相合；其托名孔安国的《传》和《序》，与历史上孔安国献书之事相合；其相关文句又能与古籍中所引《尚书》语相吻合；还有在二十五篇伪作中有很多格言警语，深化了儒家义理，此正如吴澄所说："梅赜二十五篇之书出，则凡传记所引《书》语，注家指为《逸书》者，收拾无遗，既有证验，而其言率依于理，比张霸伪书辽绝矣。"[43] 正是由于有这些特点，所以许多儒者相信这就是孔壁《古文尚书》，并习惯上称之为"孔《传》"。南北朝至隋代，"孔《传》"与"郑《注》"（郑玄《尚书注》）并行，而后郑《注》逐渐衰微。唐初，先有陆德明对孔《传》本加以表彰，继有孔颖达等人据此本作《尚书正义》，颁行天下。

宋代，吴棫、朱熹等学者开始怀疑增多的二十五篇为伪作。明代梅鷟始著专书《尚书考异》排击伪《古文尚书》，清代阎若璩更著《尚书古文疏证》，抉发伪《古文尚书》造伪之迹，不遗余力。至此，梅赜所献"孔传《古文尚书》"是伪书已成定谳。

（四）南朝齐明帝时姚方兴献伪《舜典孔传》一篇

东晋初梅赜献伪孔传《古文尚书》时，称亡失《舜典》一篇。当时鉴于王肃注近似伪孔传，乃取王肃注《尧典》，从"慎徽五典"以下分出为《舜典》一篇以充之。这篇《舜典》因为原是《尧典》的一部分，就其经文内容而言，属于《今文尚书》，但其分割形式及其传注则属于伪作，而且这种分割还带来一个问题，即《舜典》以"慎徽五典"开篇，显得没头没脑。于是就又有造假者出来了。陆德明《经典释文叙录》说："齐明帝建武中，吴兴姚方兴采马、王之注，造孔传《舜典》一篇，云：于大航头买得，上之。"[44] 作伪者不知所谓"孔传《古文尚书》"已是伪作，又作伪加以补缀，可说伪中之伪。这篇伪作在开头加上"曰若稽古，帝舜，曰重华，协于帝，浚哲文明，温恭允塞，玄德升闻，乃命以位"，凡二十八字。孔颖达《尚书正义》也述其事说：

> 昔东晋之初，豫章内史梅赜上《孔氏传》，犹缺《舜典》。自此"乃命以位"已上二十八字，世所不传。……至齐萧鸾建武四年，吴兴姚方兴于大航头得孔氏传古文《舜典》，亦类太康中书，乃表上之，事未施行，方兴以罪致戮。至隋开皇初，购求遗典始得之。[45]

不过，对于造伪事主，史家又有不同的见解，如明郑晓认为，这二十八字并不是姚方兴的伪作，而是隋代人托名姚方兴作伪的，他并对此二十八字——抉发其作伪之迹。郑晓手批元吴澄《书纂言》说：

> 《舜典》"曰若稽古，帝舜"二十八字，盖隋开皇时人伪为之，假设姚方兴以伸其岁月尔。"曰若"句袭诸篇首，"重华"句袭诸《史记》，"浚哲"掠《诗·长发》，"文明"掠《乾·文言》，"温恭"掠《颂·那》，"允塞"掠《雅·常武》，"玄德"掠《淮南子鸿烈》，"乃试以位"掠《史·伯夷传》，正见其蒐窃之踪。[46]

关于此二十八字，陆德明已指出其为伪造，但孔颖达《尚书正义》还是以此二十八字置于《舜典》篇首。

第五节　孔颖达的误判与千年伪案

南北朝时期，郑玄注本《尚书》与孔安国"传"本《尚书》尚并行于世。这两种传本的最大区别是：郑注本所称《古文尚书》较伏生本多十六篇（或细分为二十四篇）；孔传本所称《古文尚书》较伏生本多二十五篇。两者篇名也不相同。

唐初贞观年间孔颖达领衔作《五经义疏》（后由唐太宗定名为《五经正义》），依孔传本作疏，作为官修经典注疏定本，并依此作为科举考试程式。由是，孔传本《尚书》大行于世，而郑注本《尚书》亡佚。然而孔传本《尚书》正包括伪《古文尚书》二十五篇在内。我们认为，使此伪书流行千年，应该归咎于孔颖达的误判。

在两种《尚书》传本并行的情况下，孔颖达需要做孰真孰

伪的判断，他判断梅赜所献《古文尚书》为真，郑玄所注《古文尚书》为伪。孔颖达的判词是这样写的：

> 孔君作传，值巫蛊，不行以终。前汉诸儒知孔本五十八篇，不见孔传，遂有张霸之徒伪作《舜典》、《汨作》、《九共》（九篇）、《大禹谟》、《益稷》、《五子之歌》、《胤征》、《汤诰》、《咸有一德》、《典宝》、《伊训》、《肆命》、《原命》、《武成》、《旅獒》、《冏命》二十四篇，除《九共》九篇共卷，为十六卷，盖亦略见《百篇之序》。故以伏生二十八篇者，复出《舜典》、《益稷》、《盘庚》二篇、《康王之诰》及《泰誓》，共为三十四篇，十六卷，附以求合于孔氏之五十八篇四十六卷之数也。刘向、班固、刘歆、贾逵、马融、郑玄之徒皆不见真古文，而误以此为古文之书。服虔、杜预亦不之见。至晋王肃始似窃见。而《晋书》又云："郑冲以古文授苏愉，愉授梁柳，柳之内兄皇甫谧又从柳得之，而柳又以授臧曹，曹始授梅赜，赜乃于前晋奏上其书而施行焉。"[47]

这完全是一个颠倒黑白的判词，即把真《古文尚书》说成了伪作，将假托孔安国之名的伪《古文尚书》说成了真本。并说刘向、班固、刘歆、贾逵、马融、郑玄、服虔、杜预诸儒皆不曾见此真本。

孔颖达不信汉代《古文尚书》的传授谱系，而信东晋突然出现的伪《古文尚书》，即梅赜所上《古文尚书》五十八篇（即流传至今的孔传本《尚书》），此书据称传自西晋郑冲，郑冲之前未有任何相关传承谱系，汉魏以前之人皆未曾见，此种情况岂不启人疑窦？但孔颖达却信其所当疑，而疑其所当信，并借朝廷功令推行其所定之本。并且他认为西汉诸儒仅知有其篇数而不曾见其书，于是有"张霸之徒"伪造《古文尚书》二十四篇（合《九共》九篇为一篇，即是十六篇）。当时夏侯胜、夏侯建、欧阳和伯等三家所传伏生《今文尚书》已由二十九篇分成三十四篇，亦即后来郑玄为之作注者。二十四篇合三十四篇为五十八篇，"其数虽与孔同，其篇有异"。

关于西汉张霸伪造《尚书百两篇》之事，《汉书·儒林传》有明白的记载。依班固记述，西汉成帝时，张霸曾伪造《尚书百两篇》献于朝廷，其书文意浅陋，一篇文献，或仅数简。汉成帝命人以"中《书》"（中秘所藏《尚书》）校之，结果当下便被识破。这里的关键人物应是刘向，当时刘向领校秘书，而用以校对的所谓"中《书》"，当即是孔安国所献之《古文尚书》。由此可见，张霸其人与孔氏《古文尚书》并无关涉。而孔颖达悍然提出所谓《古文尚书》十六篇（或二十四篇）乃"张霸之徒"所伪造，刘向、刘歆、班固所载皆"张霸之徒"所造之伪书，其所谓"张霸之徒"云云，语意颇为含糊，它可以解释为张霸一类人，未必定指张霸其人，由此亦可见其并无确凿的根据，而纯属主观臆断。这里，孔颖达作了一种旋转乾坤的解读，事实被完全颠倒过来，即东晋梅赜所献《古文尚书》为真孔壁《古文尚书》，而刘向、刘歆、班固所称之《古文尚书》十六篇乃张霸一流人所造之伪《书》。

梅赜所献伪《古文尚书》有一个特点，就是它将先秦文献所引《尚书》佚文包罗无遗。但在载录《尚书》佚文时，不免会犯错误，即把《尚书》佚文以外的句子也录了进去，由此而露出伪作的马脚来。

比如《左传·庄公八年》记载，鲁庄公八年之夏，鲁国军队与齐国军队联合围攻郕国。鲁国与郕国为同姓之国，于义不该伐郕国。当时齐强而鲁弱，郕降鲁则齐怨，降齐则鲁不能争，于是郕独降于齐师，而齐师许其降。其时，仲庆父请求鲁庄公伐齐师，鲁庄公不许，他说："不可。我实不德，齐师何罪？罪我之由。《夏书》曰：皋陶迈种德。德乃降。姑务修德以待时乎？"

杜预注此文，在"皋陶迈种德"之下注："《夏书》，逸《书》也。"他认为，只有"皋陶迈种德"这一句是《夏书》的内容。"德乃降"属于鲁庄公的话。而梅赜所献伪《古文尚书》将"皋陶迈种德。德乃降"两句皆当作《夏书》内容而收录于《大禹谟》中。孔颖达以此为根据，批评杜预说："杜不见古文，故以为逸书，……不知'德乃降'亦是《书》文，谓为庄公之语，故隔从下注。"[48]

那么杜预与孔颖达两家，谁的理解更正确呢？清代阎若璩举出《左传》引文之例，证明杜预的理解是对的。阎若璩说：

> 一部《左氏》，引古人成语，下即从其末之一字申解之者，固不独《庄·八年》夏为然也。《宣·十二年》君子引《诗》曰："乱离瘼矣，爰其适归。归于怙乱者也夫！"《襄·三十一年》北宫文子引《诗》云："靡不有初，鲜克有终。终之实难。"《昭·十年》臧武仲引《诗》曰："德音孔昭，视民不佻。佻之谓甚矣！"皆其例也。又不独《左氏》为然也。《中庸》卒章引《诗》曰："德輶如毛。毛犹有伦。"亦其例也。若必以"德乃降"为《书》语，则"毛犹有伦"亦应见于《烝民》诗矣。何未之见也？
>
> 且"己苟有德，乃为人所降服者"，亦不独见于《庄·八年》夏而已也。《僖·十九年》载"文王伐崇，退而修教，而崇始降"，《僖·二十五年》载"文公围原，退而示信，而原始降"，《昭·十五年》载"穆子围鼓，既令之以杀叛，复令之以知义，而后从而受其降"，皆

其义也。

凡"德乃降"之为庄公释《书》之语，皆历历有证，而伪作《古文》者一时不察，并窜入《大禹谟》中，分明现露破绽，而千载之人徒以其为圣人之经也，而莫之敢议。噫！孰知此作《古文》者固已从而自道破矣。[49]

阎若璩的论证是十分雄辩的。梅赜所献《古文尚书》为伪作，自阎氏之后，已经基本成为学术界的共识。然而在孔颖达之后的千余年间，梅赜所献《古文尚书》一直被当作真《古文尚书》传承和研究。千百年间积非成是，伪案不明，孔颖达之过亦大矣！

注释：

[1] 在先秦，"尚书"二字连用，唯见《墨子·明鬼下》中一条："尚书《夏书》，其次商、周之书。"（参见〔清〕孙诒让撰，孙启治点校：《墨子间诂》，北京：中华书局，2001年，第242页。）清代学者王念孙《读书杂志》七之三已正确指出："尚"与"上"同，"书"当为"者"，言上者则《夏书》，其次商周之书也。（参见〔清〕王念孙：《读书杂志》，扬州：江苏古籍出版社，1985年，第588页。）

[2]〔日〕安居香山、中村璋八辑：《纬书集成》，石家庄：河北人民出版社，1994年，第856页。

[3][18][19][22][32][46]〔清〕朱彝尊原著，林庆彰等编审，冯晓庭等点校：《点校补正经义考》第3册，台北："中央研究院"中国文哲研究所筹备处，1997年，第222，222，135，208，155，240页。

[4][23][31][41][45]〔汉〕孔安国传，〔唐〕孔颖达等正义：《尚书正义》，〔清〕阮元校刻：《十三经注疏》，北京：中华

书局，2009年，第235—240，248，247，248，264页。

〔5〕〔7〕〔10〕〔25〕〔26〕〔汉〕司马迁：《史记》，北京：中华书局，1959年，第255，3124—3125，3125，1935—1936，3124页。

〔6〕〔12〕〔清〕龚自珍：《龚自珍全集》，上海：上海人民出版社，1975年，第65，125页。

〔8〕今学者言《康王之诰》，出于对历史文献的不同解读，或称二十九篇，或称二十八篇。因历史文献记载有许多曲折，其间孰是孰非，已很难论定。但从大家最后所列出的篇目看，称"二十八篇"者，实少列《康王之诰》一篇，而司马迁是把它单列为一篇的，并未并入《顾命》一篇中。今《康王之诰》仍单独列为一篇，不言此篇，则容易使读者误会《今文尚书》不包括《康王之诰》一篇。

〔9〕元吴澄诗云："先汉今文古，后晋古文今。若论伏胜功，遗像当铸金。"（参见〔元〕吴澄：《吴文正集》，《景印文渊阁四库全书》第1197册，台北：商务印书馆，1986年，第843页。）

〔11〕〔29〕〔37〕〔汉〕班固撰：《汉书》，北京：中华书局，1962年，第1706，1706，3607页。

〔13〕〔20〕〔21〕〔清〕皮锡瑞：《皮锡瑞集》，长沙：岳麓书社，2012年，第1295，1278，1295页。

〔14〕〔15〕〔16〕〔17〕〔南朝宋〕范晔撰：《后汉书》，北京：中华书局，1965年，第1234—1235，934，937，2566页。

〔24〕〔49〕〔清〕阎若璩撰，黄怀信、吕翊欣校点：《尚书古文疏证》，上海：上海古籍出版社，2010年，第53，36—37页。

〔27〕〔汉〕扬雄撰，〔晋〕李轨：《法言注》，上海：世界书局，1935年，第13页。

〔28〕〔33〕〔汉〕王充著，黄晖校释：《论衡校释》，北京：中华书局，1990年，第1123，1124页。

［30］［34］［39］［44］〔唐〕陆德明撰，黄焯汇校，黄延祖重辑：《经典释文汇校》，北京：中华书局，2006 年，第 77—78，12，13—14，14 页。

［35］马融这种检证古书的方法未必正确，近年新发现的竹书《老子》，相比传世本《老子》而言，少了许多先秦典籍如《韩非子》等书引录的内容，并不能据此判断它为伪书。

［36］〔清〕赵在翰辑，钟肇鹏、萧文郁点校：《七纬（附论语谶）》，北京：中华书局，2012 年，第 189 页。

［38］晋代习惯称"太守"为"内史"。（参见刘起釪：《尚书学史》，北京：中华书局，1989 年，第 176 页。）

［40］〔唐〕魏徵等：《隋书》，北京：中华书局，1973 年，第 915 页。

［42］刘知幾《史通·古今正史》谓："皇家贞观中，有诏以前后晋史十有八家，制作虽多，未能尽善。乃敕史官，更加纂录。……自是言晋史者，皆弃其旧本，竞从新撰者焉。"（参见〔唐〕刘知幾撰，〔清〕浦起龙释：《史通通释》，上海：上海古籍出版社，1978 年，第 350 页。）

［43］〔元〕吴澄：《吴文正集》，《景印文渊阁四库全书》第 1197 册，第 4 页。

［47］引自〔元〕马端临著：《文献通考·经籍考》，北京：中华书局，2011 年，第 5274 页。

［48］〔晋〕杜预注，〔唐〕孔颖达等正义：《春秋左传正义》，〔清〕阮元：《十三经注疏》，第 3832 页。

第二十七章
孔颖达与《五经正义》

第一节 《五经正义》撰修的历史动因与意义

孔颖达的《五经正义》在中国经学史上具有重要的地位，这是一部官修的经学著作，在历史上发生过巨大和长远的影响。从汉代到唐初，经学的发展经历了这样几个阶段：一、西汉的今文经学发展阶段；二、东汉的古文经学发展阶段；三、魏晋时期的玄学思潮；四、南北朝以降的义疏之学。而孔颖达的《五经正义》就是在这一基础上加以撰修的。

大体说来，汉唐经学属于注疏之学，宋明经学属于义理之学。然而细分之，南北朝、隋唐的义疏之学，较汉代的笺注之学而言，已经是比较注重义理了，只是与后来宋明时期的义理之学不同罢了。因为前者是在经典文本的外壳下来讲义理，而后者则突破经典文本的外壳来讲义理。

孔颖达的《五经正义》是由如下几部经学著作组成的：

一、《周易正义》，依据魏王弼、晋韩康伯注本；

二、《尚书正义》，依据汉孔安国传本；

三、《毛诗正义》，依据汉毛公传、郑玄笺本；

四、《礼记正义》，依据汉郑玄注本；

五、《春秋左传正义》，依据晋杜预注本。

这种注本的选定是唐陆德明（约550—630）《经典释文》以来的共识，而由孔颖达的《五经正义》这一更具权威性的著作加以确认，则成为一种划时代的标志，它凝结和标志着古义经学的胜利，亦凝结和标志着南学的胜利。

经学的统一，首先是经传文本的统一。《诗》《书》《礼》《易》《春秋》，儒家称为"五经"，这是一个笼统含糊的说法，因为《礼》有三礼：《仪礼》《礼记》《周礼》；《春秋》分三传，以传附经，而有《公羊春秋》《穀梁春秋》《左氏春秋》之不同。而陆德明、孔颖达等唐代儒者所谓的"五经"，从实指而言，并不是西汉儒者所谓的"五经"，最主要的是：他们所谓的礼经是指《礼记》，而不是指《仪礼》；他们所说的《春秋》，所采用的是《左氏春秋》，而非《公羊春秋》。

《五经正义》对于传注本的选择，从《毛诗》汉郑玄笺、《春秋左传》晋杜预注、《尚书》汉孔安国传、《礼记》汉郑玄注、《周易》魏王弼注（依据费氏古文）来看，皆属于古文经学。古文经的发现，其意义并不在于它比今文经增加多少篇章，也不在于它与今文经有多大的差异，而是在于由古文经的发现所掀起的历史主义的思潮。古文经学的发展有一段曲折的历史，由于刘歆创议，汉平帝时，《左氏春秋》《毛诗》《古文尚书》曾一度立为学官，而至东汉光武帝中兴，又被罢黜，终汉世未再立为学官。然而学术的发展可以为统治者所利用，却不能完全由统治者来主导。由于东汉时期卫宏、贾逵、马融、许慎、郑玄等大儒倡导，古文经学大行于世。其中郑玄为古文经学之集大成者，郑玄之学以古文经学为宗，兼采今文经学之说，沟通参合，自成一家之言。"学者苦其时家法繁杂，见郑君闳通博大，无所不包，众论翕然归之。"[1]郑玄笺注之书行，而诸家经学渐废。皮锡瑞称之为经学的"小统一时代"。

由于南北朝时期的政治对峙，经学上出现了南学和北学之

分。"江左，《周易》则王辅嗣，《尚书》则孔安国，《左传》则
杜元凯。河洛，《左传》则服子慎，《尚书》《周易》则郑康成。
《诗》则并主于毛公，《礼》则同遵于郑氏。南人约简，得其
英华；北学深芜，穷其枝叶。"[2]北学：《易》《书》《诗》《礼》
皆宗郑玄；《左传》则宗服虔，《世说新语·文学》说郑玄注
《左传》未成，知所注多与服虔同，遂以所注与服虔，是郑、
服之学本一家。南北朝时期所谓的北学实际是东汉以来的郑、
服之学。孔颖达对于传注本的选择，《周易正义》所依据的魏
王弼、晋韩康伯注本，《春秋左传正义》所依据的晋杜预注本
和《尚书正义》所依据的汉孔安国传本，皆属于南学。

　　《世说新语·文学》载支道林评论南、北学风说："北人看
书，如显处视月；南人学问，如牖中窥日。"刘孝标注："学广
则难周，难周则识暗，故如显处视月；学寡则易核，易核则智
明，故如牖中窥日也。"[3]北人"识暗"，南人"智明"，并非
先天智力有什么差别，而是因为北人学问尚未摆脱汉代经学的
神秘主义和烦琐主义的阴影，而南学则是经过了玄学理性主义
的洗礼。从另一方面看，北魏以拓跋氏为代表的贵族集团入主
中原，正经历着一个迅速王权政治制度化的过程，因而对汉以
来重视礼乐制度的儒家经学特别重视。然而就其经学水准而
言，较南朝落后了一个发展阶段。隋统一天下后，经学之所以
统一于南学，其根本原因乃是南学代表了经学的发展和进步，
孔颖达的《五经正义》顺应了这一经学发展的趋势。

　　经学的统一不仅是经、传文本的统一，更主要的是义疏本
的统一。

　　南北朝以来的义疏之学是经学发展的一个必经的和重要的
阶段。儒家经学产生于汉代，汉代儒者于秦火劫余求获儒家经
典，吉光片羽，弥足珍贵。其时各家经师谨守师法，忠实经典
文本，一字不敢出入；解读不通，不妨存疑。然而其后学者研

习经学，不仅传承经典文本而已，还要求对经典的字面意义及其所反映的时代背景、名物制度以及更深层的思想义理有所理解，因此，经学的发展自然呈现出由浅入深、由表及里的过程。由汉儒的训诂、章句之学而有晋人的经义之学，进一步发展则有南北朝、隋唐的义疏之学。

什么是义疏之学？"义"字兼有二义：一谓经之意旨，一谓义理之意；"疏"字亦兼有二义：一谓条录之意，一谓疏通之意。而义疏之体裁，实为系统全面疏解、串讲经书之书。孔颖达在对南北朝众多的五经义疏的研究、比较和选择的基础上撰修《五经正义》，《五经正义》是对南北朝以来的义疏之学的规范和统一。此书颁行后，"自唐至宋，明经取士，皆遵此本。……以经学论，未有统一若此之大且久者"[4]，因此可以说此一时期是经学的"大统一时代"。

第二节 《五经正义》的撰修过程

《旧唐书》卷一八九《儒学传》总结历史经验说："前古哲王，咸用儒术之士，汉家宰相，无不精通一经，朝廷若有疑事，皆引经决定，由是人识礼教，理致升平。近代重文轻儒，或参以法律，儒道既丧，淳风大衰，故近理国多劣于前古。"[5]因为国家的各级官员是从儒生中铨选出来的，这就要求学校教育在经学的修习上有统一的标准，但这一问题由于前代政治分裂、学术异趋等原因一直未能很好地解决，《后汉书》卷三十五《郑玄传》谓："经有数家，家有数说，……学徒劳而少功，后生疑而莫正。"[6]而《北史》卷八十一《儒林上》称东晋以后"正朔不一，将三百年，师训纷纶，无所取正"[7]。《隋书》卷七十五《房晖远传》则谓："江南、河北，义例不同。博士不能遍涉。学生皆持其所短，称己所长，博士各各自疑，所以久而不决也。"[8]要改变这种"师训纷论，无所取正"的状况，就需要由国家功令来完成经学的统一。而一旦国家统一、社会安定，经学的统一便会提上议事日程。因此当隋朝完成国家统一之后，隋文帝便下诏"正定经史"："（萧该）拜国子博士。奉诏与妥正定经史，然各执所见，递相是非，久而不能就，上谴而罢之。"[9]此次"正定经史"的事业未能成功，究其原因，一是主持其事的儒者缺乏权威性，不能成就此事业；二是隋朝是一短命王朝，也不能重新开展并持续进行此事业。

唐王朝继隋之后，建立了巩固的政治基业。唐太宗是一位雄才大略的有为君主，在其继承帝位之后不久，便着手经学的统一工作。贞观四年（630）唐太宗诏颜师古考定五经。颜师古（581—645）是一代大儒，他是北齐名儒颜之推之孙，少传家学，博览群书，尤精诂训，善作文，册奏之工，时无及者。《旧唐书》卷七十三《颜师古传》称："太宗以经籍去圣久远，文字讹谬，令师古于秘书省考定《五经》，师古多所厘正，既成，奏之。太宗复遣诸儒重加详议，于时诸儒传习已久，皆共非之。师古辄引晋、宋已来古今本，随言晓答，援据详明，皆出其意表，诸儒莫不叹服。于是……颁其所定之书于天下，令学者习焉。"[10]颜师古的五经定本颁布于贞观七年（633），这是唐代经学统一的第一步——统一儒家经典的文字，它为孔颖达撰修《五经正义》奠定了基础。

《旧唐书》卷一八九《儒学传》说：唐太宗"又以儒学多门，章句繁杂，诏国子祭酒孔颖达与诸儒撰定《五经》义疏，……名曰《五经正义》，令天下传习"[11]。孔颖达（574—648），字冲远，冀州衡水人。八岁就学，诵记日千余言。及长，明《左氏传》、郑氏《尚书》、王氏《易》、《毛诗》、《礼记》。同郡大儒刘焯（544—608），当时名重海内，颖达前往拜访，刘焯初不为礼，及颖达请质所疑，多出其意表，遂改容敬之。隋大业初年，颖达举明经高第，被授河内郡博士。隋炀帝召天下儒官集东都令相论难，而颖达为冠，年又最少。先辈宿儒耻为所屈，阴遣刺客图之，因匿礼部尚书杨玄感家得免。《旧唐书》卷一八九《盖文达传》将孔颖达与刘焯、刘轨思并称"大儒"，然与二刘相比，颖达实为晚辈。唐高祖武德九年（626），颖达被授国子博士，从游甚众，"膏粱胄子，举袂成阴"；贞观六年（632），除国子司业，检校太子右庶子；贞观十年，与魏徵撰成《隋书》五十卷；贞观十一年，又与朝贤共修《新礼》一百卷，"所有疑滞，咸咨决之"[12]。贞观十二年，拜国子祭酒、东宫侍讲。孔颖达因此确立了学术权威的地位。

关于《五经正义》始撰时间，史无明文，以今考之，大约在贞观十二年之后，理由如次：一、《五经正义》由孔颖达领衔撰修，这一工作需要有较高学术地位的人来担任，孔颖达于贞观十二年拜国子祭酒，而这正是写于《五经正义》作者名字上的头衔；二、参加撰修《周易正义》的有马嘉运，他当时的头衔是太学博士，而马嘉运是于贞观十一年召拜太学博士的。三、《唐会要》记载："贞观十二年，国子祭酒孔颖达撰《五经义疏》一百七十卷，名曰《义赞》，有诏改为《五经正义》。"[13] 单看这段话容易使人误会贞观十二年是《五经正义》的最初完成时间，而综合各方面的材料，我们可以确定，贞观十二年就是孔颖达受诏始撰《五经义疏》的时间。

《五经正义》的整个撰修过程分成四个阶段：

一、受诏阶段：这个阶段假定从贞观十二年开始，孔颖达与颜师古、司马才章、王恭、王琰受诏撰《五经义疏》。然而孔颖达在《五经正义》各序中所述修疏人名字，全未提及颜师古、司马才章、王恭、王琰诸人，既然一同"受诏撰《五经义训》》[14]，这些人当然不是一般的儒生，孔颖达在《序》中绝口不提他们，于理于情似皆不合。我们的看法是，颜师古、司马才章、王恭、王琰等人虽然同时受诏撰书，后来可能另委公干，实际并未参与或很少参与《五经正义》的撰写工作，以致孔颖达在《五经正义》各序中无须提及他们的名字。

二、主撰阶段：孔颖达在《周易正义·序》中提到"与马嘉运、赵乾叶等对共参议"[15]，在《尚书正义·序》中提到"与王德韶、李子云等谨共诠叙"[16]，在《毛诗正义·序》中提到"与王德韶、齐威等对共讨论"[17]，在《春秋左传正义·序》中提到"与谷那律、杨士勋、朱长才等对共参定"[18]，在《礼记正义·序》中提到"与朱子奢、李善信、贾公彦、柳士宣、范义頵、张权等对共量定"[19]，这些人便是《五经正义》的主撰人。当然，参与修疏的还有其他学者，这些学者名不见经传，就都包括在那几个"等"字中了。《新唐书·艺文志》于《周易正义》条下所注撰著人姓氏与孔颖达所言有较大出入，《周易正义》条下注：孔颖达、颜师古、司马才章、王恭、马嘉运、赵乾叶、王谈（琰）、于志宁等奉诏撰。[20]这似乎是将受诏人（孔颖达、颜师古、司马才章、王恭、王谈（琰）等）、主撰人（孔颖达、马嘉运、赵乾叶等）、刊定人（于志宁等）合在一起了；且《新唐书·儒林上》称王恭"讲三礼""甚精博"[21]，如何不用其长参修《礼记》，而要他修《周易》？所以《新唐书·艺文志》"《周易正义》"条所注颇启疑窦。

三、复审阶段：贞观十六年，孔颖达等奉诏复审《五经正义》，根据《五经正义》各序中所言，参加复审工作的有两部分人：一是前修疏人，计《周易正义》有苏德融等，《尚书正义》有朱长才、苏德融、随德素、王士雄等，《毛诗正义》有赵乾叶、贾普曜等，《春秋左传正义》有马嘉运、王德韶、苏德融、随德素等，《礼记正义》有周玄达、赵君赞、王士雄等。

这些人参加了各经的撰修工作，他们的名字不是在主撰人中出现的，而是在复审人中出现的。二是敕使赵弘智，他是皇帝专门派来复审和验收《五经正义》的特使，《五经正义》各经的复审，他都参加了。

在《五经正义》复审之后，孔颖达为各经《正义》作《序》，当撰修工作正要宣布大功告成的时候，却突起波澜，《旧唐书》卷七十三《孔颖达传》说："时又有太学博士马嘉运驳颖达所撰《正义》，诏更令详定，功竟未就。十七年，以年老致仕。……二十二年卒。"[22]同卷《马嘉运传》则谓：马嘉运"专精儒业，尤善论难……以颖达所撰《正义》颇多繁杂，每掎摭之，诸儒亦称为允当"[23]。而《新唐书》卷一九八《儒学上》则说：《五经正义》"虽包贯异家为详博，然其中不能无谬冗，博士马嘉运驳正其失，至相讥诋。有诏更令裁定，功未就"[24]。综合这些资料，我们可以知道事情的大致过程，正当孔颖达最后要交卷的时候，《五经正义》的重要撰修人之一马嘉运却站出来挑战孔颖达的权威，以其"专精儒业，尤善论难"的特点，"驳颖达所撰《正义》"以致互相讥诋，而旁观的诸儒对马嘉运的意见，"亦称为允当"。最后上报到唐太宗那里来决定，唐太宗尊重诸儒的看法，"诏更令详定"，而孔颖达于贞观十七年（是年孔颖达七十岁）"以年老致仕"，退休不任官职，不能继续总领撰修之事，致使"功未就"。换言之，孔颖达所主持的国家重大课题《五经正义》在当时未能通过验收。

四、刊定阶段：唐贞观二十二年（648），孔颖达去世；三年后，即唐高宗永徽二年（651），"诏中书门下与国子三馆博士、弘文馆学士考正之"[25]，而以长孙无忌（？—659）、于志宁（588—665）、张行成（587—653）等朝廷重臣总领删修之事，直到唐高宗永徽四年（653）才最后完成对《五经正义》的刊定，于是高宗下诏"颁于天下，每年明经，依此考试"。

《新唐书·艺文志》于《五经正义》其余各经皆不注刊定人，而独于《尚书正义》注刊定人，且注之颇详："太尉扬州都督长孙无忌，司空李勣，左仆射于志宁，右仆射张行成，吏部尚书侍中高季辅，吏部尚书褚遂良，中书令柳奭，弘文馆学士谷那律、刘伯庄，太学博士贾公彦、范义頵、齐威，太常博士柳士宣、孔志约，四门博士赵君赞，右内率府长史弘文馆直学士薛伯珍，国子助教史士弘，太学助教郑祖玄、周玄达，四门助教李玄植、王真儒与王德韶、隋德素等刊定。"[26]这一名单与长孙无忌所上《五经正义表》中所列刊定人名单是一致的，这说明他们不仅是《尚书正义》的刊定人，同时也是其余四经《正义》的刊定人。

上面我们讨论了《五经正义》撰修的背景、时间、过程以及参加人员，下面我们要讨论一件更重要的事情，即孔颖达在撰修《五经正义》时见到了前人哪些义疏类的著作，而各部《正义》所根据的底本是什么？

据《毛诗正义·序》，孔颖达于前代诸家《毛诗》义疏中选择刘焯、刘炫两家，据以为本，"其近代为义疏者，有全缓、何胤、舒瑗、刘轨思、刘丑、刘焯、刘炫等。然焯、炫并聪颖特达，文而又儒，……固诸儒之所揖让，日下之无双……今奉敕删定，故据以为本"[27]。根据清代朱彝尊的《经义考》：刘焯有《毛诗义疏》，卷数不详，已佚；刘炫有《毛诗述义》四十卷，已佚。[28]

据孔颖达《春秋左传正义·序》，前代为《春秋左传》作义疏的有三家："其为义疏者，则有沈文何、苏宽、刘炫。然沈氏于义例粗可，于经、传极疏；苏氏则全不体本文，……刘炫于数君之内，实为翘楚，然聪惠辩博，固亦罕俦，而探赜钩深，未能致远。……今奉敕删定，据以为本，其有疏漏，以沈氏补焉。"[29]根据清代朱彝尊的《经义考》：沈文何（503—

563）有《春秋左氏经传义略》(《隋·志》二十五卷,《唐·志》二十七卷);[30] 刘炫有《春秋左氏传述义》(《隋·志》四十卷,《唐·志》三十七卷）。[31] 孔颖达《春秋左传正义》基本是以刘炫《春秋左氏传述义》为稿本,而以沈文何的《春秋左氏经传义略》作为备补的参考书。而刘炫、沈文何两家的义疏后来皆已佚失。

据孔颖达《礼记正义·序》,前代为《礼记》作义疏的有许多家,而到了唐代只能见到南朝皇侃和北朝熊安生的义疏,"其为义疏者,南人有贺循、贺玚、庾蔚、崔灵恩、沈重、范宣、皇侃等;北人有徐遵明、李业兴、李宝鼎、侯聪、熊安生等。其见于世者,唯皇、熊二家而已"[32]。孔颖达比较皇侃（488—545）和熊安生（?—578）两家义疏说:"熊则违背本经,多引外义,犹之楚而北行,马虽疾而去逾远矣。又欲释经文,唯聚难义,犹治丝而棼之,手虽繁而丝益乱也。皇氏虽章句详正,微稍繁广,又既遵郑氏,乃时乖郑义,此是木落不归其本,狐死不首其丘。此皆二家之弊,未为得也。然以熊比皇,皇氏胜矣。……今奉敕删理,仍据皇氏以为本,其有不备,以熊氏补焉。"[33] 由此可知孔颖达《礼记正义》基本是以皇侃的《礼记义疏》为稿本,而以熊安生的《礼记义疏》作为备补的参考书。根据清代朱彝尊的《经义考》:皇侃有《礼记义疏》(《隋·志》九十九卷,《唐·志》五十卷);[34] 熊安生有《礼记义疏》四十卷,二书皆佚。[35]

孔颖达《尚书正义·序》比较前代诸家《尚书》古文经义疏的优劣说:"(《尚书》)古文经虽然早出,晚始得行,……近至隋初,始流河朔,其为正义者,蔡大宝、巢猗、费甝、顾彪、刘焯、刘炫等,其诸公旨趣多或因循,诂释注文,义皆浅略。惟刘焯、刘炫最为详雅。然焯乃织综经文,穿凿孔穴,诡其新见,异彼前儒,非险而更为险,无义而更生义。……使教者烦而多惑，学者劳而少功，过犹不及，良为此也。炫嫌焯之烦杂，就而删焉。虽复微稍省要，又好改张前义，义更太略，辞又过华。虽为文笔之善，乃非开奖之路。义既无义，文又非文，……此乃炫之所失，未为得也。今奉明敕，考定是非……览古人之传记，质近代之异同，存其是而去其非，削其烦而增其简。"[36]孔颖达在此序中虽未言以谁的著作为稿本，但实参合二刘两家义疏而作，只是在撰修过程中增删修改的功夫较大一些而已。《尚书正义》于《舜典》"鞭作官刑"疏作"大隋造律，方使废之"；于《吕刑》"宫辟疑赦"疏作"大隋开皇之初，始除男子宫刑"。王鸣盛《尚书后案》指出："此经疏名虽系孔颖达，其实皆取之顾彪、刘焯、刘炫，三人皆隋人，故未经删净处，原文犹有存者。"[37]皮锡瑞说："名为新义，实袭旧文，……以唐人而称大隋，此沿袭二刘之明证。"[38]潘重规则说："《尚书正义》实亦以刘炫为本，其所驳正，无过十之一二，观冲远《尚书正义·序》历述诸疏，以二刘为最详雅，而小刘又删大刘以造疏，是冲远因光伯之本加以笔削而成新疏。研索全书，其迹象固未泯也。"[39]孔颖达"抄书"，为后人所诟病。但孔颖达当时"奉诏删定"五经义疏，其实质是要审定和统一义疏，并非要另撰新疏。孔颖达于诸序中，并不讳言所本。当时前代诸义疏所在多有，学者所指摘的是"所撰《正义》，颇多繁杂"，并不在于他有所依据。因此上引沿袭二刘之处，其过不在其袭用旧文，而在于作为唐代官修之书，而盛称"大隋"，不成体统；此亦可见当日撰修之事，虽为千秋大业，却未免粗心操切。

孔颖达《五经正义》一般是参考前人义疏，并从中选一、二底本，加以修订，而唯独《周易正义》未言所本，甚至未道出前人义疏名家。《周易正义·序》说："唯魏世王辅嗣之《注》独冠古今。所以江左诸儒，并传其学；河北学者，罕能及之。其江南义疏，十有余家，皆辞尚虚玄，义多浮诞。"[40]
从中可见鄙薄之意。其中原因，可能是由于"王《注》扫弃旧
文，无古义之可引"[41]，而后世儒者各以己意说经，无所取
正，因而《周易正义》成为唯一一部新撰写的义疏著作，尤其
是《周易正义·卷首》对《周易》研究中的一些重大问题综合
古人《易》论，较系统地提出了自己的意见。此点拟在下节专
门讨论。

刘师培著《国学发微》，对于《五经正义》一则批评其专守
一家，如说："《正义》之学，乃专守一家举一废百之学也。"[42]
一则批评其抄袭前儒，如说："冲远《正义》非惟排黜旧说也，
且掩袭前儒之旧说而讳其所从来。"[43]而潘重规则著文为孔颖
达辩解，认为孔颖达奉诏删定五经义疏，本为明经考试之依
据，自不得不专崇一家，而观其诸《正义》之序，实皆明言所
本，并非讳所从来，今《五经正义》之所以不见所据蓝本之本
来面貌，是由永徽诸儒妄改所致。他说：

> 冲远《五经正义》本名"义赞"，盖即依据前人义
> 疏而赞明之。故其序皆胪陈六朝旧疏之目，而加以评
> 骘，且一一明言"今据以为本"，即其《正义》所据之
> 主要蓝本。然后删其所短，博取诸家之长以补之。如觉
> 旧说皆违，则特申己见，今疏中有云"今赞""今删定
> 知不然者"，即冲远之新说。大抵其书体例，为适应考
> 试之用。务令经义定于一尊，故必坚守疏不破注之原
> 则。然六朝旧疏，多求新义，不能专守一家之说，故于
> 例有所未醇，序所云奉诏删定，其主要工作即在删除不
> 合体例之处。冲远尊崇前人，故书名"义赞"；朝廷矜
> 尚体制，故改名"正义"也。永徽诸儒刊改冲远之书，
> 于征引旧说名氏，多所刊削，使后之读者，误以为冲远

有意攘窃，要亦非冲远之咎也。[44]

　　关于《五经正义》的署名问题，学者颇有微词。原因是《五经正义》除《周易正义》外，不过是前人著述的删修本，并且参加删修工作的有当时众多儒者，非止孔颖达一人，然而《五经正义》于永徽四年由朝廷颁布时，只署"孔颖达撰"。这种情况若以今天的著作权法衡之，是颇不合规范的。但从当时之时代而言，这样做并没有什么不妥。因为这是官修的经学著作，用孔颖达的名字而不用原作者的名字，那便等于盖上了官方许可的印记。当时官修著作只注明领衔之人，如《隋书》孔颖达实为主撰人，而只署"魏徵撰"。《五经正义》只署"孔颖达撰"，也是同样的道理。《五经正义》于永徽四年颁布时，孔颖达已不在世，长孙无忌等朝廷重臣担任刊定人，不署己名，而署孔颖达之名，也体现了对孔颖达的尊重。皮锡瑞说："颖达入唐，年已耄老，岂尽逐条亲阅，不过总揽大纲。诸儒分治一经，各取一书为底本，名曰创定，实属因仍。书成而颖达居其功，论定而颖达尸其过。究其功非一人所独擅，义疏并非诸儒所能为也。……标题孔颖达一人之名者，以年辈在先，名位独重耳。"[45]颖达入唐，年纪不过四十五岁左右，其撰修《五经正义》之时，大约在六十五至六十九岁之间，还不能说已届耄耋之年，但在诸儒之间，他的年资确是较高的。《五经正义》是官修著作，择一书以为底本，不能萃聚前人优长，集众力合治一经，很难做到裁断一贯，因此，要在一较短时间撰修出一套专精的五经义疏来，其难度是很大的。《五经正义》在撰修过程中出现的一些问题，根源也在当时的官学体制。

　　孔颖达《五经正义》的撰修完全是出于经学统一的需要，正因为如此，它有这样几个特点：一是专释一家注文，如《周易正义》释王弼注,《尚书正义》释孔安国传,《毛诗正义》释郑玄笺,《礼记正义》释郑玄注,《春秋左传正义》释杜预注,这与并存诸家之说的集注本是不同的。二是除《周易正义》之外,其余四部书是参考前人义疏,并从中选择一家为稿本,或者再加上一个备补的参考本,说穿了,这几部《正义》不过是前人著作的删修本。三是确定"疏不驳注"的体例。在前代经学义疏的著作中,对注家的某些注释可以有所批评,也可以就一些难点问题有所讨论。孔颖达不再沿袭这样的体例,因为此条可驳,彼条未尝不可驳;此点可讨论,彼点未尝不可讨论,各家注疏皆有参考价值,可以并存而不废,那如何做到"论归一定,无复歧途",实现经学的统一呢?因此孔颖达批评皇侃"既遵郑氏,乃时乖郑义,此是木落不归其本,狐死不首其丘",又批评熊安生"唯聚难义,犹治丝而棼之"。他的这一观点使后人发生一种误解,以为义疏乃为解注而作,且遵守"疏不驳注"的原则。皮锡瑞即持此说。而龚鹏程对此一误解极力加以澄清,他说:"义疏之名,昉于晋世,其体则成于南朝。晋世经义,佛典疏钞,实肇其端始,而两汉章句,则其远源也。昔人多或昧厥源流,遂谓义疏之体,专为释经注而设……盖以为注乃解经,疏则解注而已,不知其非也。"又说:"昔人不识义疏之名实,遂以其守一家者为义疏之通则,非也。"[46]他指出,南北朝义疏,原无必遵一家之例,孔颖达《五经正义》所持"疏不驳注"的原则,乃是一家之特例,并非义疏之通则。龚鹏程所论合乎史实,可从。从儒家经学的立场看,经出于圣人之手,后人是不能驳的,而注疏之家学出多门,并没有绝对的权威,怎么可以认为某家注全对,而不能有所批评呢?所以这种经学的统一可谓"一花独放百花摧"。因而刘师培批评说:"西汉儒林,虽守家法,然众家师说不同,纷纭各执,学官所立,未尝偏用一家言也。……至冲远作疏,始立'正义'之名。夫所谓'正义'者，即以所用之注为正，而舍所用之注为邪！故定名之始，已具委弃旧疏之心。……故自有《正义》而后六朝之经义失传，且不惟六朝之说废，即古说之存于六朝旧疏者，亦随之而竟泯！况《正义》之书，颁行天下，凡试明经，悉衷《正义》，是《正义》之所折衷者，仅一家之注；而士民之所折衷者，又仅一家之疏。故学术定于一尊，使说经之儒不复发挥新义，昧天下之目，锢天下之聪。……欲使天下士民奉为圭臬，非是则黜为异端，不可谓非学术之专制矣。"[47]《五经正义》的撰修，有所失，亦有所得。所失者，六朝经义因而不传，为学术之憾事；所得者，由它实现经学统一达数百年之久，则为政治之幸事。从当时之政治情势而言，则所得者多而所失者少。而从学术方面而言，也未必全是坏事，因为孔颖达《五经正义》在诸家义疏的比较和选择中，富有理性主义的精神，这就为后世义理之学的发展扫清了道路。

历史上一些经学著作废绝失传，原因有多种，不可一概而论。分析而言，其因有四：其一，是技术方面的原因，宋以前许多著作失传，是因为当时未发明活字印刷术，书籍主要靠人工抄写，流传本来有限，而遇上战乱时代，便可能湮灭失传。宋以前许多著作失传都有这方面的原因。其二，是否具有学术的权威性。如郑玄关于三《礼》和《毛诗》的笺注，一直流传于后世，而齐、鲁、韩三家《诗》说，晋永嘉之乱后，即已不传。南宋王柏曾分析《毛诗》独行、三家遂绝的原因说："汉初，齐、鲁、韩三家之《诗》并列学官，惟毛苌最后出，郑康成为之笺，学者笃信康成，《毛诗》假康成为重，盛行于世，毛、郑既孤行，而三家遂绝，不得参伍错综，以订其是非，学者惑于同而忘其异矣。"[48]王柏对齐、鲁、韩三家诗说的失传心存遗憾，在他看来，《毛诗》的流传是借重郑玄个人的权威

性。这一说法自有其道理，但也并不是绝对的。其三，是否经得起理性主义的批判，同样是郑玄，所注《周易》也遭到了废绝失传的命运，宋代王炎曾分析其废绝失传的原因说："焦延寿、京房、孟喜之徒，遁入于小数曲学，无足深诮。而郑玄、虞翻之流，穿凿附会，象既支离，理滋晦蚀。王弼承其后，遂弃象不论，后人乐其说之简且便也，故汉儒之学尽废，而弼之注释独行于今。"[49]象数和义理是易学的两个方面，但专言象数，则《周易》一书就会降为术数之书，而发明义理则可将《周易》提升为哲学著作。易学发展以义理之学为主流，乃是理性主义的胜利。其四，是否为朝廷功令所提倡，这是具有关键性的。朝廷通过利禄诱导士人传习钦定的某些经注，而那些非钦定的经注自然会受到冷落而难以流布，数十百年后便可能失传。作为官学的《五经正义》一经颁布后，结束了"此扬彼抑，互诘不休"，"师训纷纶，无所取正"的局面，而"论归一定，无复歧途"，而其他许多经说不废自废。

第三节　孔颖达对《周易》的理论性研究

前已言及，在孔颖达的《五经正义》中，《周易正义》是唯一未以前人义疏为底本的新著，尤其是《周易正义·卷首》对《周易》研究中的一些重大问题系统地提出的意见，可以看作是孔颖达对《周易》的理论性研究。

研究任何学问，首先要弄清它的基本的问题。就《周易》而言，它的名称的意义是什么，它的作者是谁，它的起源问题，及其分上、下篇的意义，等等，这些都是基本的问题。孔颖达综合前人的意见，对这些问题给予一次系统的"解决"。他的许多解释一直被后人转述，只要谈易学史，就少不了引述他的说法。

（一）"易"之意义

几千年来，《周易》一直是一部扑朔迷离的书，具有相当的神秘性。其原因之一，在于《周易》是一种特殊的专门学问，其书名、卦名乃至许多术语，多与常语不同。虽然后来的经师对它加以说解，但这些说解往往望文生义（文字不能见义，则由同音字转释，如"彖者，断也"之类），很难说那就是原始的意义。

以书名而论，《周易》的"易"字，或从日月合文解释，或从蜥蜴之蜴来解释，而更多地是从汉儒概括的"易之三义：易简、变易、不易"来解释。汉代易纬《乾凿度》对《周易》有很好的研究，郑玄依据易纬之说，概括说："《易》一名而含三义：易简，一也；变易，二也；不易，三也。"[50]但《周易》中的"易简"意义受到后世一些学者的漠视，不承认《周易》之"易"有"易简"的含义。

孔颖达对这种意见给予了严厉的批评。他认同易纬《乾凿度》和郑玄关于"易含三义"的观点，提出《周易》之"易"的基本内涵是"变易"："夫易者，变化之总名，改换之殊称。……新新不停，生生相续，莫非资变化之力、换代之功。"据此，《周易》可说是一种"变化"哲学。但孔颖达话锋一转，又说："然变化运行，在阴阳二气，故圣人初画八卦，设刚柔两画，象二气也。"[51]据此，《周易》又是一种"易简"哲学。

"易简"是《周易》的一个首要而根本特点。它由 — 和 -- 两个基本卦画构成，每卦六爻，排列组合成各自不同的六十四卦，而成为一个严整的系统，并通过卦爻符号来表征某一系统中各种状况和可能性。可以说，这是中国古代的一种系统论的思想方法。正因为有这样一种内在的合理性，《周易》在儒家经典中受到特别的重视，学者试图将它作为一种模型理论来认识世界和解释世界。《周易》的"易简"特点首先是被作为一种"执简驭繁"的方法论受到注意的。"执简驭繁"可以从两个层次来理解：一、《周易》由最基本的—和 -- 符号来推演八卦、六十四卦，这是"简"；二、由六十四卦、三百八十四爻解释世界万物，这更是"简"。

"易简"的方法运用于哲学本体论的探究，使得《周易》成为一种真正意义的哲学，从方法上说，这是倒推的，是一个"由繁归简"的过程，使人们由关注事物的各种变化转到探究世界的起源问题，而要从《周易》中找到资源，得到解释。《周易》中的两个最基本的符号和概念被解释为阴、阳二气，而阴、阳二气则根源于"道"，《易经》中并无本体意义上的"道"的资源，不过这一资源在道家著作中所在多有，可以借用过来，因而在《系辞传》中便有"一阴一阳之谓道"的命题。儒家关于哲学本体论的资源是极其贫乏的，《周易》是六经中可以称之为哲学的典籍，而其关于哲学本体论的命题只反映在《系辞传》等《易传》的著述中。

孔颖达重复并依据《乾凿度》的思想勾画了自然生成之道：太易（未见气）—太初（气之始）—太始（形之始）—太素（质之始）—浑沌—万物。孔颖达说：

> 盖易之三义，唯在于有，然有从无出，理则包无，故《乾凿度》云："夫有形者生于无形，则乾坤安从而生？故有太易，有太初，有太始，有太素。太易者，未见气也。太初者，气之始也。太始者，形之始也。太素者，质之始也。气、形、质具而未相离谓之浑沌。浑沌者，言万物相浑沌而未相离也。"[52]

孔颖达在解释《系辞传》"一阴一阳之谓道"说："一谓无也，无阴无阳，乃谓之道。一得为无者，无是虚无，虚无是大虚，不可分别，唯一而已，故以一为无也。"晋韩康伯曾注此句云："道者何？无之称者。"孔颖达疏曰："此韩氏自问其道而释之也。道是虚无之称，以虚无能开通于物，故称之曰道。"[53]孔颖达在解释《系辞传》"形而上者谓之道，形而下者谓之器"说："道是无体之名，形是有质之称。凡有从无而生，形由道而立，是先道而后形。"[54]孔颖达认为《周易》一书包含了有的哲理，也包含了无的哲理。在世界本原的解释上，他承袭了魏晋玄学"有生于无"的观点，即认为有形世界产生于虚无或太虚。但这只是一种本原性的解释，并不是圣人教化的归宿，圣人教人还是以现实的有形世界为重。他说："易理备包有无，而易象唯在于有者，盖以圣人作《易》，本以垂教，教之所备，本备于有。"[55]他的这一立场可以说是会通儒、玄。这种以有、无解释道、器关系的看法由王弼、韩康伯影响到孔颖达，复由孔颖达影响于北宋初年，其间约七八百年之久。

至北宋张载、二程的理学出现，一扫虚无之弊。张载说："大易不言有无，言有无，诸子之陋也。"[56]理学家以理、气解释道、器，认为道在器中，即器以求道，道、器不可二分，言"有生于无"，即是道、器分而为二；理学家更以理、气解释道、器，理和气不可谓无，人的耳目闻见的能力有限，人见为无者皆是有，世界从根本上说是有，而无所谓无。

（二）论重卦之人

《周义》的起源甚早，传统的观点认为，伏羲氏初画八卦，虽然缪悠不可考，学者仍沿袭成说，并不质疑。但关于重卦之人，学者的见解颇不相同，大体说来，约有四说：一、神农重卦说，此说以郑玄为代表；二、夏禹重卦说，此说以孙盛为代表；三、文王重卦说，此说以司马迁为代表；四、伏羲重卦说，此说以王弼为代表。

孔颖达认为，夏禹及文王重卦说是不能成立的，因为根据《系辞传》所说，神农氏时代发明耒耜，是受到《益》卦的启示；日中为市，交易而退，是受到《噬嗑》卦的启示，这说明早在神农时代就已经有重卦了。在我们今天看来，这种"先有某卦，乃作某器"的观点是本末倒置的，是很荒唐的。但在孔颖达的时代，人们相信"十翼"是孔子所作，不仅对其内容信之不疑，而且将之作为根据来反驳论敌。

孔颖达还认为，神农重卦说也是不能成立的，重卦应在伏羲之时，伏羲既画八卦，又自重卦。主要理由是：一、《周易·说卦传》说："昔者圣人之作《易》也，幽赞于神明而生蓍。"他认为所谓"作"是创造之意，作《易》者只能是伏羲，神农以下只能算"述"，而不能称为"作"，而用蓍之法，十八变而成卦，是指六爻的重卦而言。二、《周易·说卦传》又说："昔者圣人之作《易》也，将以顺性命之理，是以立天之道曰阴与阳，立地之道曰柔与刚，立人之道曰仁与义，兼三才而两之，故《易》六画而成卦。"以此证明伏羲作《易》之时，已是六爻的重卦。

关于《周易》重卦之人是很难考证的，但在经学信仰时代需要对此有一种解说，孔颖达要在当时的一些不同说法中取一说，而他既然依据王弼的《周易》注本，就必须持守王弼的说法。而就孔颖达的论证而言，是比较牵强的。首先，他过分拘泥于"作"字，所谓"作《易》"，初画八卦，可以称为"作《易》"，重为六十四卦，也可以称为"作《易》"，甚至作卦、爻辞也可以称为"作《易》"，不能见"作《易》"二字，便一定确指为伏羲氏。再者，《周易·说卦传》是较为晚出的，即便是孔子所作，孔子于夏商之礼已称"文献不足征"，如何定知远古传说中的伏羲曾经重卦呢？然而，虽然孔颖达的这些论证很牵强，但它反映了当时经学的"问题意识"，需要对它有一种解释，这是经学统一的需要。

（三）对三《易》时代的说法

《周礼·春官》：大卜"掌三易之法：一曰连山，二曰归藏，三曰周易。其经卦皆八，其别卦皆六十有四"[57]。这是说中国上古时代曾有三种占筮体系，它们分别是《连山》《归藏》和《周易》，这三种占筮体系都是以重卦（别卦）形式出现的。至于这三种不同的占筮是同出一时呢，还是分属不同时代呢？这是要进一步回答的问题。孔颖达及其前代学者都认为三易分属不同时代，但理由各不相同。

一、杜子春认为：《连山》属伏羲，《归藏》属黄帝。

二、郑玄认为：夏曰《连山》，殷曰《归藏》，周曰《周易》。

三、孔颖达认为：《连山》属神农，《归藏》属黄帝，《周易》属周代。孔颖达的理由是依据《世谱》等书，神农氏称连山氏，亦称列山氏，黄帝称归藏氏，而《周易》为周文王所演，故题"周易"。

联系孔颖达关于重卦之人的观点，即他认为，在伏羲氏重卦之后，易因不同时代分别产生不同的体系，神农时代产生了《连山》，黄帝时代产生了《归藏》，而周文王时代产生了《周易》。由此可见，他将易学的起源上溯得十分古远。但若连山、归藏皆是代名，而与《周易》并提的话，皆应后缀"易"字，称为"连山易""归藏易"才是。况且前人如郑玄已提出："连山者，象山之出云，连连不绝；归藏者，万物莫不归藏于其中；周易者，言易道周普，无所不备。"[58]这里郑玄认为，连山、归藏乃至于周，皆不作代名解，而是表征某种哲理意义。

贾公彦《周礼·春官》疏中申论郑玄之意说:《连山》易以纯艮为首,艮为山,山上山下,名曰"连山";《归藏》易以纯坤为首,坤为地,故万物莫不归而藏于中,故名为"归藏";《周易》以纯乾为首,乾为天,天能周匝于四时,故名易为"周"。[59]贾公彦从首卦的意义解释三易命名的意义,较有说服力。

今传《连山》为刘炫伪作;而今传《归藏》,学者也疑为伪作,但王家台秦墓竹简《归藏》与今本多相合,据考古界称王家台秦墓竹简《归藏》字体接近楚简文字,应为战国末年的抄本。而《礼记·礼运篇》记载孔子说:"我欲观殷道,是故之宋,而不足征也,吾得《坤乾》焉。"郑玄注:"得《坤乾》,得殷阴阳之书也。其书存者有《归藏》。"熊安生注:"殷《易》以坤为首,故曰《坤乾》。"[60]孔子所见《坤乾》,应该就是以坤为首卦的《归藏》,而今传《归藏》内容多系夏、商之际的事件,其中也有春秋时代宋平公的事情,而宋乃殷人后裔,因此《归藏》也可能是殷人一系的占筮体系。因为有了这一材料的支持,学者大多接受郑玄"夏曰《连山》,殷曰《归藏》,周曰《周易》"的说法。

(四)关于《周易》上、下经分篇的根据

孔颖达在《周易正义·卷首》中解释《周易》分上、下篇的意义说:"案《乾凿度》云:孔子曰:阳三阴四,位之正也。故《易》卦六十四,分为上下,而象阴阳也。夫阳道纯而奇,故上篇三十,所以象阳也。阴道不纯而偶,故下篇三十四,所以法阴也。"[61]这里孔颖达关于《周易》分上、下篇的解释,重复了《乾凿度》的意见,这种解释不仅牵强,而且不通,为什么上篇三十是奇数,这是很难索解的。

《周易》分上、下篇,牵涉《周易》的卦画和卦序结构的

问题，而《周易》的卦画、卦序结构是很精妙的。孔颖达在《序卦》疏中已经指出："今验六十四卦，二二相耦，非覆即变。覆者，表里视之，遂成两卦，《屯》《蒙》《需》《讼》《师》《比》之类是也。变者，反覆唯成一卦，则变以对之，《乾》《坤》《坎》《离》《大过》《颐》《中孚》《小过》之类是也。"[62]《周易》的基本符号是阴和阳两爻，重卦每卦六爻，这样可以得到六十四种卦形，即六十四卦。其中有二十八个卦形可以反覆为体，例如第三卦《屯》卦的卦形反过来看，就是第四卦《蒙》卦的卦形；第五卦《需》卦的卦形反过来看，就是第六卦《讼》卦的卦形；第七卦《师》卦的卦形反过来看，就是第八卦《比》卦的卦形……依此类推，这样二十八个卦形反覆为体，即可列出五十六卦。然而《周易》卦序的排列，上经和下经共有八个"正卦"，即上经的《乾》《坤》《颐》《大过》《坎》《离》六卦和下经的《中孚》《小过》两卦，所谓"正卦"，反覆看，卦形是一样的。而《乾》与《坤》、《颐》与《大过》、《坎》与《离》、《中孚》与《小过》之间，其中一卦的六爻全部改变，即变成对耦的另一卦。这就是"二二相耦，非覆即变"的意思。

　　《周易》上经有六个正卦，十二个反覆卦，两者相加，其数十八；下经有两个正卦，十六个反覆卦，两者相加，其数也是十八。《周易》分上、下篇，实际是按三十六个卦形（反覆卦是二卦一体）平分的。因为上、下经正卦和反覆卦数目不同，反覆卦一体两卦，因而才出现上经三十卦、下经三十四卦的现象。我们以为，这一思路是解释《周易》上、下经分篇的钥匙。孔颖达未能以此作为《周易》上、下经分篇的根据，而是重复《乾凿度》的意见，殊无意义。

　　关于《周易》上、下经分篇的根据，似乎由北宋邵雍最先揭示，邵雍《皇极经世书》中有《六十四卦错综之图》，已明确画出上经十八卦、下经十八卦。南宋魏了翁门人税与权《易学启蒙小传序》云："与权曩从先师鹤山魏文靖公讲切邵氏诸书，乃于《观物篇》得后天易上、下经序卦图，……窃尝因此图而推之上、下经皆为十八卦者。"[63] 元代诸儒多言此意，如董真卿《周易会通》卷首有《卦序图》与邵雍《皇极经世书》中的《六十四卦错综之图》略同；而胡一桂《周易启蒙翼传》上篇有《文王六十四卦反对图》，他所谓"反对"，犹孔颖达所谓"覆变"，亦犹邵雍所谓"错综"。胡一桂解说此图说："文王序六十四卦，皆以反对而成次第。何谓对？如上经《乾》与《坤》对，《颐》与《大过》对，《坎》与《离》对；下经《中孚》与《小过》对，阴阳爻各各相对也。何谓反？如《屯》反为《蒙》，《既济》反为《未济》，一卦反为两卦也。对者八卦，反者二十八卦。而六十四卦次序成矣。……今以反对计之，则上经以十八卦成三十卦，下经亦以十八卦成三十四卦，……共用三十六卦成六十四卦。"[64]

《周易》分上、下经的道理一旦被揭示出来，那么《乾凿度》所谓"上篇三十，所以象阳也；下篇三十四，所以法阴也"的说法便显得荒谬不伦了。孔颖达蹈此陋说，实非高明。

注释：

[1][4][38][45]〔清〕皮锡瑞著，周予同注释：《经学历史》，北京：中华书局，1959年，第149，198，198—199，202页。

[2][7]〔唐〕李延寿等：《北史》，北京：中华书局，1974年，第2709，2707页。

[3]〔南朝宋〕刘义庆著，〔南朝梁〕刘孝标注，余嘉锡笺疏：《世说新语笺疏》，北京：中华书局，2007年，第255页。

［5］［10］［11］［12］［22］［23］〔后晋〕刘昫等:《旧唐书》,北京:中华书局,1975 年,第 4939—4940,2594,4941,2602,2603,2603 页。

［6］〔南朝宋〕范晔撰,〔唐〕李贤等注:《后汉书》,北京:中华书局,1965 年,第 1213 页。

［8］［9］〔唐〕魏徵等:《隋书》,北京:中华书局,1973 年,第 1716—1717,1715 页。

［13］〔宋〕王溥:《唐会要》,北京:中华书局,1960 年,第 1405 页。

［14］［20］［21］［24］［25］［26］〔宋〕欧阳修、宋祁等:《新唐书》,北京:中华书局,1975 年,第 5644,1426,5645,5644,5644,1428 页。

［15］［40］［50］［51］［52］［53］［54］［55］［58］［61］［62］〔魏〕王弼、〔晋〕韩康伯注,〔唐〕孔颖达等正义:《周易正义》,〔清〕阮元校刻:《十三经注疏》,北京:中华书局,第 14—15,14,15,15,16,161,171,16,17,18—19,199—200 页。

［16］［36］〔汉〕孔安国传,〔唐〕孔颖达等正义:《尚书正义》,〔清〕阮元校刻:《十三经注疏》,第 234,233—234 页。

［17］［27］〔汉〕毛公传,郑玄笺,〔唐〕孔颖达等正义:《毛诗正义》,〔清〕阮元校刻:《十三经注疏》,第 553,553 页。

［18］［29］〔晋〕杜预注,〔唐〕孔颖达等正义:《春秋左传正义》,〔清〕阮元校刻:《十三经注疏》,第 3692,3691—3692 页。

［19］［32］［33］〔汉〕郑玄注,〔唐〕孔颖达等正义:《礼记正义》,〔清〕阮元校刻:《十三经注疏》,第 2652,2652,2652 页。

［28］［48］〔清〕朱彝尊原著,林庆彰等编审,冯晓庭等点校:《点校补正经义考》第 3 册,台北:"中央研究院"中国文哲研究所筹备处,1997 年,第 805,770 页。

［30］［31］〔清〕朱彝尊原著,林庆彰等编审,汪嘉玲等点校:

《点校补正经义考》第 5 册，台北："中央研究院"中国文哲研究所筹备处，1997 年，第 658，667 页。

［34］［35］〔清〕朱彝尊原著，林庆彰等编审，侯美珍等点校：《点校补正经义考》第 4 册，台北："中央研究院"中国文哲研究所筹备处，1997 年，第 791，794 页。

［37］〔清〕王鸣盛著，顾宝田、刘连朋校点：《尚书后案》，北京：北京大学出版社，2012 年，第 607 页。

［39］［44］潘重规：《五经正义探源》，载《华冈学报》第 1 期，台北：中国文化学院，1965 年。

［41］〔清〕永瑢等撰：《四库全书总目》，北京：中华书局，1965 年，第 3 页。

［42］［43］［47］刘师培：《国学发微》，《刘师培全集》第 1 册，北京：中共中央党校出版社，1997 年，第 491，492，492 页。

［46］龚鹏程：《孔颖达周易正义研究》，台北：花木兰文化出版社，2008 年，第 4 页。

［49］〔宋〕王炎：《双溪类稿》，《景印文渊阁四库全书》第 1155 册，第 723 页。

［56］〔宋〕张载著，章锡琛点校：《张载集》，北京：中华书局，1978 年，第 48 页。

［57］［59］〔汉〕郑玄注，〔唐〕贾公彦疏：《周礼注疏》，〔清〕阮元校刻：《十三经注疏》，第 1733，1733 页。

［60］〔清〕孙希旦：《礼记集释》，北京：中华书局，1989 年，第 586 页。

［63］〔宋〕税与权：《易学启蒙小传》，《景印文渊阁四库全书》第 19 册，第 2 页。

［64］〔元〕胡一桂：《周易启蒙翼传》，《景印文渊阁四库全书》第 22 册，第 222—223 页。

第二十八章
汉唐时期的孝经学

第一节 《孝经》为六经之"总会"?

在汉代,《论语》《孝经》曾作为五经外的辅经之书,也曾被人连同五经而称为"七经"。一般学者并不认为《孝经》高于五经,至少不明确说《孝经》高于五经。但在中国经学史上,一直涌动着一种思潮,欲将《孝经》作为儒家的最重要经典,驾五经而上之。最明确的表述是东汉郑玄的《六艺论》,其中说:"孔子以六艺题目不同,指意殊别,恐道离散,后世莫知根源,故作《孝经》以总会之。"[1]郑玄将《孝经》所述之"道"作为"六艺"(六经)的"根源"和"总会"来看待。这一思想在后世一直有不同的表达方式,如明儒曹端说:"'孝'云者,至德要道之总名也;'经'云者,持世立教之大典也。然则《孝经》者,其六经之精义奥旨欤!"[2]明儒黄道周也说:"《孝经》者,道德之渊源,治化之纲领也。六经之本皆出《孝经》。"[3]近代国学大师章太炎则将《孝经》看作"万流之汇归""国学之统宗"[4]。

《孝经》之所以受到重视,其因大概有三:一是《孝经》所讲儒学道理,简明扼要,容易把握;二是《孝经》容易由理论转化为实践;三是在社会上宣传《孝经》,容易收到教化的

实效。这里，我们举两个典型的例子：

第一个例子，唐穆宗与兵部侍郎薛放的对话：

> 帝谓兵部侍郎薛放曰："为学经史何先？"放对曰："经者，古先圣人至言，多仲尼所发明，皆天人之至理，诚万代不刊之典也；史则历记成败，杂书善恶，各录当时之事，亦足以鉴其兴亡，然得失相参，是非无所准的，固不可与六籍为比伦也。"帝曰："六经所上不一，志学之士白首不能尽道，如何得其意要乎？"对曰：《论语》者，六经之华，《孝经》者，人伦之本，穷理之要，真可为圣人至言。是以汉朝《论语》首列学官，光武令虎贲之士皆习《孝经》，玄宗亲为《孝经》注解，皆使当时大理，四海久安，盖人知孝慈、气感和乐之所致也。"帝曰："圣人谓《孝经》为'至德要道'，其信然矣。"[5]

在这段引文中，有君臣两轮对话，第一轮对话，唐穆宗问：经书和史书二者孰当优先？薛放回答：经书应当优先，理由是经书所讲"皆天人之至理"，史书虽然可以"鉴其兴亡，然得失相参，是非无所准的"。即经书重价值的传承，史书重史事的传述。第二轮对话，唐穆宗提出，六经繁难，"白首不能尽道，如何得其意要"？薛放于六经外举出二书——《论语》和《孝经》，认为此二书"皆使当时大理，四海久安"。薛放在回答中尤其偏重《孝经》，以为它能使"人知孝慈、气感和乐"。最后唐穆宗做总结，便只提《孝经》一书："圣人谓《孝经》为'至德要道'，其信然矣。"

第二个例子，明胡爟《拾遗录》称：

　　（前赵）刘盛不好读书，惟读《孝经》《论语》，曰：
"诵此得行，足矣。安用多诵而不行乎？"（北周）苏绰
戒子威云："读《孝经》一卷，足以立身治国，何用多
为？"愚谓："梁元帝之万卷，不如盛、绰之一言，学不
知要，犹不学也。"[6]

　　这是说，《孝经》一卷，字数虽少，但这是一部可以立即
践行的经典，足以立身治国。若经典读得很多而不能付诸实
践，等于没读经典。

　　《孝经》是一部容易实施教化的经典，这是传统社会执
政者的一个共识。因为《孝经》的主旨在于倡导对父母的孝
顺，由于父母与子女天然的亲情关系，人们愿意接受这一倡
导。而对父母的孝顺又很容易转变为对君主的忠顺，此正如
《后汉书·韦彪传》所载："事亲孝故忠可移于君。是以求忠臣
必于孝子之门。"[7]正是由于这个原因，历代帝王都十分重视
《孝经》。

　　宋王应麟《玉海》称汉文帝曾"置《孝经》博士"，《后
汉书·儒林传》载，汉明帝时"自期门羽林之士，悉令通《孝
经》章句"[8]。东汉大易学家荀爽，汉桓帝延熹九年拜郎中，
上对策说："臣闻之于师曰：汉为火德，火生于木，木盛于火。
故其德为孝，其象在《周易》之《离》。夫在地为火，在天为
日。在天者用其精，在地者用其形。夏则火王，其精在天，温
暖之气，养生百木，是其孝也。……故汉制使天下诵《孝经》，
选吏举孝廉。"[9]荀爽用五行相生说和《周易》卦象来解释汉
王朝的政策，汉朝为火德，按五行相生理论，火由木所生，是
木之子。火在天为日，在地为火。夏季火德当位，此时温暖
之气生养百木，这是火德孝养木的表现。正因为汉朝为火德，
而火德为孝，所以汉朝重视"以孝治天下"，令天下诵习《孝

经》，并从有孝和廉品德的人中选拔官吏。这种对汉朝"以孝治天下"的解释，虽然显得牵强附会，但也反映出当时的一种思维定式。

倡导孝道，不仅可以"移孝作忠"，培养忠义之士，也可以美化风俗，消解社会戾气，减少社会恶性犯罪。元代黄昭为项霶《孝经述注》作序说："帝王之治，孰有加于孝乎？汉文置《孝经》博士，几致刑措；唐太宗以孝弟设科，而死囚归狱。气象虽殊，理一而已。"[10]中国古代帝王"以孝治天下"，可以说是一种极其高明的政治智慧。也正因为这个原因，一些帝王十分热衷于亲自为《孝经》作注，并颁之全国。唐玄宗就是其中的典型。此点，我们将在后面专论。

第二节　汉至隋朝的《孝经》今、古文学

关于《孝经》一书，班固（32—92）《汉书·艺文志》载录了两个最早版本：一是今文《孝经》十八章，一是《古文孝经》二十二章。《汉书·艺文志》同时载明，《古文孝经》与《古文尚书》同出于孔子故宅屋壁中。

（一）关于今文《孝经》

关于今文《孝经》十八章，《汉书·艺文志》并未注明来源。五百年后，唐初陆德明撰《经典释文》，提及今文《孝经》的来源："遭焚烬，河间人颜芝为秦禁，藏之。汉氏尊学，芝子贞出之，是为今文。"[11]秦始皇颁布焚书令，河间人颜芝隐藏《孝经》；汉兴以后，颜芝之子颜贞始献《孝经》，是为今文《孝经》的祖本。汉儒长孙氏、博士江翁、少府后仓、谏大夫翼奉、安昌侯张禹皆传其学。各自名家，经文皆同。

陆德明还提及，传言郑玄曾为今文《孝经》作注，但《郑志》及《中经簿》并未记载郑玄曾作此书，且"检《孝经注》与康成注五经不同，未详是非"[12]。这意味着陆德明怀疑所谓"《孝经》郑注"并非郑玄所作。

（二）关于《古文孝经》

关于《古文孝经》二十二章，唐代颜师古为《汉书·艺文志》作注说："《庶人章》分为二也，《曾子敢问章》为三，又多一章，凡二十二章。"[13]未注所多一章之章题。而陆德明《经典释文》指出，《古文孝经》所多一章章题为《闺门章》。他更提出：孔安国曾为《古文孝经》作传。陆德明此说有《孔子家语》作根据，《孔子家语后序》称孔安国"为《古文论语训》十一篇，《孝经传》二篇，……皆所得壁中科斗本也"[14]。又《晋书·卫恒传》亦称《古文孝经》与《古文尚书》等同出于孔壁："汉武时，鲁恭王坏孔子宅，得《尚书》《春秋》《论语》《孝经》，时人以不复知有古文，谓之科斗书。汉世秘藏，希得见之。"[15]

那么，《古文孝经》是由谁献给朝廷的呢？荀悦《汉纪·成帝纪》载："鲁恭王坏孔子宅，以广其宫，得《古文尚书》多十六篇，及《论语》《孝经》。武帝时，孔安国家献之，会巫蛊事，未列于学官。"这是第一次由孔安国家献《古文孝经》。许慎《说文解字叙》称："慎又学《孝经孔氏古文说》，《古文孝经》者，孝昭帝时鲁国三老所献。建武时给事中议郎卫宏所校，皆口传，官无其说。谨撰具一篇并上。"[16]依此记载，是汉昭帝时，鲁国三老曾第二次献《古文孝经》。而许慎曾第三次献《古文孝经》。

关于今文《孝经》与《古文孝经》的差别，颜师古援引桓谭《新论》云："《古孝经》千八百七十二字，今异者四百余字。"[17]

清儒毛奇龄曾说:"汉魏六朝,祖述此经(《孝经》)者约有百家。"[18]百家之中,其实有两大派。一派是今文《孝经》,以郑氏注为上。前人只知为"郑氏注",不知"郑氏"名谁。东晋穆帝永和十一年(355)、孝武帝太元元年(376),两次聚群臣共论经义,其时中书郎荀昶,撰集《孝经》诸说,认定"郑氏"为郑玄,但并未提出确凿的证据。南朝萧齐光禄大夫陆澄提出异议,质疑《孝经》并无所谓郑玄注本。他致书尚书令王俭说:"世有一《孝经》,题为郑玄注,观其用辞,不与注书相类,案玄自序所注众书,亦无《孝经》。"[19]请求王俭不将《孝经》郑注藏于秘府,王俭不依其请,答书说:"疑《孝经》非郑所注,仆以此书明百行之首,实人伦所先。《七略》《艺文》并陈之六艺,不与《苍颉》《凡将》之流也。"[20]王俭未正面回答郑玄是否曾注《孝经》,实际维护了荀昶的路线,此一路线至唐代则为司马贞所延续。而陆澄对《孝经》郑玄注的质疑,则为唐代刘知幾所继承和发展。所以,宋儒魏天应《论学绳尺》卷八说:"《孝经》家之有郑氏以为康成者,荀昶祖之,而实之者王俭也。以为非康成,刘知幾辈力排之,而倡之者陆澄其首也。"[21]

《隋书·经籍志》叙述了南朝至隋代的《孝经》传承情况:"梁代,安国及郑氏二家,并立国学,而安国之本,亡于梁乱。陈及周、齐,唯传郑氏。至隋,秘书监王劭于京师访得《孔传》,送至河间刘炫。炫因序其得丧,述其议疏,讲于人间,渐闻朝廷,后遂著令,与郑氏并立。儒者喧喧,皆云炫自作之,非孔旧本,而秘府又先无其书。"[22]这是说,在六朝的梁代,孔安国注的《古文孝经》和郑氏注的今文《孝经》并立为官学。侯景之乱后,孔安国注的《古文孝经》亡佚。后世唯传郑氏注的今文《孝经》。到了隋朝,秘书监王劭于京师访得孔安国《古文孝经传》,送至大学者刘炫那里,刘炫为之作序,叙述其得失经过。于是孔安国注《古文孝经》复与郑氏注今文《孝经》并立为官学。然而学者颇疑所谓"孔安国注《古文孝经》"乃是刘炫的伪作。这意味着孔安国注《古文孝经》的真本已经在梁代侯景之乱时断绝了。唐以后所见《古文孝经》乃是伪本。四库馆臣概括说："《孝经》有今文、古文二本，今文称郑玄注，其说传自荀昶，而《郑志》不载其名；古文称孔安国注，其书出自刘炫，而《隋书》已言其伪。"[23]

第三节　唐玄宗时期《孝经》今、古文两派的争议

唐玄宗鉴于汉朝"以孝治天下"的成功经验，以及当下《孝经》版本的繁惑，因而于开元七年（719）三月两次下诏，令诸儒重新质定《孝经》。其开元七年三月六日诏令说："《孝经》，德教所先，顷来独宗郑氏，孔氏遗旨今则无文……其令儒官详定所长，令明经者习读。"[24]此诏令一下，随即引发了《孝经》今、古文两派的一场大辩论。刘知幾代表《古文孝经》一派，司马贞代表今文《孝经》一派。

开元七年四月七日，太子左庶子刘知幾《上孝经注议》，率先发难，提出现行的今文《孝经》郑氏注，将"郑氏"视为郑玄，乃是历史的误会。刘知幾叙述这场误会缘起说：

> 俗所行《孝经》题曰"郑氏注"。爰自近古，皆云郑康成，而魏晋之朝无有此说。至江左晋穆帝永和十一年，及孝武太元元年再聚群臣共论经义，有荀昶撰集《孝经》诸说，始以郑氏为宗。自宋、梁以来多有异论，陆澄以为非玄所注，请不藏于秘省。王俭不依其请，遂得见传于时。魏、齐则立于学官，著在律令。[25]

接着刘知幾提出十二条理由，来"验证"今文《孝经》郑氏注，绝非郑玄所撰。其十二条理由如下：

（一）据郑自序云：遭党锢之事，逃难注《礼》；党锢事解，注《古文尚书》《毛诗》《论语》；为袁谭所逼，来至元城，乃注《周易》。都无注《孝经》之文，其验一也。

（二）郑玄卒后，弟子追论师所注述，及应对时人，谓之《郑志》。其言郑所注者，惟有《毛诗》、三《礼》、《尚书》、《周易》，都不言郑注《孝经》，其验二也。

（三）又《郑志·目录》，记郑之所注，五经之外有《中候书传》《七政论》《乾象历》《六艺论》《毛诗谱》《答临硕难礼》《驳许慎异义》《发墨守》《箴膏肓》，及《答甄子然》等书，寸纸片札，莫不悉载，若有《孝经》之注，无容匿而不言，其验三也。

（四）郑之弟子，分授门徒，各述师言，更相问答，编录其语，谓之《郑记》，惟载《诗》《书》《礼》《易》《论语》，其言不及《孝经》，其验四也。

（五）赵商作《郑先生碑铭》，具称其所注笺驳论，亦不言注《孝经》，晋《中经簿》:《周易》《尚书》《尚书中候》《尚书大传》《毛诗》《周礼》《仪礼》《礼记》《论语》，凡九书，皆云"郑氏注，名玄"，至于《孝经》，则称"郑氏解"，无"名玄"二字，其验五也。

（六）春秋纬《演孔图》云："康成注三《礼》、《诗》、《易》、《尚书》、《论语》，其《春秋》《孝经》别有评论。"宋均于《诗谱序》云："我先师北海郑司农。"则均是玄之传业弟子也。师所著述，无容不知，而云："《春秋》《孝经》，唯（别）有评论。"非玄之所著，于此特明，其验六也。

（七）宋均《孝经纬注》引郑《六艺论》叙《孝经》云："玄又为之注。司农论如是，而均无闻焉。有义无辞，令余昏惑。"举郑之语，而云无闻，其验七也。

（八）宋均《春秋纬注》云："玄为《春秋》《孝经》略说。"则非注之谓。所谓"玄又为之注"者，泛辞耳，非实事。序《春秋》亦云"玄又为之注也"，宁可复责以实注《春秋》乎？其验八也。

（九）后汉史书存于世者，有谢承、薛莹、司马彪、袁崧等，具为《郑玄传》者，载其所注，皆无《孝经》，其验九也。

（十）王肃《孝经传》首有司马宣王之奏，并奉诏令诸儒注述《孝经》，以肃说为长，若先有郑注，亦应言及，而不言郑，其验十也。

（十一）王肃著书，发扬郑短，凡有小失，皆在《圣证》。若《孝经》此注亦出郑氏，被肃攻击者最应烦多，而肃无言，其验十一也。

（十二）魏晋朝贤，辨论时事，郑氏诸注，无不撮引，未有一言引《孝经》之注，其验十二也。[26]

刘知幾指出，这些证据本来很容易从"考核"中得到，但世之学者却不觉所谓"《孝经》郑玄注"之非是。至如《古文孝经》孔安国传，已亡逸数代，至隋开皇十四年（594），秘书学士王孝逸于京市贾人处买得一本，送与著作郎王邵。王邵以示大学者刘炫，刘炫辄以所见率意刊改，著《古文孝经稽疑》。刘邵以为《古文孝经》经文尽在，正义甚美，而历代未尝置于学官，诚为可惜，今以所谓"今文《孝经》郑玄注"与"《古文孝经》孔安国传"相比，当"行孔废郑，于义为允"。

　　宰相宋璟等不赞同刘知幾的论奏，与诸儒一起质辩，国子祭酒司马贞等儒者共黜刘知幾之议。司马贞认为，今文《孝经》乃是汉河间献王所得颜芝本，刘向参校古文，省烦除惑，定为此十八章。其注相承云郑玄所作，因为《郑志》及《目录》不曾记载为郑玄作，以往学者多持疑义。唯荀昶、范晔以为是郑玄所注。先贤博览诸家之注，以此注为优。此注纵非郑玄所作，而义亦敷畅，颇堪称许。《古文孝经》原出孔壁，孔安国曾为作传，世未推行，后遂亡佚。近儒欲崇古学，妄作《古文孝经》孔安国传，穿凿改更。又伪作《闺门》一章，多近俗之语，必非仲尼正说。又分庶人章。非但经文不真，传文亦浅伪，刘炫诡随，妄称其善。其书与今文《孝经》郑注相较，优劣悬殊。废郑行孔，理实不可。望请《孝经》郑注与孔传依旧俱行。

　　开元七年五月五日，唐玄宗下诏，批评学者的门户之争说："间者诸儒所传，颇乖通议，敦孔学者冀郑门之息灭，尚今文者指《古（左）传》为诬伪。岂朝廷并列书府，以广儒术之心乎？"[27]令《孝经》郑注仍旧行用，孔注传习者稀，亦存继绝之典。唐代的《孝经》今、古文两派的争议，由此告一段落。

　　如上所述，至唐代，无论所谓的今文《孝经》郑玄注，抑或所谓的《古文孝经》孔安国传，都已被人怀疑。当时今文《孝经》一派宗尚郑注，《古文孝经》一派宗尚孔注。疑今文《孝经》者称"郑氏注"未明标"郑玄"二字，且与郑玄其他经注不相类；疑孔者称孔注非孔安国旧本。两派互相质难，难定是非。这便成了唐玄宗御撰《孝经》的历史文化背景。

　　王应麟《困学纪闻》卷七："郑氏注今十八章，相承言康成作，《郑志·目录》不载，通儒皆验其非，……然尚不知郑氏之为小同。"[28]王应麟提出今文《孝经》郑氏注，乃郑玄之孙郑小同所作。清儒阎若璩为《困学纪闻》作注说"按：郑氏乃小同，注《孝经》非康成也。说颇有征。"[29]但王应麟与阎若璩皆未举出证据。考唐代刘肃《大唐新语》卷九载："今者有《孝经序》，相承云郑氏所作。其序曰：'……余暇述夫子之志，而注《孝经》。'盖康成胤孙所作也。"[30]此条材料，或可证明今文《孝经》郑氏注，所谓"郑氏"并非郑玄本人，而是郑玄之孙郑小同。刘知幾的考辨可谓信而有征。

第四节　唐玄宗亲注《孝经》

通常的情况下，帝王领衔著述，所谓御撰、御注，盖由帝王指定一班文臣代作。但是唐玄宗注《孝经》，从我们掌握的文献资料看，乃是唐玄宗亲撰，当初题为《孝经制旨》。《新唐书·元行冲传》谓："玄宗自注《孝经》，诏行冲为疏。"[31]唐玄宗撰《孝经制旨》成，国子祭酒李齐古主持刻之于石，曾上表说："皇帝陛下，敦睦孝理，躬亲笔削，以无方之圣，讨正旧经。以不测之神，改作新注。"[32]唐玄宗敕书答曰："孝者，德之本，教之所由生也。故亲自训注，垂范将来。今石台毕功，亦卿之善职，览所进本，深嘉用心。"[33]宋儒王应麟《困学纪闻》卷七说："开元中，孝明（唐玄宗）纂诸说，自注以夺（郑玄、孔安国）二家。"[34]这些资料皆可证明，唐玄宗的《孝经制旨》，即《孝经注》乃是玄宗本人所亲撰。

而所谓"亲撰"，并不意味着唐玄宗自己重新撰写注文，实际是在各家注中做了一种去短取长、去粗取精的工作。正如傅注《孝经注疏序》所说："明皇遂于先儒注中，采摭菁英，芟去烦乱，撮其义理允当者，用为注解。"[35]唐玄宗《孝经序》说：

朕闻上古，其风朴略。虽因心之孝已萌，而资敬之礼犹简。及乎仁义既有，亲誉益著。圣人知孝之可以教人也，故因严以教敬，因亲以教爱，于是以顺移忠之道昭矣，立身扬名之义彰矣。子曰："吾志在《春秋》，行在《孝经》。"是知孝者，德之本欤！……

近观《孝经》旧注，踳（舛）驳尤甚，至于迹相祖述，殆且百家；业擅专门，犹将十室。希升堂者，必自开户牖；攀逸驾者，必骋殊轨辙。是以道隐小成，言隐浮伪。且传以通经为义，义以必当为主，至当归一，精义无二，安得不翦其繁芜，而撮其枢要也？

韦昭、王肃，先儒之领袖；虞翻、刘邵，抑又次焉；刘炫明安国之本，陆澄讥康成之注。在理或当，何必求人？今故特举六家之异同，会五经之旨趣，约文敷畅，义则昭然，分注错经，理亦条贯，写之琬琰，庶有补于将来。且夫子谈经，志取垂训，虽五孝之用则别，而百行之源不殊。是以一章之中，凡有数句；一句之内，意有兼明。具载则文繁，略之又义阙，今存于疏，用广发挥。[36]

唐玄宗《孝经序》称，其所注《孝经》，是在参仿孔、郑旧义的基础上，对前代六家异同之说加以取舍。这六家是：韦昭《孝经注》一卷、王肃《孝经注》一卷、刘邵《古文孝经注》一卷、刘炫《孝经稽古述议》五卷、陆澄（批评郑玄注用辞不类），而关于虞翻，《三国志·虞翻传》称其有《论语训注》，然陆德明《经典释文》已不著录其书，隋、唐书皆不著录其书，不知何故。这几部书，在唐玄宗《孝经注》流行之后便都亡佚了。唐玄宗《孝经注》之前的其他版本自然也都亡佚了。目前我们能见到的《孝经》版本，以唐玄宗注本为最早。

据《唐会要》，开元十年（722）六月，唐玄宗御撰《孝经注》颁布于天下。二十一年后，即天宝二年（743）五月，唐玄宗重注《孝经》成，亦颁布天下。天宝三载十二月，诏天下家藏《孝经》，学校之中倍加传授，州县官长申劝课习。天宝五载二月，再颁布修改的《孝经》注疏本。可见唐玄宗对此事的特别重视。

还有，值得一提的是，唐玄宗曾以八分隶书书写自注《孝经》，天宝四载被刻石于太学，太学祭酒李齐古主持其事，陈振孙《直斋书录解题》云："唐明皇《孝经注》一卷……始刻石太学，御八分书，末有祭酒李齐古所上表及答诏，且具宰相等名衔，实天宝四载，号为《石台孝经》。"[37] 此碑由四块黑色细石合成，碑下有三层石台阶，故称《石台孝经》。关于《石台孝经》，宋真宗时期的秦再思说："玄宗开元中，亲注《孝经》，并制八分书之，立于国学，以层楼覆之。"[38] 明代万历年间的著名金石学家赵崡评论说："此碑四面以蟠螭为首，凿嵌精工，故非后世所能。开元帝书法与《太山铭》同润色，史惟则'老劲丰妍，如泉吐凤，为海吞鲸'，非虚语也。后有李齐古表，行书亦佳，同勒诸臣名字，字不草草，至如行押数十字，尤豪爽可喜，乃知前代帝王留心翰墨如此。"[39] 幸运的是，此碑保留至今，现存于西安碑林博物馆中央，被称为西安碑林第一碑。

应该说，唐玄宗是一位有才学的帝王。而他与杨贵妃演绎的故事，几乎使他丢了江山社稷。这就提出一个问题：一位德行不检的帝王，他所训注的经典还有指导意义吗？孔子曾说："君子不以言举人，不以人废言。"（《论语·卫灵公》）有言者不一定有德，因此不能仅凭其言而推举他；也不可因某人德行不检而废其善言。中国古人正是遵循这个原则，一直将唐玄宗的《孝经注》传承下来。

元代董鼎作《孝经大义》，熊禾于大德九年（1305）为之作序，其中说："唐玄宗开元敕议，意非不美。而司马贞浅学陋识，并以《闺门》一章去之，卒启玄宗无礼无度之祸。"[40]熊禾把唐玄宗的荒唐归咎于司马贞对《古文孝经·闺门章》的批判和弃置，认为司马贞弃置《闺门》章开启了唐玄宗"无礼无度之祸"。无独有偶，明代孙本作《孝经辨疑》提出唐玄宗削除《古文孝经·闺门章》，遂启安史之乱、玄宗幸蜀之祸。对此，四库馆臣予以严厉批评：

> 元熊禾作《董鼎〈孝经大义〉序》，遂谓：贞去《闺门》一章，卒启玄宗"无礼无度之祸"；明孙本作《孝经辨疑》，并谓唐宫闱不肃，贞削《闺门》一章，乃为国讳。夫削《闺门》一章，遂启幸蜀之衅。使当时行用古文，果无天宝之乱乎？[41]

《古文孝经》中的《闺门》一章只有这二十四字："子曰：闺门之内，具礼矣乎，严亲严兄，妻子臣妾，犹百姓徒役也。"[42]这段话的意思是：对待深闺内的女眷，要按礼法进行管理，要体现父亲、兄长的尊严，像对待百姓中的徒役一样役使妻妾。儒家虽然主张"男尊女卑"，但并没有主张将妻妾女儿像奴婢、刑徒一样对待。这种主张实在不合情理，而且"文句凡鄙，不合经典"，所以多数儒者，尤其是以司马贞为代表的今文《孝经》一派学者坚决主张削除此章。而唐玄宗的《孝经注》也的确削除了此章。

后世主张恢复《古文孝经》的学者，便拿此章来说事，认为唐玄宗不肯接受整肃闺门的理念，造成"宫闱不肃"，最终酿成大错。"天宝之乱"有多方面的原因，将之归咎于削除《古文孝经·闺门章》，未免简单可笑。而社会真的按《古文孝经·闺门章》的主张去做，那千百年间奴役妇女的灾难，将十倍百倍于"天宝之乱"，可以断言。

第五节　余论

《旧唐书·元行冲传》称，玄宗自注《孝经》，特令元行冲撰《御注孝经疏义》，列于学官。宋初，邢昺等奉诏撰《孝经正义》，乃据元行冲本而增损之。书成，成为今传《十三经注疏》之一种。四库馆臣说："宋咸平中，邢昺所修之疏，即据行冲书为蓝本。然孰为旧文，孰为新说，今已不可辨别矣。"[43]由于邢昺等删修元行冲疏的过程未留痕迹，后人已不知邢昺《孝经正义》中哪一部分是元行冲的疏，哪一部分是邢昺等增改的疏。邢昺《孝经正义》成，元行冲疏本亦渐亡佚。

邢昺等《孝经正义》之外，关于《孝经》的版本尚有司马光的《孝经指解》，主《古文孝经》；朱熹的《孝经刊误》，"取《古文孝经》，分为经一章，传十四章，删旧文二百二十三字"[44]，是为《古文孝经》改本。宋董鼎撰《孝经大义》，乃据朱熹《孝经刊误》本而为之。元吴澄根据桓谭《新论》的信息，断定隋世所出《古文孝经》为伪作。因为桓谭《新论》称《古文孝经》一千八百七十二字，与今文《孝经》异者四百余字，而刘炫本《古文孝经》只有一千八百零七字，除增《闺门》一章二十四字外，与今文《孝经》相异之文仅有二十余字。所以吴澄断定隋世所出《古文孝经》为伪作。他在朱熹《孝经刊误》基础上重新校订今文、古文异同，称为《孝经定本》，这是与朱熹有所不同的第二部《古文孝经》改本。

注释：

［1］［35］［36］〔唐〕李隆基注，〔宋〕邢昺疏:《孝经注疏》，〔清〕阮元校刻:《十三经注疏》，北京:中华书局，2009年，第5518，5517，5520—5523页。

［2］〔明〕曹端，〔清〕张伯行辑:《曹月川集》，《景印文渊阁四库全书》第1243册，台北:商务印书馆，1986年，第28页。

［3］〔明〕黄道周:《孝经集传》，《景印文渊阁四库全书》第182册，第157页。

［4］章太炎、章念驰:《章太炎演讲集》，上海:上海人民出版社，2011年，第343页。

［5］〔宋〕王若钦、杨亿等:《册府元龟》，《景印文渊阁四库全书》第903册，第839—840页。

［6］〔明〕胡爌:《拾遗录》，《景印文渊阁四库全书》第858册，第269页。

［7］［8］［9］〔南朝宋〕范晔撰，〔唐〕李贤等注:《后汉书》，北京:中华书局，1965年，第918，2546，2051页。

［10］〔明〕项霦:《孝经述注》，《景印文渊阁四库全书》第182册，第143页。

［11］［12］〔唐〕陆德明撰，黄焯汇校，黄延祖重辑:《经典释文汇校》，北京:中华书局，2006年，第24，24页。

［13］［17］〔汉〕班固:《汉书》，北京:中华书局，1962年，第1719，1719页。

［14］〔清〕范家相:《孔子家语证伪》，《续修四库全书》第931册，上海:上海古籍出版社，2002年，第185页。

［15］〔唐〕房玄龄等:《晋书》，北京:中华书局，1974年，第1061页。

［16］〔汉〕许慎:《说文解字》，北京:中华书局，1963年，第320页。

［18］〔清〕毛奇龄:《孝经问》,《景印文渊阁四库全书》第
182 册, 第 282 页。

［19］［20］〔南朝梁〕萧子显:《南齐书》, 北京: 中华书局,
1972 年, 第 684, 685 页。按: 陆澄谓世传《孝经》郑玄注, 观其
用辞, 不与郑玄其他经注之书相类。陆澄未举其例。王应麟《困
学纪闻》卷七:“今按康成有六天之说, 而《孝经注》云‘上帝,
天之别名’, 故陆澄谓不与注书相类。”(参见〔宋〕王应麟:《困学纪闻》,
上海: 上海古籍出版社, 2015 年, 第 255 页。)

［21］〔宋〕魏天应编选:《论学绳尺》,《景印文渊阁四库全书》
第 1358 册, 第 435 页。

［22］〔唐〕魏徵等:《隋书》, 北京: 中华书局, 1973 年, 第
935 页。

［23］［41］［43］［44］〔清〕永瑢等撰:《四库全书总目》, 北
京: 中华书局, 1965 年, 第 263, 263—264, 263, 264 页。

［24］［26］［27］〔宋〕王溥:《唐会要》, 北京: 中华书局,
1960 年, 第 1405—1406, 1406—1407, 1409 页。

［25］〔宋〕王若钦、杨亿等:《册府元龟》,《景印文渊阁四库
全书》第 912 册, 第 574—575 页。

［28］［29］［34］〔宋〕王应麟:《困学纪闻》, 上海: 上海古籍
出版社, 2015 年, 第 256, 256, 256 页。

［30］〔唐〕刘肃撰, 许德楠、李鼎霞点校:《大唐新语》, 北
京: 中华书局, 1984 年, 第 135 页。

［31］〔宋〕欧阳修、宋祁等:《新唐书》, 北京: 中华书局,
1975 年, 第 5691 页。

［32］［33］［38］〔清〕朱彝尊原著, 林庆彰等编审, 张广庆
等点校:《点校补正经义考》第 6 册, 台北:“中央研究院”中国文
哲研究所筹备处, 1997 年, 第 840, 843, 843 页。

［37］〔宋〕陈振孙:《直斋书录解题》, 上海: 上海古籍出版

社，1987 年，第 70 页。

［39］〔明〕赵崡:《石墨镌华》,《景印文渊阁四库全书》第
683 册，第 408 页。

［40］〔元〕董鼎:《孝经大义》,《景印文渊阁四库全书》第
182 册，第 112 页。

［42］旧题〔汉〕孔安国:《古文孝经孔氏传》,《景印文渊阁四
库全书》第 182 册，第 16 页。

第二十九章
中唐啖助、赵匡、陆淳的新春秋学
——兼谈唐中期新经学的萌生

第一节　啖助、赵匡、陆淳春秋学的划时代意义

在中国经学史上，有一个值得玩味的现象，那就是春秋学的指标性作用。汉代经学的形成是由春秋学引领的，唐中叶新经学的萌生也是由春秋学引领的。这一是因为它在政治上主张改制更新、振肃王纲；二是因为它在学术上较容易突破思想束缚、开阐新风。这两个因素相应共振，春秋学便自然而然引领了经学的发展。

唐代安史之乱后，王纲不振，藩镇坐大，政治动荡不安，民生凋敝不堪。这样的社会政治动因，催生了中唐啖助、赵匡、陆淳的新春秋学。

啖助（724—770），字叔佐，赵州（今河北赵县一带）人，后迁居关中。安史之乱时，客居江东，入仕任润州丹阳主簿。任满归家著述，"集三传，释《春秋》"[1]，历时十年，著成《春秋统例》三卷。此书甫成，啖助突然病卒，年仅四十七岁。惜乎英年早逝。

赵匡（生卒年不详，推测年龄小于啖助，而长于陆淳），字伯循，天水郡（今属甘肃）人，官至洋州（在今陕西境内）

刺史。唐代宗大历四年（769），宣歙观察使陈少游转赴浙东观察使之任，赵匡作为幕府随之赴任，途经丹阳，造访啖助。两人深谈《春秋》经意，意见颇合，相约日后相见再做更多讨论，不想次年啖助病逝。赵匡与啖助仅一面之交，但此一面之交已成"神交"。

陆淳（？—806），字伯冲，吴郡（治今江苏苏州）人。唐顺宗时征为给事中，太子（即后来的唐宪宗）侍读，为避太子李淳的名讳，改名为陆质。陆淳自啖助归家著述之始，即师事啖助，前后达十一年。啖助去世后，陆淳"痛师学之不彰"[2]，乃与啖助之子啖异共同缮写书稿，书成，携书去见赵匡，请其质正损益。其后，陈少游升任淮南节度使，大约因赵匡的引荐，知陆淳的人品才学，辟其为淮南从事。陆淳与赵匡是朋友关系，但他非常尊重赵匡的学问。

啖助、赵匡、陆淳三人师弟、朋友之间情谊甚笃，有古君子之风。三人的结合，形成了中唐春秋学的新学派。他们都有哪些著作呢？

《春秋集传纂例》，此书是对啖助《春秋统例》三卷的修订和增补。赵匡与陆淳二人同事期间，共同修订此书，历时五年。唐代宗大历十年（775），书成，更名为《春秋集传纂例》。此书分为十卷，四十篇，题为陆淳撰。书中所述为"啖子""赵子"之说。论述的方式，先述"啖子"之论，再述"赵子"的修正意见。例如，在关于《春秋》宗旨与《左传》作者的重大问题上，赵匡都提出了重要的修正意见。

《春秋微旨》三卷，此书为陆淳自撰，但所论各条见解，必称"淳闻于师曰"，以示不忘本师啖助。此书先列《春秋》三传异同，再参以啖助、赵匡之说，最后或申己意，以断是非。其书载陆淳《自序》说："事或反经，而志协乎道，迹虽近义而意实蕴奸，或本正而末邪，或始非而终是，介于疑似之间者，并委曲发明。故曰'微旨'。"[3] 意思是说，春秋时期的历史事件，有些表面上看是违反经典主张的，但事件的核心人物是有志于协合于道义的；有些事件则相反，表面上看是近于道义的，但事件的核心人物却隐藏着奸邪；有些事情立意本正，后来发展却走入邪道，相反，有些事情初看非正，后来发展证明是正途。像这类疑似之间的事情，《春秋微旨》一书皆为之"委曲发明"。

《春秋集传辨疑》十卷，为陆淳所述啖助、赵匡攻驳《春秋》三传之言。此书是《春秋集传纂例》的副产品。《春秋集传纂例》攻驳《春秋》三传，"总举大意而已"[4]。此书则就《春秋》三传，"缕列其失，一字一句而诘之。故曰'辨疑'。所述赵说为多，啖说次之"[5]。四库馆臣评价此书说："《左氏》事实有本，而论断多疏，《公羊》《穀梁》每多曲说，而《公羊》尤甚。汉以来各守专门，论甘者忌辛，是丹者非素，自是书与《微旨》出，抵隙蹈瑕，往往中其窾会，虽瑕瑜互见，要其精核之处，实有汉以来诸儒所未发者，固与凿空杜撰、横生枝节者异也。"[6]

啖助、赵匡、陆淳的春秋学突破了三传并立、各守一家的学问路数。而采取了攻驳三传、断以己意的新路向。《四库全书总目》将中唐啖助废三传与魏王弼废象数相比附说："自王弼废象数，而谈《易》者日增；自啖助废三传，而谈《春秋》者日盛。故解五经者，惟《易》与《春秋》二家著录独多。空言易骋，兹亦明效大验矣。"[7] 但实际上，"废三传"较之"废象数"，前者的思想解放的作用更大，因为《公羊传》《穀梁传》《左氏传》长期以来已经据有了经典的地位，若三传可以弃置，那汉唐的经典注疏还有哪一种不可以弃置呢？

啖助、赵匡、陆淳的春秋学被近现代学者视为"新经学"。如日本学者大田锦城说："唐啖助、赵匡、陆淳始驳《春秋》

三传，古今学术之分界由此萌矣。"[8]梁启超说："汉人解经，注重训诂名物；宋人解经，专讲义理。这两派学风截然不同，啖、赵等在中间正好作一枢纽，一方面把从前那种沿袭的解经方法推翻了去，一方面把后来那种独断的解经方法开发出来。啖、赵等传授上与宋人无大关系，但见解上很有关系，承先启后，他们的功劳，亦自不可埋没啊！"[9]台湾林庆彰教授亦主张新经学起于唐中期，他说："如就唐代经学的发展来说，前期为注疏之学的时代，后期为逐渐脱离注疏之学束缚的新经学时代。其分界线应该是代宗大历年间（766—779）。"[10]

新经学"新"在哪里呢？新在不迷信传统的权威传注，而从一种纯粹的、理想化的儒家道德准则出发，去衡量和评判传统权威传注是否可信。"不信传注"实际是从唐啖助、赵匡、陆淳的春秋学开始的，在这一点上，啖、赵、陆之学与宋代的新经学并没有本质的区别。

第二节　独究经旨，不囿成说

韩愈《寄卢全》诗说"《春秋》三传束高阁，独抱遗经究终始。"[11]这两句诗说的正是啖助、赵匡、陆淳的春秋学。但啖助、赵匡、陆淳的春秋学实际上并未将《春秋》三传束之高阁，置之不理，只是不迷信《春秋》三传，不囿其成说。通过对《春秋》三传辩驳的方式，有所吸取，有所扬弃。当然，他们的研究有得有失，正如晁公武所说："大抵啖、赵以前，学者皆专门名家，苟有不通，宁言经误，其失也固陋；啖、赵以后，学者喜援经击传，其或未明，则凭私臆决，其失也穿凿。"[12]而且即使啖助、赵匡、陆淳三人之间也体现独立思考、求真求实的精神。三人意见有不同，则并列其说。下面我们来看，在春秋学的重大问题上，他们是如何讨论的。

（一）关于《春秋》的宗旨

《春秋》的宗旨是什么？即孔子为什么要作《春秋》？这个问题如此重要，《春秋》三传皆无明文回答。《春秋》三传的注释者有所解释，啖助认为，皆不甚合理。最有代表性的是《左传》注释者的观点。左氏学一派认为：孔子作《春秋》，是有见于周礼失坠，于是"因鲁史策书成文，考其真伪"，重作一部符合周公思想精神的礼典，"上以遵周公之遗制，下以明将来之法"[13]。这意思是说，周公原来所制定的礼典是一部好法，后世忘记了它，所以才会有社会的动乱。孔子作《春秋》的目的，就是要通过《春秋》这部书来修复周公礼典。只要"全守周典"，社会就会重入正轨。

啖助不认为一个法典或一种文化可以管几百年。他认为，每一时代的文化习尚，即使是圣人曾经倡导的，也都会有其弊端。比如夏代文化的特点是忠信质朴，但它产生了粗蠢野蛮的流弊。殷商文化的特点是敬天尊神，其文化足以救正夏文化粗蠢野蛮的流弊，但它自身又产生了迷信鬼神的流弊。周代文化的特点是尊礼尚文，其文化足以救正殷商人迷信鬼神的流弊，但它自身又产生了繁文缛节的流弊。《春秋》要救周之弊，救正之道，则应重回夏文化的"忠信质朴"。啖助因此说："古人曰：殷变夏，周变殷，春秋变周。又言三王之道如循环。……是知《春秋》参用二帝三王之法，以夏为本，不全守周典，理必然矣。"[14]啖助这个见解，类似于公羊家的"通三统"。这种文化观认为，文化可以培育民族的性格，矫正社会的风俗，但任何一种文化，哪怕是圣人曾经倡导的文化，都会产生弊端。而为了救正其可能产生的流弊，需要借助先前的文化资源，相反相成，互相救正。

然而赵匡指出，啖助的意见不过是依公羊家旧说"《春秋》变周之文，从夏之质"[15]，而要救正当代政治文化的弊端，单纯依靠先前的文化资源还不够。因为社会是复杂、变化的，每天都可能有"非常之事"发生。处置非常之事，不能完全依赖先前的文化资源和历史经验，而要根据当时的实际情况，通权达变，制定出确实有效的处置办法。赵匡作了一个很好的比喻。他说：前代所制定的礼典法规是为了防乱，如果社会已经乱了，那就不能靠这些礼典法规的文本来治理了。这正像养生之法是为了防病，如果人已经病了，那就不能靠养生之书来治病了。治病的方法要靠针药，辨证施治。因此他提出的治理之道是：一、"兴常典"；二、"著权制"。即常事按常法办理，非常之事要采取通权达变的办理方式。他说：孔子作《春秋》是"因史制经，以明王道。其指大要二端而已。兴常典也，著权制也"。[16]前代已经就"郊庙、丧纪、朝聘、蒐狩、昏取（婚娶）"等事宜，制定了相关礼法常典，对春秋时期所发生的不合礼法常典之事，《春秋》便会加以贬斥，其目的是要"兴常典"。但圣人所设计的礼法常典不会面面俱到，巨细无遗。面对每天都可能发生的"非常之事，典礼所不及，则裁之圣心以定褒贬"，做通权达变的处理，这就是"著权制"。

（二）关于《春秋》三传的作者

1.《左传》作者。啖助依照旧说，认为《左传》的作者是左丘明，为孔子弟子。赵匡认为，这种说法缺乏根据。他认为：

《论语》记载孔子之言："左丘明耻之，丘亦耻之。"（《论语·公冶长》）《论语》中凡孔子自比于某人，皆为孔子之前的贤人。如《论语·述而》载"子曰：述而不作，信而好古，窃比于我老彭。"孔子所钦佩之人，一定有过人之才。而从《左传》

这部书看，浅于《公羊传》和《穀梁传》，"诬谬实繁"[17]，定非左丘明其人所作。

历史上司马迁首先提出左丘明曾作《国语》："左丘失明，厥有《国语》。"[18]秦始皇焚书之后，简编失考。学者各逞私见，见《左传》《国语》俱题"左氏"，遂认为"左氏"即左丘明。最先认定《左传》作者是左丘明的，是西汉时期的刘歆。刘歆编辑古书目录，名为《七略》，即以《左传》为左丘明所作，班固《汉书·艺文志》"因而不革"，后世遂以为真。

赵匡认为，司马迁其人，"好奇多缪"，所作《史记》自相矛盾处甚多，如《史记·吕不韦传》称："不韦为秦相国，集门客千人，著其所闻，集为八览、六论、十二纪，号为《吕氏春秋》。"而在《报任安书》中又说："不韦迁蜀，世传《吕览》。"自相矛盾。以此推知，"左丘失明，厥有国语"亦未必可信。[19]

赵匡又指出，即使《国语》真为左丘明所作，那《左传》也未必是左丘明所作。"《左传》《国语》，文体不伦，序事又多乖刺，定非一人所为也。……自古岂止有一丘明姓左乎？何乃见题'左氏'，悉称'丘明'？"[20]

赵匡又暗批唐代学者陆德明毫无根据地妄溯学术源流。他说：

> 近代之儒又妄为记录云：丘明以授鲁曾申，申传吴起，起传其子期，期传楚铎椒，椒传虞卿，卿传荀况，况传张苍，苍传贾谊（原注：陆德明《经典释文序例》所引）。此乃近世之儒，欲尊崇《左氏》，妄为此记，向若传授分明如此。《汉书·张苍》《贾谊》及《儒林传》，何故不书？则其伪可知也。[21]

赵匡的质疑，有理有据，对后世影响甚大。现代学者多不认同《左传》为孔子同时代人所作。

2.《公羊传》《穀梁传》作者。赵匡认为，《公羊传》和《穀梁传》的作者应该是"孔门后之门人"，其具体姓名和时代，西汉儒者已难知其详，缺而不书。东汉以后渐有言其姓名、时代者，而所言各异，其实不知，而强为说解。所谓"子夏弟子"云云，多系伪托。赵匡说：

> 或曰：公、穀定何时人也？（缘《汉书·儒林》《艺文志》，并无年代名字，故问之也）答曰：此二《传》虽不记事迹，然其解经密于《左氏》，是知必孔门后之门人也。但不知师资几世耳。传记无明文，故三传先后亦莫可知也。先儒公羊名高，子夏弟子也。（应劭《风俗通》云尔），或云汉初人（何休《隐·三年》"纪子伯莒子"注中云然），或曰：穀梁，亦子夏弟子，名赤（亦《风俗通》所说），或曰：秦孝公同时人（糜信云然），或云名俶，字元始（阮孝绪《世录》云然），皆为强说也（西汉诸儒，犹不能定其时代及名字，而后代方示广传妄为记录，故知非真说也）。儒史之流尚多及此，况语怪者哉（言历代儒生及修史之人，宜守正据实，而犹妄示广传，有此伪迹，况谶纬迂怪之徒哉！此叹息作伪之意也）![22]

经学史中最不可信、最为无聊的便是那一长串的传承名单，那些名单中有许多陌生的名字，并无任何信息，读者为什么要浪费时间去了解这些所谓的"知识"呢？至于《公羊传》和《穀梁传》的作者，我们同意赵匡的看法，的确难以确知其人。所谓"公羊高""穀梁赤"者，权且当作一个符号而已。

第三节　攻驳三传，申以己意

汉代经学具有一种包容性，就是儒家经学中的不同学派皆可并立为学官，如西汉时期今文经立五经十四博士，东汉时复立古文经博士。这种包容性掩盖了各经不同师法、家法之间尖锐对立的矛盾，这种矛盾表现在《春秋》三传之间尤为突出。《春秋》在五经中对现实政治的关怀最为强烈，而《公羊传》《穀梁传》与《左氏传》各有完整的理论体系，三者之间有非常明显的差别与矛盾。传统意见认为，《春秋》为孔子所作。如果此说不误，《春秋》确有其经义的话，那么三传中究竟哪一传传达了《春秋》的经义呢？从逻辑上说，三传不可能同时皆是真传，而只有其中的一传为真传，或三传皆不是真传。当时解决这个问题的办法是，三传经师各传其学，各是其所是，而非其所非。但这个问题依然没有解决。东汉光武帝时尚书令韩歆上疏，欲为《费氏易》《左氏春秋》争立博士，当时今文博士范升上书反对增置家法，主要理由是："今《费》《左》二学，无有本师，而多反异，先帝前世，有疑于此，……疑道不可由，疑事不可行。"[23] 所谓"反异"，是说《左氏传》与《公羊传》《穀梁传》存在尖锐对立的矛盾，如将《左氏传》同时立为学官，那就意味着走进了自相矛盾的"疑道"。但古文经（包括《左氏传》在内）经历了一番曲折的斗争，最终还是被立为了官学。《公羊传》《穀梁传》《左氏传》之间这种内在的矛盾终有一天要获得比较彻底的解决。

从某种意义说，啖助、赵匡、陆淳春秋公羊学正是由《春秋》三传的内在矛盾和斗争所促发的。而啖助等三人认为，《春秋》三传皆未得孔子的真传。职是之故，他们不遗余力地攻驳三传，而直探《春秋》经文本意。

在《春秋》三传中，陆淳比较推重《穀梁传》，但对《春秋》三传的讨论次序，则是先《左传》，次《公羊》，后《穀梁》。陆淳说："或问：'《集传》先《左氏》，次《公羊》，后《穀梁》，小有意乎？'答曰：'《左氏》传经，多说事迹，凡先见某事，然后可以定其是非，故先《左氏》焉。《公羊》之说，事迹亦颇多于《穀梁》，而断义即不如《穀梁》之精。精者宜最在后结之，故《穀梁》居后焉。事势宜然，非前优而后劣也。'"[24]

儒家讲究"君君臣臣，父父子子""兄友弟恭"，但《春秋》所记多是君不君、臣不臣、父不父、子不子、兄不友、弟不恭之事，因此受到孔子的讥刺和诛伐。《春秋》开篇所记鲁隐公与鲁庄公之事、郑庄公与共叔段之事，就是兄弟之间所发生的相杀事件。下面我们通过这两个典型事件，来看《春秋》三传是怎么认识的，以及啖助、赵匡、陆淳是如何攻驳的。

（一）对《春秋》经"隐公元年，春王正月"的理解

对于《春秋》经"隐公元年，春王正月"这句话，《春秋》三传各有不同的解释。

《左传》所陈述的历史事实是：当初鲁惠公的夫人是孟子（子姓，宋国公主），早卒，无子。继室名声子，生有一子（名息姑），即后来的鲁隐公。其后鲁惠公更娶宋武公之女仲子，生有一子（名允），即后来的鲁桓公。鲁惠公去世，鲁国卿大夫立鲁隐公。隐公立而《春秋》不书"即位"，原因在于他只是"摄政"。《左传》的表述是："惠公元妃孟子。孟子卒，继室以声子，生隐公。宋武公生仲子。……仲子归于我，生桓公。而惠公薨，是以隐公立而奉之。……不书即位，摄也。"[25]"隐公立而奉之"是奉"允"为太子，隐含的意思是，"允"因年幼不能即位，而由鲁隐公摄政，是准备将来还政于太子的。《左传》在后来的记事中讲到，太子允听信坏人挑唆，同

意弑杀了鲁隐公，造成鲁国政坛上的悲剧。

啖助三人对此事实大体认同。但赵匡指出《左传》"生桓公而惠公薨"的表述不准确，会使人误解鲁惠公卒于桓公所生之年。其深层的意思是说，对春秋时期的历史事件的陈述，用语要精准无误，以免发生歧解和误解。

《公羊传》对《春秋》"隐公元年，春王正月"一句，有很长的解释：

> 元年者何？君之始年也。春者何，岁之始也。王者孰谓？谓文王也。曷为先言王，而后言正月？王正月也。何言乎王正月？大一统也。
>
> 公何以不言即位？成公意也。何成乎公之意？公将平国而反之桓。曷为反之桓？桓幼而贵，隐长而卑。其为尊卑也微，国人莫知。隐长又贤，诸大夫扳隐而立之，隐于是焉而辞立，则未知桓之将必得立也。且如桓立，则恐诸大夫之不能相幼君也。故凡隐之立，为桓立也。隐长又贤，何以不宜立？立嫡以长不以贤，立子以贵不以长。桓何以贵？母贵也。母贵则子何以贵？子以母贵，母以子贵。[26]

陆淳攻驳《公羊传》陈词烦琐："《公羊》曰：'春者何？岁之始也。'按'春为岁首，不应烦释'。"[27]春为一岁之首，何人不知？这还用解释吗？《公羊传》又说："曷为先言王，而后言正月？王正月也。"赵匡攻驳说："若言'春正月王'则不成文理矣。何用解乎？"[28]认为这只是修辞问题，其中并无"微言大义"，总不能写成"春正月王"吧？显然，赵匡并不欣赏《公羊传》对"春王正月"的过度诠释。

《公羊传》又说："桓幼而贵，隐长而卑。"啖助攻驳说：

"仲子，非夫人。桓公非嫡子，是惠公亏礼而遗祸也。此言古者诸侯一娶九女，元妃卒，则次妃摄行内事，无再娶之文。故云仲了非夫人也。"[29] 意思是鲁惠公"亏礼而遗祸"，他不当更娶仲子，也不应立仲子之子为太子。赵匡也攻驳说"诸侯无二嫡，桓何得为贵？若然，是理可得而越，分可得而逾也"[30]，认为没有证据显示鲁桓公之母为"夫人"，身份更高贵。这显然是站在鲁隐公的立场上说话，为其鸣冤的。

《穀梁传》对《春秋》"隐公元年，春王正月"一句，也作了很长的解释：

> 虽无事，必举正月，谨始也。公何以不言即位，成公志也。焉成之？言君之不取，为公也。君之不取为公何也？将以让桓也。让桓也乎？曰：不正。《春秋》成人之美，不成人之恶。隐不正不成之何也？将以恶桓也。其恶桓何也？隐将让而桓弑之，则桓恶矣。桓弑而隐让，则隐善矣。善则其不正焉何也？《春秋》贵义而不贵惠，信道而不信邪。孝子扬父之美，不扬父之恶。先君之欲与桓，非正也，邪也。虽然既胜其邪心，以与隐矣，已探先君之邪志，而遂以与桓，则是成父之恶也。……若隐者，可谓轻千乘之国，蹈道则未也。[31]

意思是说，鲁隐公本来有让位之意，其德甚善而美。桓公反而弑杀之，其性甚恶。当初，鲁惠公欲将君位传给允，不合正道。鲁惠公卒，鲁国卿大夫立隐公，本是正义的胜利。鲁隐公却秉承其父意志，要将君位让给其弟，这是"成父之恶"，不明大道的表现。

赵匡等人赞同《穀梁传》的意见。

（二）对《春秋》经"郑伯克段于鄢"的理解

对于《春秋》经"郑伯克段于鄢"的历史事件，《春秋》三传也各有不同的解释。

《左传》所陈述的历史事实是：当初，郑武公娶申国公主武姜，生庄公与叔段，武姜不喜庄公，而爱叔段，欲立叔段为太子，郑武公不许。郑庄公执政之后，叔段得母亲支持，欲起兵袭击郑庄公，取而代之。郑庄公将叔段的所作所为早已看在眼里，预作准备而不动声色，待叔段起兵举事之时，郑庄公派兵攻伐之。叔段逃到共国，后人习称"共叔段"。因为母亲武姜是共叔段的同谋者，郑庄公于是将武姜安置在国内颍地，并发誓说："将来不到黄泉不再相见。"

《左传》认为，《春秋》经书写"郑伯克段于鄢"，称"段"而不称"弟"，是由于共叔段不守子弟之道，而争君位，有似"二君"，故书"克"字。称"郑伯"，直指郑庄公本人，是其平时故意纵容共叔段所为，有失教诲之责。

赵匡攻驳说："'克'者，能胜之名。无有'二君'之义。"[32]在他看来，理解《春秋》经文的前提是，相信孔子《春秋》用字精确，一字寓褒贬。因而对《春秋》经文字义的解释，要符合文字本义。

《左传》又说，共叔段兵败出奔，但《春秋》经文并未书写共叔段"出奔"。啖助指出："此乃夫子讥其志在于杀，故不言奔。若言奔，则郑伯但有逐弟之恶，而无杀弟之罪；又不知段之有拒兄之逆也。"[33]意思是共叔段有叛逆之行，而郑庄公有必杀之心，两者已成为一种势不两立的敌对关系，若仅言"出奔"，便将当时的敌对程度说轻了。

啖助不相信郑庄公会那样对待他的母亲武姜，他说："岂子囚母乎？此《传》近诬矣。"[34]认为《左传》诬妄不实。而《四库全书·〈春秋集传辨疑〉提要》则批评啖助此语疑古太过："啖氏谓郑伯必不因母，殊嫌茫无所征，直以臆断。以是为例，岂复有可信之史？况大隧故迹，《水经注》具有明文，安得指为左氏之虚撰？如斯之类，不免过于疑古。"[35]《左传》记载，郑庄公对其母支持共叔段叛乱感到气愤，发誓说："不及黄泉，无相见也。"继而后悔失言。颍考叔劝谏郑庄公掘地见泉，母子于大隧（地道）见面，从此和好。四库馆臣说《水经注》记有"大隧故迹"，啖助连这样的史事也不信，"岂复有可信之史"？

而陆淳说："淳闻于师曰：凡人君杀弟及弟奔，皆书曰'某侯之弟'，讥其身为人君，不能友爱其弟，且明骨肉相残也。今不书'郑伯之弟'者，以段不行弟之道，自绝于兄也。凡君讨其臣，但举国名而已，不称其君。今段虽不弟，乃是郑伯养成其恶，故特称'郑伯'，以讥失教。"[36]陆淳所讲，是《春秋》笔法的一般规则。类似的事件，书"弟"或不书"弟"，称"君"或不称"君"，如何下笔，要先看罪过在哪一方，所谓"一字褒贬"，即是此意。

《公羊传》对《春秋》经"郑伯克段于鄢"的历史事件评论说：

> 克之者何？杀之也。杀之则曷为谓之克？大郑伯之恶也。曷为大郑伯之恶？母欲立之，己杀之。如勿与而已矣。段者何？郑伯之弟也。何以不称弟？当国也。其地何？当国也。[37]

《公羊传》直接将"克"释为"杀"，是为了强调郑庄公的"恶"，其母武姜欲立其弟共叔段为君，自己却将共叔段杀了。做到不使他们的谋划得逞就可以了，何必定要杀之？为什么《春秋》经于此处称"段"而不称"弟"？是因为共叔段想篡政当国为君。为什么杀了他还要注明其地点？也是因为他想篡政当国为君。孔子之所以这样书写，是为了讥刺郑庄公和共叔段皆有严重过错：兄不友，弟不恭。

赵匡攻驳《公羊传》说："《公羊》曰：'克者，杀之也。'赵子曰：按《五经》春秋前后，例未有以'克'为'杀'者。又曰：'不称弟，当国也。'不称'弟'者，见其不弟也。《左氏》之义当矣。"[38]赵匡不取《公羊传》的"当国"说，其实，共叔段想篡政当国为君，已经构成事实。

《穀梁传》对《春秋》经"郑伯克段于鄢"的历史事件评论说：

> 克者何？能也。何能之？能杀也。何以不言杀？见段之有徒众也。……段，弟也，而弗谓"弟"；公子也，而弗谓"公子"，贬之也，段失子弟之道矣，贱段而甚郑伯也。何甚乎郑伯？甚郑伯之处心积虑成于杀也。于鄢，远也，犹日取之其母之怀中而杀之云尔，甚之也。[39]

这里，《穀梁传》将"克"解释为"能"。"克"在训诂学上虽然有"能"的意思，但用在这里则文意不通，所以又补充为"能杀"。那为什么《春秋》经不用"杀"字呢？《穀梁传》认为，若写作"杀段"，容易使人误会郑伯所面对的只是共叔段一人，实际上共叔段是拥有"徒众"的，这就好比两支军队作战，所以要用"克"字，有克敌制胜之意。《穀梁传》又说，这里对共叔段既不称"弟"，又不称"公子"，是由于共叔段有亏于"子弟之道"。同时也强调了郑庄公做事阴狠过分，他早已"处心积虑"地要杀掉共叔段。即使共叔段远奔鄢地，仍要追杀他，有似从一个母亲的怀里夺走婴儿而杀之。

赵匡评论《榖梁传》说:"其释'克'字虽不当,然其传意得骨肉情意之中,故除其杀字之义,存其余也。"[40]《榖梁传》将"克"释"能",不像《公羊传》那样直接将"克"释作"杀",解释虽亦欠当,但其意在表达兄弟之间应有"骨肉情意",用意是好的。赵匡等人从理想的伦理原则出发评论历史事件,认为在处理政治问题时,不能忘记父子兄弟之间的孝悌原则和"骨肉亲情"。

赵匡又评论说:"《春秋》举重,不称弟为重矣,不可更求公子之义。且又非命卿,例不书公子,非独段也。"[41]赵匡的意思是说,《春秋》此处若不书"弟",就更不能书"公子"了,因为郑庄公若不看重与共叔段的"骨肉情意",怎么还会在意"共叔段"的"公子"身份呢?况且,《春秋》之例,若书"公子",除了他是国君之子外,还须在国中有卿大夫的身份。

赵匡还对郑庄公攻伐共叔段的地点做了详细的考证,认为本字应是"邬",传写讹误为"鄢"。赵匡说:

> "鄢"当作"邬",郑地也。在缑氏县西南。至十一年乃属周。《左氏》曰"王取邬、刘、苪、邗之田于郑"是也,传写误为"鄢"字。杜注云:"今颖川鄢陵。"误甚矣。按从京至邬非远,又是郑地,段所以有兵众,故曰"克"。若远走至鄢陵,已出境,即无复兵众,何得云"克"?又《传》曰:"自邬出奔共。"即自邬过河向共城为便路,若已南行至鄢陵,即不当奔共也。[42]

清代阎若璩不赞同赵匡的考证。他说:"郑十邑,正有鄢在内。……止此一句非。"

总结上述例证,我们可以了解啖助、赵匡、陆淳以经为本、不信传注的态度。他们以一种怀疑和近乎挑剔的眼光，攻驳三传。其中有许多精到的见解，为当时及后世学者所认同。然精察之余，亦不无吹毛求疵、洗垢索瘢之嫌。

今日重新审视以上诸家之说，诸家讨论此事虽然细致入微，却于一重大事实忽而不谈。从《左传》以后的记载看，"郑伯克段于鄢"，当时只是战胜了叛军，并未杀掉叔段。叔段兵败，由鄢地出奔到共国，并长期居住在那里，所以人们称他为"共叔段"。《左传·隐公十一年》记载郑庄公入许国，对许国国君说："寡人有弟，不能和协，而使糊口于四方。"[43]叔段叛乱，是乱臣贼子，理当讨伐。郑庄公故意给叔段留下后路，使他长期居住共国，也尽到了兄弟情谊。所以《公羊传》《穀梁传》对郑庄公的谴责皆有失历史的公正。啖助、赵匡、陆淳虽然攻驳《春秋》三传，但却遗漏了这个关键的问题。

第四节　历史地位与影响

在中国思想史上，有这样一种现象：一部文献一旦被奉为经典，它便成了巍巍高山。高山有这样的品格：它任人攀登，任人浏览，任人评点，也任人在脚下践踏。你或许可以说："我已站在了高山之巅。"但高山将永远是高山，而你可能不久会化为尘埃。经典与解释者的关系与此类似。经典任由人批评，它依旧还是经典。

在唐代，《春秋》三传已经具有了经典的地位，啖助、赵匡、陆淳对《春秋》三传虽然有许多精到的批评，但《春秋》三传的经典地位并未因此撼动。啖助、赵匡、陆淳的《春秋集传》终不能取代《春秋》三传。那么，啖助、赵匡、陆淳对《春秋》三传的攻驳，以及他们自己所建构的春秋学理论是否就没有意义了呢？

当然不是。因为问题并不在于他们是否将《春秋》三传驳倒了，而在于他们攻驳《春秋》三传的过程和结果使人们获得了什么。一个民族的经典，是该民族价值观的载体。正因为如此，经典起了一种讨论平台的作用。学者对经典的讨论，虽然有许许多多琐细的内容，但最终还是围绕民族价值观的重要问题进行讨论的。对于《春秋》这部经典来说，就是以春秋时期的各种事件为例，来讨论人们在社会政治生活的不同情境中，怎样做是道德的，怎样做是不道德的。问题在于，这种讨论是相对自由和开放的吗？以前学者讨论《春秋》，于三传各守一家，不敢越雷池一步。啖助、赵匡、陆淳攻驳《春秋》三传，申以己意，这就使得春秋学获得一次大解放，学者从此可以在《春秋》经这个平台上，比较自由和开放地进行讨论了。而由于春秋学研究的思想解放，带动了整个经学研究的思想解放。啖助等三人由此确立了他们在经学史上的地位。正如陈振孙说："汉儒以来言《春秋》者，惟宗三传；三传之外，能卓然有见于千载之后者，自啖氏始，不可没也。"[44]

这个春秋学新学派是幸运的，其成员非但没有受到政治上的压迫，他们的研究成果一出就受到了朝廷的肯定，如柳宗元所说，"其书出焉，而先生为巨儒（指陆淳）"[45]，柳宗元自己表示"愿扫陆先生之门"[46]，后来终如所愿，执贽师事陆淳。陆淳也成为太子（即后来的唐宪宗）侍读。

啖助、赵匡、陆淳的不信传注、舍传求经的学风，实导宋人治经之先路。北宋中期孙复亦明确反对专守汉晋传注，他说："专主王弼、韩康伯之说而求于大《易》，吾未见其能尽于大《易》者也。专守《左氏》《公羊》《穀梁》、杜预、何休、范宁之说而求于《春秋》，吾未见其能尽于《春秋》者也。专守毛苌、郑康成之说而求于《诗》，吾未见其能尽于《诗》者也。专守孔安国之说而求于《书》，吾未见其能尽于《书》者也。"[47]孙复著《春秋尊王发微》，其书与刘敞的《七经小传》、欧阳修的《诗本义》、王安石的《三经新义》等皆远绍啖助、赵匡、陆淳之学风而标立新意。

啖助、赵匡、陆淳的春秋学受到宋元理学大家的一致好评，今举例如下：

邵雍说："《春秋》三传之外，陆淳、啖助可以兼治。"[48]

程颢说："陆淳得啖先生、赵夫子而师之，讲求其学，积三十年，始大光莹，绝出于诸家外，虽未能尽圣作之蕴，然其攘异端、开正途，功亦大矣。"[49]

朱熹说："孙明复、赵、啖、陆淳、胡文定，皆说得好。"[50]

陆九渊说："啖、赵说得有好处，故人谓啖助有功于《春秋》。"[51]

吴澄说："汉儒专门，守残护阙，不合不公，谁复能贯穿异同，而有所去取？至唐啖助、赵匡、陆淳三子，始能信经驳传，以圣人书法纂而为例，得其义者十七八。自汉以来，未闻或之先也。……呜呼！属辞比事，《春秋》教也。甚欲因啖、赵、陆氏遗说，博之以诸家，参之以管见，使人知圣笔有一定之法，而是经无不通之例，不至随文生义以侮圣言。"[52]

为什么宋元理学家对啖助等人的春秋学评价如此之高？笔者以为，有两个原因：一是啖助等人突破了三传并立、各守一家的学问路数，变汉晋专门之学为通学，使治经学者得思想之解放。二是他们欣赏啖助等人以理想的伦理原则治经的路数。

理学家主张"学圣人",他们的抱负是作"第一流人",相信可以不通过汉晋传注,以通经明理的途径,优入圣域。在这一点上,宋元理学家与啖助、赵匡、陆淳是灵犀相通的。

但啖助等人与后世理学毕竟有所不同,就是他们过于强调《春秋》经文的字义,没有通过解经提出他们的哲学思想主张。他们与之前的公羊家的春秋学相比,重于小处,而忽视大处;重视家庭伦理,而忽视国家政治;重视现实,而忽视长远。公羊家着眼于大的社会观、历史观和文化观的理论建构,啖助等人对此则缺乏敏感度和理解力,而轻视公羊学派。而恰恰是公羊学派的思想主张在历史的重要关头,推动了社会的改革与进步。

注释:

[1][2][14][15][16][19][20][21][22][24]〔唐〕陆淳:《春秋集传纂例》,《景印文渊阁四库全书》第146册,台北:商务印书馆,1986年,第390,390,379—380,382—383,383,385,386,386,386,389页。

[3][29][36]〔唐〕陆淳:《春秋微旨》,《景印文渊阁四库全书》第146册,第537—538,539,540页。

[4][5][6][7]〔清〕永瑢等撰:《四库全书总目》,北京:中华书局,1965年,第213,213,213—214,220页。

[8]〔日〕大田锦城:《九经谈》卷之一,江户:多稼轩藏版,第3页。

[9]梁启超:《儒家哲学》,《饮冰室合集·专集》第24册,北京:中华书局,第36页。

[10]林庆彰:《唐代后期经学的新发展》,载林庆彰编:《中国经学史论文选集(上册)》,台北:文史哲出版社,1992年,第

670 页。

　　［11］〔唐〕韩愈:《韩昌黎全集》,上海:世界书局,1935 年,第 79 页。

　　［12］〔宋〕晁公武撰,孙猛校证:《郡斋读书志校证》,上海:上海古籍出版社,1990 年,第 109 页。

　　［13］［25］［43］〔晋〕杜预注,〔唐〕孔颖达等正义:《春秋左传正义》,〔清〕阮元校刻:《十三经注疏》,北京:中华书局,2009 年,第 3699,3717—3723,3769 页。

　　［17］〔明〕卓尔康:《春秋辩义》,《景印文渊阁四库全书》第 170 册,第 204 页

　　［18］〔汉〕司马迁:《史记》,北京:中华书局,1959 年,第 3300 页。

　　［23］〔南朝宋〕范晔撰,〔唐〕李贤等注:《后汉书》,北京:中华书局,1965 年,第 1228 页。

　　［26］［37］〔汉〕何休注,〔唐〕徐彦疏:《春秋公羊传注疏》,〔清〕阮元校刻:《十三经注疏》,第 4765—4768,4770 页。

　　［27］［28］［30］［32］［33］［34］［35］［38］［40］［41］［42］〔唐〕陆淳:《春秋集传辨疑》,《景印文渊阁四库全书》146 册,第 598,598,598,599,599,599,595—596,599,600,600,600 页。

　　［31］［39］〔晋〕范宁注,〔唐〕杨士勋疏:《春秋穀梁传注疏》,〔清〕阮元校刻:《十三经注疏》,第 5129—5130,5130—5131 页。

　　［44］〔宋〕陈振孙:《直斋书录解题》,上海:上海古籍出版社,1987 年,第 57 页。

　　［45］〔唐〕柳宗元:《柳河东全集》,上海:世界书局,1935 年,第 90 页。

　　［46］〔宋〕王洋:《东牟集》,《景印文渊阁四库全书》第 1132 册,第 478 页。

［47］〔宋〕孙复：《孙明复小集》，《景印文渊阁四库全书》第1090 册，第 171 页。

［48］〔宋〕邵雍著，郭彧、于天宝点校：《邵雍全集》第 3 册《皇极经世（下）》，上海：上海古籍出版社，2015 年，第 1435 页。

［49］〔宋〕程颢、程颐著，王孝鱼点校：《二程集》，北京：中华书局，2004 年，第 466 页

［50］〔宋〕黎靖德编，王星贤点校：《朱子语类》，北京：中华书局，1986 年，第 2151 页。

［51］〔清〕朱彝尊原著，林庆彰等编审，汪嘉玲等点校：《点校补正经义考》第 5 册，台北："中央研究院"中国文哲研究所筹备处，1997 年，第 686 页。

［52］〔元〕吴澄：《吴文正集》，《景印文渊阁四库全书》第1197 册，第 6—7 页。